Jim George

Bibel: Info

Handbuch für Teens

Willkommen in der Bibel!

Willkommen in diesem Handbuch, das Spaß macht und einfach zu benutzen ist. Es handelt von dem großartigsten Buch, das jemals geschrieben wurde – der Bibel! – Das einzige Buch auf der Welt, dessen Autor Gott ist. Sie enthält die Geschichte seiner rettenden Gnade, die bis zu dir heute andauert.

Die Bibel ist zwar ein antikes Buch. Doch ihre Wahrheiten sind heute noch ebenso real und bedeutsam, wie sie es vor 3000 Jahren waren. Bist du auf der Suche nach Hilfe für dein Leben und deine Zukunft? Die Bibel hat alle Antworten.

Ich habe dieses Bibel-Handbuch extra für junge Leute wie dich geschrieben, weil ich etwas in meinem eigenen Leben erfahren habe. Während ich aufwuchs, gingen wir in eine Gemeinde. Im Alter von sechs Jahren lud ich Jesus Christus ein, mein Retter zu sein. Ich wurde Christ. Ich besuchte regelmäßig die Gemeindestunden, war in der Jugendgruppe und wurde sogar einer der Jugendleiter. Ich lernte die Namen aller Bücher der Bibel und 600 Bibelverse auswendig, um in der Gemeinde einen Preis zu gewinnen. Aber stell dir vor! – Ich wusste zwar einiges über die Bibel, doch ich verstand sie nicht wirklich. Und ich wandte sie auch nicht auf meinen Alltag an. Wie sollte ich jemals etwas in einem Buch verstehen, das so dick war?

Erst später begriff ich, dass die Bibel nicht schwer zu verstehen ist. Ich will, dass du das auch weißt. Gott hat die Bibel für jeden geschrieben. Er wollte, dass Menschen zu allen Zeiten sie verstehen, damit sie einen positiven Unterschied in ihrem Leben bewirkt. Er wollte unser Leben einfacher und besser machen. Vor allem möchte Gott, dass wir für immer die Beziehung zu ihm genießen. Das geschieht, wenn du seinen Sohn, den Herrn Jesus Christus, kennst und als Retter annimmst.

Ich hoffe und bete, dass dieses Buch dir dabei hilft, Gottes Wort kennenzulernen und zu lieben. Jedes Buch der Bibel hat für dich heute eine persönliche Botschaft – eine Botschaft, die du jetzt anwenden kannst. Also tauch ein! Ich wünsche dir viel Freude dabei, mehr über das Buch herauszufinden, das Gott geschrieben hat, um dir zu helfen. Es ist Gottes Geschenk an dich!

Dein Freund, Jim George

Impressum

George, Jim
Bibel:Info
Handbuch für Teens

ISBN 978-3-95790-054-8

Übersetzung: Svenja Lueg, Gießen
Gestaltung: rigatio
Satz: jensweigel.com, Marburg

Druck: Kösel, Altusried

Inhalt

Das Alte Testament

Die Geschichtsbücher

Die ersten 17 Bücher der Bibel verfolgen die Geschichte des Menschen von der Schöpfung bis hin zur Entstehung und babylonischen Gefangenschaft des Volkes Israel. In den ersten fünf Büchern der Bibel wird Israel auserwählt, erlöst und darauf vorbereitet, in ein verheißenes Heimatland zu ziehen. Die restlichen zwölf Geschichtsbücher berichten von der Eroberung dieses Landes, von einer Übergangszeit, in der Richter über das Volk herrschten, von der Gründung des Königreichs, von der Teilung dieses Königreichs in ein Nordreich (Israel) und ein Südreich (Juda) und schließlich von der Gefangenschaft beider Reiche.

1. Mose

1. Teil 2. Teil

www.dasbibelprojekt.de

Thema: Anfänge
Datierung: 1445-1405 v. Chr.
Autor: Mose
Handlungsort: Naher Osten

»Im Anfang schuf Gott den Himmel und die Erde.« (1,1)

Das erste Buch der Bibel startet mit den Worten »Im Anfang«. Genau darum geht es die ganze Zeit in 1. Mose. Als erstes Buch der Bibel legt 1. Mose die Grundlage für alles, was darauf folgt. Dazu gehören auch die Kernwahrheiten, von denen Gott will, dass du sie kennst, damit du dein Leben verstehst. Auf den Seiten dieses Buches erlebst du Gottes ehrfurchtgebietende Macht in seiner Schöpfung. Du erlebst Gottes heiliges Gericht in der Flut, die er schickte, um den Ungehorsam der Menschheit zu bestrafen. Und du erlebst Gottes liebevolles Erbarmen, das sich in dem Schutz zeigt, den er Noah und seiner Familie vor der Flut gewährt. Du wirst außerdem Zeuge von Gottes fantastischer Gnade, wenn er seinen Rettungsplan für die Menschheit in Bewegung setzt – zunächst durch die Gründung des Volkes Israel und letztendlich, indem er Jesus Christus sandte. Das erste Buch Mose ist voller Schlüsselmomente, die die Grundlage der Menschheitsgeschichte bilden.

Die Struktur des Buches

Kapitel 1-2 Die Schöpfung
Gott erschafft die Erde aus dem Nichts als ein perfektes Zuhause für Adam und Eva, den ersten Mann und die erste Frau. Er stellt sie in den perfekten Garten Eden und segnet ihre Beziehung.

Kapitel 3-5 Der Sündenfall und seine Nachwirkungen

Die Vollkommenheit von Gottes Schöpfung wird verdorben, als Satan Adam und Eva dazu verführt, Gott ungehorsam zu werden. Satan versucht sie, selbst wie Götter zu werden und die Kontrolle über ihr Leben in die Hand zu nehmen. Als sie dieser Versuchung nachgeben - das wird als der »Sündenfall« bezeichnet -, beschädigen sie ihre Beziehung zu Gott. Sie werden aus dem Garten verbannt und müssen fern von dem ursprünglichen Segen leben, den Gott für sie vorgesehen hatte. (Doch selbst inmitten dieses Unheils setzt Gott bereits seinen langfristigen Plan zur Erlösung der Menschheit in Bewegung. Er wird den Menschen zurück in eine vertraute Beziehung mit Gott führen.) Infolge der Sünde ihrer Ureltern versinken die Menschen in Gewalt, Boshaftigkeit und Selbstzerstörung.

Kapitel 6-11 Die Flut und ein Neuanfang

Gott missfällt die Boshaftigkeit des Menschen. Er beschließt deshalb, den Menschen durch eine weltweite Flut zu vernichten. Nur Noah (ein gottesfürchtiger Mann) wird mit seiner Familie bei der Zerstörung verschont. Durch Noahs Familie wird die Erde neu bevölkert. Ihre Nachkommen breiten sich aus und bilden die ersten Völker.

Kapitel 12-25 Abrahams Geschichte

Gott beruft Abraham dazu, sein Heimatland zu verlassen und in ein verheißenes Land zu reisen. Gott sagt ihm, dass er der Vater seines auserwählten Volkes werde. Abraham erhält von Gott viele Verheißungen, unter anderem jene, dass er - ein alter, kinderloser Mann - viele Nachkommen bekomme. Diese sollen ein großes Volk bilden, ein Volk, durch das das Heil kommen wird. Diese Verheißung sollte sich in Abrahams größtem Nachfolger, in Jesus Christus, erfüllen.

Kapitel 24-28 Isaaks Geschichte

Als Abraham alt wird und noch immer kein Kind hat, beginnt er, den Mut zu verlieren. Doch getreu Gottes Verheißung wird Abraham und seiner Frau Sara im hohen Alter Isaak geboren.

Kapitel 28-36 Jakobs Geschichte

Isaak hat zwei Söhne, Esau und Jakob. Zwar bevorzugt Isaak Esau, den älteren Bruder. Aber Jakob intrigiert, um sich die Privilegien des Erstgeburtsrechts von seinem Vater zu sichern. In seiner Angst vor Esaus Zorn darüber, dass er ihn um sein Erstgeburtsrecht betrogen hat, sieht sich Jakob gezwungen, um sein Leben zu fliehen. Nach vielen Abenteuern - inklusive eines rätselhaften nächtlichen Ringkampfes mit Gott - reift Jakob letztlich zu dem Mann heran, zu dem Gott ihn machen will. Gott gibt ihm einen neuen Namen: Israel. Das bedeutet »der mit Gott ringt«. Jakobs zwölf Söhne werden zu den zwölf Stämmen Israels.

Kapitel 37-50 Josefs Geschichte
Das Buch 1. Mose schließt mit dem Bericht über Josef, Jakobs Lieblingssohn. Dieser wird auf tragische Weise von seinen eifersüchtigen Brüdern nach Ägypten in die Sklaverei verkauft. Doch Gott hat einen Plan mit Josef. Er baut ihn in Ägypten als Anführer auf. Das ermöglicht es Josefs Familie später, sich dort bei ihm niederzulassen und so eine verheerende siebenjährige Hungersnot zu überleben.

Auf den Punkt gebracht

Gott will nicht nur, dass die Leser große Ereignisse wie die Erschaffung des Universums, den Sündenfall, die Sintflut und die Gründung Israels kennenlernen. Sie sollen auch mit den einzelnen Personen bekannt gemacht werden, die Teil seines Rettungsplans für die Menschheit sind. Die Menschen, die er erwählt, sind keine vollkommenen Heiligen. Sie sind bisweilen sowohl charakterlich als auch in ihrem Handeln zutiefst fehlerhaft. In 1. Mose lesen wir, dass sie lügen, andere hinters Licht führen, Gott hinterfragen oder extrem stolz sind - aber Gott gebraucht sie trotzdem. Das ist eine der großartigen Botschaften von 1. Mose: Der Gott, der uns geschaffen hat, ist noch nicht fertig mit uns. Er ist damit beschäftigt, uns »neuzumachen«, uns Neuanfänge zu schenken und uns dabei zu helfen, die Menschen zu werden, die wir nach seinem Willen sein sollen.

Konkret für dein Leben

Genau wie bei Abraham, Jakob, Josef und anderen in 1. Mose kann Gott große Dinge durch zerbrechliche Gefäße vollbringen - auch durch dich. Durch seine Gnade und wegen seines mächtigen Plans disqualifizieren deine Fehler und Macken dich nicht dafür, Teil seines großen Plans zu werden. Es handelt sich um einen Plan, den er noch immer umsetzt, und zwar in dir!

- Wann hast du schon einmal die Chance bekommen, neu anzufangen? Wie hat sich das angefühlt? Was hast du daraus gemacht?
- Kannst du dich an einen Moment erinnern, in dem Gott dich - und deine Macken - gebraucht hat, um seine Stärke und Güte zu offenbaren?
- Wann zweifelst du an Gottes Verheißungen, so wie Abraham es tat? Wie könntest du die Zweifel überwinden?

Wichtige Lektionen aus 1. Mose

- Gott, der einzigartige und ehrfurchtgebietende Schöpfer, hat dich geschaffen. Er kennt dich besser, als du dich selbst kennst.
- Gott hat dich als sein Ebenbild geschaffen, als Ausdruck seiner selbst.
- Gott gebraucht normale Leute - die Unvollkommenen, die Versager, die Fehlerhaften -, um seinen Willen auszuführen.
- Gott nimmt das Böse ernst. Diejenigen, die seine Liebe und Weisheit ablehnen, werden sein Gericht erleben.
- Gott ist fähig, deine Probleme in Triumphe zu verwandeln.

Wo was zu finden ist

Der Schöpfungsbericht	1. Mose 1,1-2,3
Die erste Prophezeiung über Jesus	1. Mose 3,15
Die Geschichte von Noah und der Arche	1. Mose 6,1-8,22
Abraham wird aufgefordert, seinen Sohn Isaak zu opfern	1. Mose 22,1-14
Jakob träumt von der Himmelsleiter	1. Mose 28,10-22
Jakob ringt mit Gott	1. Mose 32,23-33
Josef deutet die Träume des Pharao	1. Mose 41,1-36

Bibel-Biografie im Profil

Abraham

- Er war ein Nachkomme Sems, der ein Sohn von Noah war.
  heiratete seine Halbschwester Sara.
- Er rettete mutig seinen Neffen Lot, indem er einen mächtigen Gegner besiegte.
- Sein Name wurde durch Gott von Abram zu Abraham geändert. Abraham bedeutet »Vater einer Menge«.
- Er war als Freund Gottes bekannt (2Chr 20,7).
- Seine vielen Gehorsams- und Glaubenstaten zeigten sein Gottvertrauen.
- Er ist der Vater der jüdischen und arabischen Völker.
- Er lebte 175 Jahre.

Schon gewusst?

Noahs Arche war etwa 137 m lang, 23 m breit und 14 m hoch. Vermutlich begannen Noah und seine Familie, sie viel kleiner zu empfinden, nachdem sie geraume Zeit darin verbracht hatten. Für mehr als ein Jahr stellte die Arche ihr Zuhause dar!

2. Mose

1. Teil 2. Teil

www.dasbibelprojekt.de

Thema: Befreiung
Datierung: 1445-1405 v. Chr.
Autor: Mose
Handlungsort: Von Ägypten bis zum Berg Sinai

»Und ich bin herabgekommen, um es aus der Gewalt der Ägypter zu retten und es aus diesem Land hinaufzuführen in ein gutes und geräumiges Land […].« (3,8)

Zwischen dem Ende von 1. Mose und dem Anfang von 2. Mose vergehen circa 400 Jahre. Während dieser Zeit vermehren sich die siebzig Mitglieder von Jakobs Familie (die sich bei Josef in Ägypten angesiedelt hatten, um eine schwere Hungersnot zu überleben), bis ihre Zahl über zwei Millionen beträgt. Neue Könige regieren das Land. Sie wissen nichts von Josef und von der wichtigen Rolle, die er gespielt hat, um Ägyptens Überleben zu ermöglichen. Aus Furcht vor der wachsenden israelitischen Bevölkerung zwingen die neuen Könige die Kinder Israels in den Sklavendienst. Das zweite Buch Mose berichtet davon, wie Gott sein Volk aus der Sklaverei befreit und zum Berg Sinai führt. Dort erhält es Anweisungen darüber, wie es ihn als Gott anbeten und ihm dienen kann.

Die Struktur des Buches

Kapitel 1-6 Knechtschaft

Als die leidenden Israeliten zu Gott um Hilfe schreien, antwortet Gott, indem er ihnen einen Wortführer gibt. Dieser Mann namens Mose ist auf einzigartige Weise für diese Aufgabe von Gott vorbereitet worden. Er wurde als hebräischer Sklave geboren, von der Tochter des Pharaos adoptiert und im Königshaus erzogen. Er scheiterte, als er versuchte,

Verantwortung für die Israeliten zu übernehmen. Daraufhin verbringt er vierzig Jahre als Schafhirte in der Wüste. Endlich ist Mose bereit für die Rolle des Anführers. An einem brennenden Busch erhält er seine Berufung, das Volk Israel zu führen. Nach einigem Zögern und vielen Ausflüchten gehorcht Mose Gott. Er tritt an den Pharao heran und fordert, dass die Israeliten Ägypten verlassen dürfen.

Kapitel 7-18 Befreiung
Der Pharao lehnt Moses Forderung ab. Daher schickt Gott dem Pharao zehn Plagen. Sie sollen ihn dazu bewegen, die Israeliten ziehen zu lassen. Die letzte Plage besteht im Tod des männlichen Erstgeborenen in jeder ägyptischen Familie. Der Todesengel verschont alle israelitischen Häuser, weil sie Gottes Anweisung befolgt und das Blut eines Lammes an ihre Türpfosten gestrichen haben. Endlich lässt der Pharao die Israeliten ziehen. Doch böse überlegt er es sich anders und verfolgt Gottes Volk. In einem letzten Kräftemessen mit dem Pharao demonstriert Gott seine Macht. Die ägyptische Armee und der Pharao ertrinken im Schilfmeer. Mit großer Freude ziehen die Israeliten zum Berg Sinai, um Anweisungen dafür zu erhalten, wie sie Gott anbeten und ihm dienen können.

Kapitel 19-31 Anweisungen am Berg Sinai
Am Sinai steigt Mose auf den Berg, um die Zehn Gebote in Empfang zu nehmen. Sie bilden Gottes Regeln, nach denen sein Volk leben soll. Während Mose auf dem Berg ist, gibt Gott ihm außerdem viele Anordnungen für das soziale und religiöse Alltagsleben. Zusätzlich erhält Mose die Details für den Bau eines Zeltes der Anbetung, der sog. Stiftshütte.

Kapitel 32-34 Gottes Zusage auf die Probe gestellt
Während Mose auf dem Berg Gottes Anweisungen für ein geheiligtes Leben empfängt, begeht das Volk unten Sünden der schlimmsten Art - Götzendienst und Unmoral. In seinem heiligen Zorn will Gott das Volk vernichten und mit Mose neu anfangen. Mose aber betet. Er appelliert an Gottes Charakter und an sein Erbarmen. Infolgedessen wird die Gemeinschaft zwischen Israel und Gott erneuert, und das Volk verpflichtet sich, Gott zu gehorchen.

Kapitel 35-40 Der Bau der Stiftshütte
Das Volk Israel tut Buße darüber, dass es ein goldenes Kalb angebetet hat. Anschließend gibt es bereitwillig seinen Besitz her, um das Zelt der Anbetung zu bauen, die dafür erforderlichen Tische und Schalen herzustellen und Gewänder für den Hohepriester zu nähen. Das zweite Buch Mose endet mit der Fertigstellung der Stiftshütte. Gott kommt, um in dem Zelt zu wohnen. Er erfüllt es mit seiner ganzen Herrlichkeit.

Auf den Punkt gebracht

Nachdem die Israeliten 400 Jahre lang Sklaven gewesen sind, fällt es ihnen schwer, sich an die Freiheit zu gewöhnen. Die Sklaverei in Ägypten hatte auch ihre Vorteile, da Ägypten zu jener Zeit den Mittelpunkt der Welt darstellte. Aller Reichtum und alles Wissen der Welt gelangte nach Ägypten. Obgleich die Israeliten rau behandelt wurden, hatten sie doch Nahrung und ein Dach über dem Kopf. Nachdem sie aus der ägyptischen Knechtschaft befreit worden sind, sehen sie oft sehnsuchtsvoll zurück auf ihre Tage als Sklaven. Dabei vergessen sie, wie schlecht sie behandelt worden sind.

Konkret für dein Leben

Gott befreite die Israeliten aus der Sklaverei. Ebenso bietet er auch dir Freiheit von der Sklaverei an – der Sklaverei der Sünde. Gott tut das durch das vergossene Blut seines vollkommenen Lammes, des Herrn Jesus Christus. Doch genauso wie die Israeliten bist du oft versucht, zurückzuschauen und dich nach dem Genuss der Sünde zu sehnen. Dabei vergisst du die raue Grausamkeit des Lebens als Sklave der Sünde. Lass dich durch 2. Mose an deine Befreiung erinnern. Sieh nach vorn! Erinnere dich immer wieder an Gottes Herrlichkeit und an den Sieg seines Sohnes über deine Sünde.

- Wie redest du dich raus, wenn Gott dich auffordert, Stellung zu beziehen oder ihm zu vertrauen?
- Wo klammerst du dich manchmal an Erfahrungen aus der Vergangenheit, nur um zu vermeiden, etwas Neues auszuprobieren?
- Welche Sünden haben dich in deinem Leben am meisten versklavt? Wie hat Gott dich davon befreit?

Wichtige Lektionen aus 2. Mose

- Gott hört das Schreien seines Volkes, und er befreit es.
- Die Vorbereitung auf geistliche Leiterschaft erfordert Zeit.
- Wenn Gott dich für eine Aufgabe auswählt, dann sind keine Ausflüchte akzeptabel.
- Gott fordert deine rückhaltlose, ungeteilte Anbetung.
- Für andere zu beten, ist ein lebenswichtiger Teil deines Lebens als Christ.
- Gott um Vergebung für deine Sünden zu bitten, stellt deine Gemeinschaft mit ihm wieder her.

Wo was zu finden ist

Der brennende Dornbusch . . . . 2. Mose 3,1-22
Die zehn Plagen . . . . .2. Mose 7,14-12,33
Der Tod des Pharaos und seiner Armee . . . . 2. Mose 14,15-28
Die Versorgung mit Manna . . . . 2. Mose 16
Das Prinzip der Aufgabenteilung . . . . .2. Mose 18,1-27
Die Zehn Gebote . . . . .2. Mose 20,1-17
Die Anbetung des goldenen Kalbs . . . . .2. Mose 32,1-35

Quiz: Kannst du die zehn Plagen benennen?

1. ______
2. ______
3. ______
4. ______
5. ______
6. ______
7. ______
8. ______
9. ______
10. ______

Jugendliche der Bibel im Spotlight

Rebekka war vermutlich im späten Teenageralter, als sie aus Ur geholt wurde, um Isaak zu heiraten. Später gebar sie Esau und Jakob.

3. Mose

www.dasbibelprojekt.de

Thema: Anweisungen
Datierung: 1445-1405 v. Chr.
Autor: Mose
Handlungsort: Berg Sinai

»Denn ich bin der HERR, euer Gott. So heiligt euch und seid heilig, denn ich bin heilig!« (11,44)

Zu dem Zeitpunkt, als 2. Mose endet, ist ein Jahr vergangen, seitdem Gottes Volk Ägypten verlassen hat. In diesem Jahr gab es zwei neue Entwicklungen in Gottes Umgang mit seinem Volk. Erstens wohnt Gottes Herrlichkeit nun mitten unter den Israeliten. Zweitens existiert nun der zentrale Anbetungsort: die Stiftshütte. Das dritte Buch Mose beginnt, als die Israeliten noch immer am Fuß des Berges Sinai in der Wüste lagern.

Doch einige Elemente der Anbetung fehlen noch. Die Anweisungen für diese Aspekte finden wir hier. Eine organisierte und geregelte Reihe von Opfern und Festen sind einzuhalten. Außerdem müssen ein Hoherpriester, eine offizielle Priesterschaft und eine Gruppe von Arbeitern (sie heißen Leviten) in der Stiftshütte eingesetzt werden. In 2. Mose 19,6 fordert Gott Israel auf: »Und ihr sollt mir ein Königreich von Priestern und eine heilige Nation sein.« Dieses Buch steckt voller Anweisungen Gottes dazu, wie sein gerade gerettetes Volk ihn anbeten soll.

Die Struktur des Buches

Kapitel 1-7 Die Gesetze für gottwohlgefällige Anbetung
Das Buch beginnt damit, dass Gott Mose aus der Stiftshütte zu sich ruft. Gott trägt Mose auf, das Volk zu lehren, wie man durch fünf verschiedene Arten von Opfern einen persönlichen Zugang zu ihm haben kann. Anschließend empfängt Mose Anweisungen für die Priester im Hinblick darauf, wie sie das Volk bei diesen fünf Opferarten unterstützen sollen.

Kapitel 8-10 Die Gesetze im Hinblick auf das Priestertum

Bis zu diesem Zeitpunkt in der Geschichte menschlicher Anbetung hatten Abraham, Hiob und andere gottesfürchtige Menschen Gott persönlich Opfer dargebracht. Doch jetzt werden Aaron (der Hohepriester und Moses Bruder) und seine Söhne sowie deren Nachkommen von Gott dazu bestimmt, diese Aufgabe zu übernehmen. Sie werden diejenigen, die die Opfer für das Volk darbringen.

Kapitel 11-16 Die Gesetze für Unreinheit

In diesem Abschnitt gebraucht Gott alltägliche Dinge (wie Nahrung und Kleidung), um dem Volk den Unterschied zwischen dem Heiligen (dem Reinen) und dem Unheiligen (dem Unreinen) einzuschärfen. Gott nennt keine Gründe für seine Anweisung. Er sagt nur, dass dies seine Maßstäbe sind und dass sein Volk sich nach ihnen richten soll.

Kapitel 17-27 Die Gesetze für ein gottwohlgefälliges Leben

Mose betont gegenüber dem Volk die persönliche Heiligung als angemessene Antwort auf Gottes Heiligkeit. Er nennt Einzelheiten dafür, wie die Israeliten sich selbst geistlich annehmbar für Gott machen können. Außerdem ermahnt er sie im Hinblick auf Sexualverhalten, auf den Respekt gegenüber Eltern und andere Angelegenheiten, die mit einem geheiligten Leben zusammenhängen.

Auf den Punkt gebracht

Durch das gesamte dritte Buch Mose ziehen sich fortwährend Anweisungen im Hinblick auf die Verpflichtung zu persönlicher Heiligung, weil Gott heilig ist. Diese Betonung wird mehr als fünfzigmal durch Ausdrücke wie »Ich bin der Herr« und »Ich bin heilig« wiederholt. Israel wusste nur sehr wenig darüber, wie es Gott anbeten und für ihn leben sollte. Das Volk hatte in einem Land gelebt, das voll von heidnischen Göttern gewesen war. Sie waren unempfindlich gegenüber Sünde geworden, wie es die Begebenheit mit dem goldenen Kalb zeigt. Gott konnte nicht zulassen, dass die Israeliten weiterhin auf gottlose Weise anbeteten oder mit gottlosen Werten lebten. Mithilfe der Anweisungen in 3. Mose sollte die Priesterschaft das Volk zu einer gottwohlgefälligen Anbetung und einem gottesfürchtigen Leben anleiten.

Konkret für dein Leben

Unabhängig davon, ob du es bemerkst oder nicht - deine christlichen Werte werden von der gottlosen Kultur um dich herum infrage gestellt oder verdreht. Deine Anbetung und deine Reinheit werden dauernd von einer Welt beeinflusst, die Gott nicht fürchtet. Doch Gott gibt dir sein Handbuch, die Bibel, um alle falschen Werte zu korrigieren. Sie bringt dir auch bei, wie du auf eine Art und Weise leben und anbeten kannst, die für ihn annehmbar ist. Achte darauf, Gottes Anweisungen nicht zu ignorieren. Lies seine Anweisungen in deiner Bibel, um zu verstehen, was ein heiliger Gott fordert.

- Wie würdest du Heiligkeit definieren? Wie kannst du Heiligkeit in der Schule, zu Hause, in der Gemeinde oder mit Freunden ausleben?
- Auf welche Weise verzerrt die Welt Moral? Beschreibe konkrete Beispiele oder liste sie auf.
- Finde in der Bibel Beispiele von Menschen, die trotz der Menschen um sie herum für Gott lebten.

Wichtige Lektionen aus 3. Mose

- Gott ist heilig. Er fordert ein geheiligtes Leben von seinem Volk.
- Gott sagt, dass es zulässige und unzulässige Weisen gibt, ihn anzubeten.
- Gott hat konkrete Maßstäbe für das Leben.
- Gott sagt, dass Gehorsam gegenüber seinen Maßstäben zum Segen führt. Ungehorsam hingegen wird bestraft.

Wo was zu finden ist

Die Anfänge des Priestertums . . . . 3. Mose 8,1-36
Die Weihe Aarons zum Hohepriester . . . . 3. Mose 8,1-36
Die Sünde von Nadab und Abihu . . . . 3. Mose 10,1-7
Die Feste Israels . . . . 3. Mose 23

Bibel-Biografie im Profil

Mose

- Lerne Mose kennen. Er wird als der größte aller alttestamentlichen Propheten bezeichnet. Er …
- verfasste die ersten fünf Bücher der Bibel
- war ein ägyptischer Prinz
- hatte eine Schwester und einen Bruder, Mirjam und Aaron
- wurde in aller Weisheit Ägyptens unterwiesen
- wurde als Hirte für das Überleben in der Wüste ausgebildet
- kannte Gott von Angesicht zu Angesicht
- lebte 120 Jahre
- erhielt die Zehn Gebote zweimal

Die geografische Lage des Berges Sinai

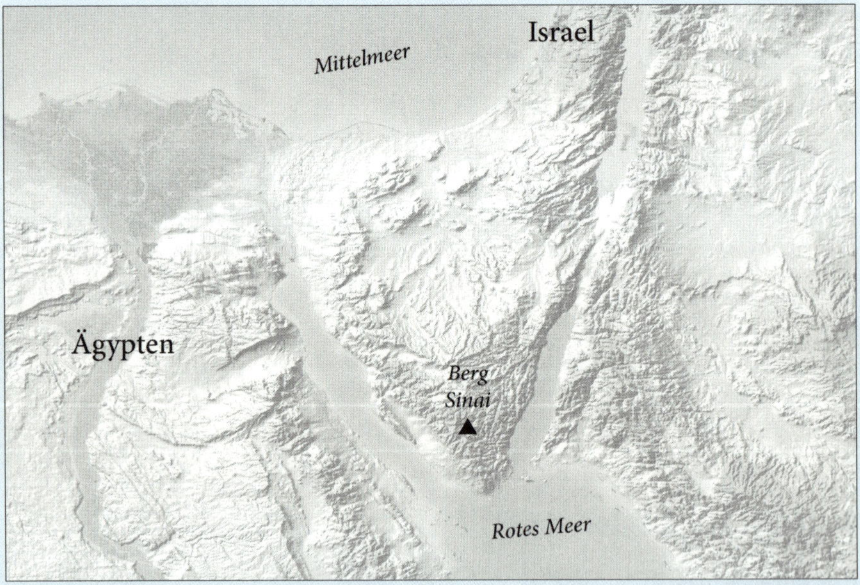

Im ganzen dritten Buch Mose lebt das Volk Israel in einem Lager am Fuß des Berges Sinai. Auf dem Berg Sinai gibt Gott Mose die Zehn Gebote und andere Anweisungen für ein gerechtes Leben.

4. Mose

www.dasbibelprojekt.de

Thema: Unterwegs
Datierung: 1445-1405 v. Chr.
Autor: Mose
Handlungsort: Die Wüste

»Dies sind die Lagerplätze der Söhne Israel, die aus dem Land Ägypten ausgezogen sind, nach ihren Heeresverbänden geordnet, unter der Hand des Mose und des Aaron.« (33,1)

Das vierte Buch Mose wurde in Moses letztem Lebensjahr geschrieben. Es konzentriert sich auf Begebenheiten, die sich nach Israels Auszug aus Ägypten in die Freiheit ereigneten. Mose gibt uns einige Schlaglichter aus der ca. 38 Jahre dauernden Reise der Israeliten vom Berg Sinai bis zur Ebene Moab. Er berichtet von den Erfahrungen, die zwei Generationen des Volkes Israel machten.

Die Struktur des Buches

Kapitel 1-14 Die alte Generation

Die erste Generation des Volkes Israel war beim Auszug aus Ägypten dabei. Die Einzelheiten ihrer Geschichte beginnen in 2. Mose 2,23, als sie in Ägypten Sklaven waren; diese Geschichte wird durch das dritte Buch Mose hindurch bis ins vierte Buch Mose fortgesetzt. Diese Generation wird »gezählt« (daher der lateinische Name Numeri), um alle für die Eroberung Kanaans, des verheißenen Landes, verfügbaren Krieger zu erfassen. Den Soldaten werden konkrete Anweisungen erteilt, und sie brechen auf. Sie marschieren mit ihren Familien zu den Grenzen des verheißenen Landes. Als das Volk an den Grenzen seiner neuen Heimat ankommt, weigert es sich aufgrund eines furchteinflößenden Berichts von zehn der zwölf Kundschafter, die ins Land geschickt worden waren, das Land zu betreten. Wegen dieser Auflehnung gegen die Befehle des Herrn werden alle Erwachsenen, die 20 Jahre und älter sind, dazu verurteilt, in der Wüste zu sterben. Nur Kaleb und Josua, die beiden Kundschafter, die positiv vom Land berichteten und dazu ermutigten, es einzunehmen, sollten leben und das neue - das verheißene - Land betreten.

Kapitel 15-20 Der tragische Übergang
In diesen Kapiteln überlappen sich die erste und zweite Generation. Die erste stirbt aus, während die zweite das Erwachsenenalter erreicht. Diese Kapitel liefern ein trauriges Ende für eine Geschichte, die so vielversprechend begann. In Kapitel 20 wird Mose zornig über die andauernden Beschwerden des Volkes. Daraufhin missachtet er Gottes Befehl, wie er dem Volk Wasser verschaffen sollte. Als Strafe legt Gott fest, dass Mose Israel nicht ins Land Kanaan führen wird. Ein letzter Teil des Übergangs von der ersten zur zweiten Generation geschieht mit dem Tod von Aaron, Moses Bruder und Gottes Hohepriester.

Kapitel 21-36 Die neue Generation
Wie die erste Generation reist auch die zweite bis an die Grenzen des Landes. Auch sie bekommen hier Anweisungen. Und wieder wird vor dem Einzug ins verheißene Land eine Zählung durchgeführt. Mose setzt Josua als seinen Nachfolger und Anführer dieser neuen Generation ein. Doch im Gegensatz zur ihren Eltern fürchten sie den Krieg nicht. Sie werden das Land innerhalb von kurzer Zeit erben.

Auf den Punkt gebracht

In den ersten drei Versen von 4. Mose befiehlt Gott Mose, die Männer zu zählen, die 20 Jahre und älter sind und im Krieg kämpfen können. Doch bevor die Israeliten in die Schlacht ziehen, werden zwölf Kundschafter ins verheißene Land ausgesandt. Sie sollen die Stärke des Feindes einschätzen. Zehn der Kundschafter liefern einen sehr negativen Bericht. Sie sagen, dass Gottes Volk »wie Heuschrecken« aussieht im Vergleich zu den Riesen im Land. Gott hat zwar versprochen, den Israeliten das Land zu geben. Dennoch glauben die meisten Kundschafter nicht, dass der Feind besiegt werden könnte.

Dieser negative Bericht verbreitet sich, und die Angst der Kundschafter überträgt sich auf das gesamte Volk. Sie konzentrieren sich auf die Stärke ihrer Feinde anstatt auf die Stärke und Größe ihres Gottes. Als Strafe für ihren Unglauben beschließt Gott, dass alle Israeliten, die zwanzig Jahre und älter sind, in der Wüste sterben müssen. Nur Josua und Kaleb werden verschont, weil ihre Berichte über das Land sich auf Gottes Macht und seine Verheißungen gestützt haben. Sie haben geglaubt, dass Gott in der Lage ist, seinem Volk den Sieg zu schenken. Gott ehrt ihren Glauben und lässt sie ihre Reise zu Ende bringen und das verheißene Land betreten.

Konkret für dein Leben

Vor welchem unüberwindbaren Problem stehst du heute? Welcher Riese jagt dir Angst ein? Lerne von Josua und Kaleb und reagiere mit Glauben. Sieh auf Gottes Macht anstatt auf die bevorstehenden Probleme, während du durchs Leben gehst. Ja, der Feind ist mächtig. Aber Gott ist mächtiger! Sprich es mutig aus: »Mit Gott werden wir mächtige Taten tun; und er, er wird unsere Bedränger zertreten« (Ps 60,14).

- Wann hast du dich auf Gottes Macht verlassen? Was ist daraufhin geschehen?
- Denk einmal an Zeiten zurück, in denen du versucht hast, alles selbst zu machen. Wie hast du dich dabei gefühlt? Wie kannst du dich auf Gottes Stärke stützen?
- Inwiefern kannst du dich mit Mose identifizieren und damit, dass er Gott nicht vertraute und gehorchte?

Wichtige Lektionen aus 4. Mose

- Anweisungen zu befolgen und Gott zu vertrauen ist notwendig, um deinen Lebensweg erfolgreich zu meistern.
- Sogar wenn die Aussichten erdrückend sind, kannst du Gott und seinen Verheißungen glauben.
- Vorsicht vor dem Unglauben anderer! Er kann auf dich abfärben.
- Andere zu fürchten und Gott nicht zu vertrauen, zieht ernstzunehmende Konsequenzen nach sich.
- Mache es wie Josua und Kaleb – folge nicht der negativen Mehrheit. Habe stattdessen Gottvertrauen und ernte den Segen.

Wo was zu finden ist

5. Mose

www.dasbibelprojekt.de

Thema: Gehorsam
Datierung: 1405 v. Chr.
Autor: Mose
Handlungsort: Die Ebene von Moab

»Und nun, Israel, was fordert der HERR, dein Gott, von dir, als nur, den HERRN, deinen Gott, zu fürchten, auf allen seinen Wegen zu gehen […]« (10,12)

Die Begebenheiten im fünften Buch Mose ereignen sich alle an einem Ort und innerhalb von etwa einem Monat. Israel lagert östlich des Jordan gegenüber der von Mauern umgebenen Stadt Jericho. 40 Jahre sind vergangen, seit die Israeliten Ägypten verlassen haben.

Das Buch legt den Fokus auf Ereignisse, die in den letzten Wochen von Moses Leben stattfinden. Das Hauptereignis ist die mündliche Wiederholung der Anweisungen, die Gott Mose in den letzten 39 Jahren in der Wüste mitgeteilt hatte. Seine Zuhörer sind die neue Generation. Sie sind bereit, das verheißene Land zu betreten. Diese neue Generation braucht Gottes Anweisungen, um in ihrem neuen Land erfolgreich zu sein. Der 120-jährige Mose hält drei Abschiedsreden.

Die Struktur des Buches

Kapitel 1-4 **Die erste Rede**
Mose gibt einen Rückblick auf die Jahre und Ereignisse seit dem Berg Sinai bis in die aktuelle Zeit, während die Söhne Israel in der Ebene von Moab lagern.

Kapitel 5-26 **Die zweite Rede**
Als Nächstes wiederholt Mose Gottes Zehn Gebote. Er erteilt Anweisungen im Hinblick darauf, wie diese Gebote an jede neue Generation weitergegeben werden sollen. Außerdem werden Gottes Gesetze für das Leben und die Anbetung dieser neuen Gruppe von Menschen wiederholt, bevor sie das verheißene Land bewohnen.

Kapitel 27-30 **Die dritte Rede**
Mose gibt Anweisung, wie nach dem Einzug in das Land die eine Hälfte des Volkes auf dem Berg Ebal und die andere Hälfte auf dem gegenüberliegenden Berg Garizim stehen soll. Dann sollen die Segnungen bei Gehorsam und die Flüche bei Ungehorsam verlesen werden. Des Weiteren beschreibt Mose, was in ferner Zukunft geschehen wird. Israel wird Gott ungehorsam sein und als Gericht unter die Nationen verstreut werden. Mose sagt dem Volk, dass Gott seinen Verheißungen treu bleibt. Er wird das Volk einmal zurück ins verheißene Land bringen.

Kapitel 31-34 **Die abschließenden Ereignisse**
In diesen abschließenden Kapiteln der fünf Bücher, die Mose verfasst hat, wird Josua nochmals als neuer Anführer der Israeliten bestätigt. Dann hält Mose zwei weitere kurze Reden. Die erste davon wird als Lied des Mose bezeichnet. In diesem Lied über die Zukunft beschreibt er Israels künftige Auflehnung, Gottes Gericht, sowie Gottes Vergebung und Heilung für Israel und für das Land. In seiner zweiten Rede segnet Mose jeden der zwölf Stämme. Nachdem er seine Aufgabe als Anführer erfüllt hat, steigt Mose auf den nahegelegenen Berg Nebo. Er schaut hinüber auf das verheißene Land auf der anderen Seite des Jordan. Dann stirbt er und wird von Gott begraben.

Auf den Punkt gebracht

Das fünfte Buch Mose zeigt viel von Gottes Charakter und Wesen. Welcher Segen ist es für die Welt, dieses Zeugnis über Gott und sein Handeln mit seinem Volk zu haben! Immer wenn wir einen Aspekt von Gottes Charakter oder von seinem Handeln in der Geschichte vergessen, können wir einfach zu unserer Bibel greifen und 5. Mose lesen.

Doch zu Moses Zeit war das nicht der Fall. Die einzige Möglichkeit, diese neue Generation an Gottes wunderbares Wesen zu erinnern, bestand darin, es ihnen immer wieder vorzusagen. Es musste mündlich für sie wiederholt werden, wie Gott Gehorsam gegenüber seinen Geboten ehrt und Ungehorsam bestraft. Sie mussten es immer wieder hören. Mose erzählt außerdem nochmals von der Auflehnung des Volkes in der Vergangenheit sowie von den Folgen ihrer Sturheit. Daraus sollen sie eine wichtige Lektion lernen: Ungehorsam zieht Unheil nach sich. Doch sie sollen sich auch daran erinnern, dass Gott unter ihnen gegenwärtig ist. Wenn sie ihm ihr Leben hingeben und seine Gesetze befolgen, werden sie seinen Segen empfangen.

Konkret für dein Leben

Moses Lehren im Hinblick auf Gottes Wesen brauchen wir auch heute noch. Mehr über Gott zu erfahren wird dir helfen, ihn zu lieben und nach persönlicher Heiligung zu streben. Gott ist der Maßstab. Er ist heilig.

Und er erwartet heiliges Verhalten von seinem Volk. Als Christ bist du dazu berufen, heilig zu sein, weil Gott heilig ist. Du sollst ihn »lieben mit deinem ganzen Herzen und mit deiner ganzen Seele und mit deiner ganzen Kraft« (5Mo 6,5).

- Stell dir einmal vor, du würdest eine Biografie über Gott schreiben. Wie würdest du seinen Charakter für Menschen beschreiben, die ihn nicht kennen?
- Bei welchem von Gottes Versprechen fällt es dir schwer, zu glauben und zu vertrauen? Aus welchem Grund?
- In welchen Lebensbereichen bis du gehorsam? Ungehorsam? Wie kannst du Gott mehr gehorchen?

Wichtige Lektionen aus 5. Mose

- Lass dich durch Versagen in der Vergangenheit auf zukünftige Siege vorbereiten.
- Mach dir bewusst, dass Gott jede Sünde tilgen kann. Aber er nimmt nicht immer deren Folgen weg.
- Vergiss niemals, wovor du gerettet wurdest.
- Beschäftige dich regelmäßig mit Gottes Wort – es wird deine Schritte lenken.

Wo was zu finden ist

Die Wiederholung der Zehn Gebote . . . . 5. Mose 5,6-22
»Der eine Gott« . . . . 5. Mose 6,4
Das Gebot, Gott zu lieben . . . . 5. Mose 6,4-9
Moses Tod . . . . .5. Mose 34,5

Die Zehn Gebote

- Bete nur Gott allein an (2Mo 20,3)
- Bete keine Götterbilder an (2Mo 20,4)
- Schwöre nicht (2Mo 20,7)
- Halte den Sabbat (2Mo 20,8)
- Gehorche deinen Eltern (2Mo 20,12)
- Morde nicht (2Mo 20,13)
- Begehe keinen Ehebruch (2Mo 20,14)
- Stiehl nicht (2Mo 20,15)
- Mache keine falschen Zeugenaussagen (2Mo 20,16)
- Neide nicht (2Mo 20,17)

Schon gewusst?

Mose ist die einzige Person in der Bibel, die von Gott begraben wurde – siehe 5. Mose 34,5-6.

Josua

Thema: Eroberung
Datierung: 1405-1385 v. Chr.
Autor: Josua
Handlungsort: Kanaan, das verheißene Land

www.dasbibelprojekt.de

»Ich aber und mein Haus, wir wollen dem HERRN dienen!« (24,15)

Als Mose den Staffelstab an Josua weiterreicht (5Mo 34), ist Israel am Ende seiner 40 Jahre in der Wüste. Josua ist für den Großteil dieser 40 Jahre Moses treuer Helfer gewesen. Er ist fast 90 Jahre alt, als Mose ihn dazu beruft, Israels neuer Anführer zu werden. Seine Aufgabe besteht darin, Israel in das Land Kanaan zu führen, dessen Bewohner zu vertreiben und das Land unter den zwölf Stämmen aufzuteilen.

Die Struktur des Buches

Kapitel 1-5 Vorbereitungen zur Eroberung des Landes
Das Buch beginnt damit, wie sich das Volk Israel in der Ebene des Landes Moab, östlich des Jordan, darauf vorbereitet, das Land zu erobern. Josua und die Israeliten sehen sich einem mächtigen und erbitterten Feind gegenüber, der in stark befestigten Städten lebt. Aber Gott will, dass das Volk Israel das Land erobert. Damit erfüllt sich die Verheißung, die er

Abraham und dessen Nachfahren gegeben hatte. Es wird ein Gericht für die sündigen Bewohner des Landes aufgrund ihrer Boshaftigkeit sein (siehe 1Mo 15,16).

Die Eroberung beginnt in mancherlei Hinsicht wie der Auszug aus Ägypten. Zuerst muss das Volk ein Gewässer durchqueren. In diesem Fall handelt es sich um den Jordan, der aufgrund der Regenzeit über die Ufer getreten ist. Wie bereits am Schilfmeer hält Gott das Wasser des Jordan zurück. Gottes Volk zieht trockenen Fußes hindurch.

Kapitel 6-12 Die Eroberung des Landes

Nachdem das Volk durch den Jordan in das Land gelangt ist, bereitet sich die Armee auf den Kampf vor. Israels erste Prüfung steht an. Das Volk ist aufgefordert, Gott zu vertrauen, dass er den Sieg über die Stadt Jericho schenken wird. Nachdem das Volk sieben Tage lang um die Stadt gezogen ist, lässt Gott deren Mauern einstürzen. Dieser Feldzug gegen Jericho treibt einen strategischen Keil zwischen die nördlichen und die südlichen Städte. Das verhindert eine große Allianz gegen Israel.

Die Israeliten haben Erfolg, weil sie zulassen, dass Gott für sie kämpft. Das einzige Problem entsteht dadurch, dass sie einen unüberlegten Schwur gegenüber den lügenden Gibeonitern ablegen. Diese geben vor, aus einem weit entfernten Land zu kommen und Israels Heere um Schutz zu bitten. Die Israeliten fallen auf ihren Trick herein und schwören, sie zu beschützen. Aus diesem Grund ist Israel gezwungen, die Gibeoniter zu verteidigen. Das wiederum führt dazu, dass sie Gottes Anweisung missachten, alle Kanaaniter - inklusive der Gibeoniter - aus dem neuen Land zu vernichten.

Kapitel 13-22 Die Verteilung des Landes

Sieben Jahre später ist ein großer Teil des Landes erobert. Gott beauftragt Josua, das Land unter den zwölf Stämmen aufzuteilen. Diese sollen anschließend die letzten Eroberungen in den ihnen zugewiesenen Gebieten fortführen.

Kapitel 23-24 Josuas letzte Worte

Die abschließenden Kapitel berichten von Josuas letzter Aufforderung an die Anführer der Stämme, das Gesetz zu halten, sowie der Ermahnung an das Volk, dem Herrn zu dienen.

Auf den Punkt gebracht

Die Eroberung des Landes soll einer einfachen »teile und herrsche« Strategie folgen. Jericho ist die entscheidende Stadt im zentralen

Gebiet des Landes. Gott gebraucht einen scheinbar törichten militärischen Plan: sieben Tage lang um die Stadt herumziehen und dann am letzten Tag Posaunen blasen und schreien. Dieser Befehl ist eine Probe, um festzustellen, ob das Volk versteht, dass eine erfolgreiche Eroberung nur durch Gottes Macht herbeigeführt werden kann, und nicht durch ihre eigenen Fähigkeiten. Gottes Volk besteht den Test mit Bravour! Sie gehorchen, blasen ihre Posaunen und ein Wunder geschieht - die Mauern stürzen ein.

Konkret für dein Leben

Das Buch Josua lehrt Folgendes: Wenn es darum geht, die Kämpfe des Lebens zu führen und geistliche Siege zu erringen, dann entsteht Segen, wenn wir Gottes Befehlen gehorchen. Für dich bedeutet das, dein Leben im Glauben und im Einklang mit Gottes Anweisungen zu leben. Aktiver Glaube erfordert nicht, dass du alles oder überhaupt irgendetwas von dem verstehst, was Gott in deinem Leben tut. Du brauchst es nicht zu verstehen. Du musst nur gehorchen und dann den Segen dieses Gehorsams ernten. Gott verlangte von seinem Volk, das Unmögliche zu versuchen. Es klang nach einer unmöglichen Idee. Menschlich betrachtet, ist es völlig sinnlos, um eine mit Mauern befestigte Stadt zu laufen und Posaunen zu blasen. Aber in Gottes Herrschaftsbereich wurde das Unmögliche möglich, und das Volk hatte Erfolg und errang den Sieg - Gottes Sieg.

Ebenso wie Gott den Israeliten den Sieg verhieß, hat er auch versprochen, dir den Sieg zu geben. Und ebenso wie die Israeliten musst du Gottes Bedingungen folgen. Vertraue Gott. Versuche das Unmögliche, indem du dich Gottes Anweisungen unterordnest. Dann schau zu, wie die Mauern deiner unüberwindbaren Probleme auf wunderbare Weise einstürzen.

- Wann musstest du in deinem Leben schon einmal etwas erobern? Wie hast du dich darauf vorbereitet?
- Wann hat Gott dir durch einen großen oder kleinen Kampf in der Schule oder zu Hause Sieg geschenkt? Wie hat das deinen Glauben gefestigt?
- Was hält dich davon ab, Gott nachzufolgen? Angst? Unglaube? Scham? Gib das Hindernis im Gebet an Gott ab.
- Wie würde es sich anfühlen, frei zu sein von deinem Hindernis?

Wichtige Lektionen aus Josua

- Treue ist eine Voraussetzung für den Dienst.
- Anderen zu dienen, bereitet dich darauf vor, andere zu leiten.
- Sieg gibt es dann, wenn du Gott deine Kämpfe austragen lässt.
- Weisung von Gott für den Alltag kommt aus seinem Wort, der Bibel.
- Manchmal musst du für deinen Glauben Stellung beziehen.
- Für Gott zu leben, erfordert andauernden Gehorsam.

Wo was zu finden ist

Rahab versteckt die Kundschafter . . . . .Josua 2,1-23
Die Eroberung Jerichos . . . . Josua 6,1-8,29
Die Sonne steht für einen ganzen Tag still . . . . Josua 10,13
Kaleb fordert sein Land ein . . . . Josua 14,10-15
Josua stellt sich auf Gottes Seite . . . . Josua 24,14-15

Bibel-Biografie im Profil

Rahab

Lerne Rahab kennen. Sie setzte ihr Leben aufs Spiel, indem sie die zwei Kundschafter versteckte, die Josua nach Jericho geschickt hatte.

Rahabs Mut …
entsprang ihrem Glauben an Gottes Fähigkeit, zu retten.

Rahabs Glaube …
machte sie zu einer von nur zwei Frauen (Rahab und Sara), die in Hebräer 11 in der »Hall of Faith« gelistet werden.

Zu Rahabs Nachkommen …
gehörten David und sie wird später im Geschlechtsregister Jesu erwähnt.

Richter

www.dasbibelprojekt.de

Thema: Befreiung
Datierung: ca. 1043 v. Chr.
Autor: Samuel
Handlungsort: Kanaan

»Und die Söhne Israel schrien zu dem HERRN um Hilfe. Da ließ der HERR den Söhnen Israel einen Retter erstehen […].« (3,9)

Das Buch Richter beginnt mit den letzten Lebenstagen des Anführers von Gottes Volk, Josua. Es gibt einen Rückblick auf Josuas Tod (siehe Jos 24,28-31) und stellt eine tragische Ergänzung zum Buch Josua dar. Dort gehorchte das Volk Gott noch und konnte sich über die siegreiche Eroberung des Landes freuen. Im Buch Richter hingegen verhalten sich die Menschen ungehorsam, sie beten Götzen an, werden oft besiegt und unterdrückt.

Wie 1. Mose bis Josua stellt auch das Buch der Richter historische Tatsachen dar, allerdings auf eine sehr selektive und thematische Art und Weise. Herausragend unter seinen Themen sind Gottes Macht, sein Erbarmen und seine Gnade. Sie zeigen sich darin, wie er die Israeliten aus den Folgen ihres Versagens rettet, die sie wegen ihrer sündigen Kompromisse erleiden (siehe Ri 2,18-19; 21,25).

Das Buch trägt den passenden Namen Richter. Dieser bezieht sich auf zwölf besondere Anführer, die Gott aufstehen lässt, um sein Volk zu befreien, wenn es wegen seines Ungehorsams unterdrückt wird.

Die Struktur des Buches

Kapitel 1-2 Das militärische Versagen Israels

Das Buch Richter beginnt mit einem militärischen Erfolg nach Josuas Tod. Israels Sieg verwandelt sich jedoch schnell in wiederholte Niederlagen bei ihren Versuchen, die Feinde zu vertreiben. Anstatt das Land von den gottlosen Bewohnern zu befreien, gehen die Stämme geistliche Kompromisse ein. Infolgedessen kündigt Gott Gericht an. Er lässt zu, dass gottlose Völker im Land bleiben, um Israels Verhalten dadurch zu prüfen.

Kapitel 3-16 Die Rettung Israels durch die Richter

Das Volk Israel durchlebt eine Reihe von Zyklen, die nach folgenden vier Schritten ablaufen:

Israel wendet sich von Gott ab.

Gott bestraft Israel, indem er militärische Niederlagen und Unterdrückung zulässt.

Israel betet um Befreiung.

Gott lässt Richter aufstehen, die die Überwindung der Unterdrücker anführen.

Anschließend fällt das Volk wieder in den Götzendienst, wodurch sich der Kreislauf wiederholt.

Kapitel 17-21 Das moralische Versagen Israels

Hier schließt der Verfasser von Richter mit zwei ungewöhnlichen Begebenheiten. Die eine zeigt religiöse Verirrung (17-18) und die andere beschreibt soziale und moralische Sündhaftigkeit (19-21). Der letzte Vers des Buches der Richter (21,25) liefert den Schlüssel, um diesen Abschnitt der Geschichte Israels zu verstehen: »In jenen Tagen war kein König in Israel. Jeder tat, was recht war in seinen Augen.«

Auf den Punkt gebracht

Das Buch der Richter beschreibt sieben Zyklen, in denen sich Israel vom Herrn entfernt. Diese Zyklen des Unglaubens und der Befreiung umspannen das gesamte Land. Jedes Gebiet des Landes wird explizit kenntlich gemacht:

Der Süden (3,7-31)
Der Norden (4,1-5,31)
Die Mitte (6,1-10,5)
Der Osten (10,6-12,15)
Der Westen (13,1-16,31)

Sogar trotz all des Götzendienstes, der Sittenlosigkeit und Gewalt in Israel, befreite Gott treu sein Volk. In seiner gnädigen Liebe zu den Seinen vergab er ihnen immer wieder, jedes Mal wenn sie zu ihm schrien.

Konkret für dein Leben

Wie oft könnte man von dir sagen, dass du »tust, was recht ist in deinen Augen«? Es ist nicht schwer, sich dumm, stur und rebellisch zu verhalten und sich dann zu wundern, warum man leidet. Der Gott aus dem Buch der Richter ist heute noch derselbe Gott. Und wie damals gilt: Wenn du zu Gott schreist und sagst, dass deine Sünde dir leidtut, dann ist er nahe, vergibt dir und rettet dich. Lebst du in geistlicher Niederlage? Ruf zu Gott. Er ist bereit, Befreiung zu schicken!

- Geistliche Befreiung funktioniert anders als der Pizzaservice – es dauert länger als 30 Minuten! Wenn du ungeduldig wirst, frage Gott, was du tun und lernen sollst, während du wartest. Wie könnte seine Antwort auf diese Frage jetzt gerade lauten?
- In Israel folgte jeder seinem eigenen Verständnis von richtig und falsch. Inwieweit macht unsere heutige Gesellschaft es ganz genauso? Worin bestehen manche der Folgen eines solchen Verhaltens?

Wichtige Lektionen aus Richter

- Gib der Welt nicht nach – das führt zur Niederlage.
- Sündige nicht – das führt zu Leid.
- Warte nicht, bis du hoffnungslos bist, bevor du zu Gott schreist.
- Tue nicht, was in deinen eigenen Augen recht ist – tue, was in Gottes Augen richtig ist.

Wo was zu finden ist

Debora, der einzige weibliche Richter . . . . Richter 4-5
Gideon und seine 300 Männer . . . . Richter 7,1-7
Simson und Delila . . . . .Richter 16,4-22
Israel und der Krieg gegen den Stamm Benjamin . . . . . Richter 20

Die Richter vs. Ihre Feinde

Die Richter	Ihre Feinde
Otniël	Die Mesopotamier
Ehud	Die Moabiter und Ammoniter
Schamgar	Die Philister
Debora	Die Kanaaniter
Gideon	Die Midianiter
Tola und Jaïr	Das Unheil Abimelechs
Jeftah, Ibzan, Elon, Abdon	Die Ammoniter
Simson	Die Philister

Bibel-Biografie im Profil

Simson

Lerne Simson kennen. Seine Eltern sprachen zweimal mit Gott, mit dem Engel des HERRN.

Er …

- war der starke Mann des Alten Testaments
- war als Richter Gott geweiht
- gebrauchte seine große Kraft, um Israel zu befreien
- wurde von weltlichen Begierden gesteuert
- brach seine Gelübde bei vielen Gelegenheiten
- gebrauchte seine Fähigkeiten für selbstsüchtige Zwecke
- setzte sein Vertrauen auf die falschen Leute
- wurde trotz seiner Fehler von Gott gebraucht
- wird in Gottes »Hall of Faith" in Hebräer 11 aufgeführt

Rut

Thema: Erlösung
Datierung: 1030-1010 v. Chr.
Autor: Unbekannt/möglicherweise Samuel
Handlungsort: Moab und Bethlehem

www.dasbibelprojekt.de

»Dein Volk ist mein Volk, und dein Gott ist mein Gott.« (1,16)

Das Buch Rut spielt in den geistlich finsteren Tagen der Richter. Es ist die Geschichte einer Frau namens Rut, die während dieser bösen Zeit in Israels Geschichte lebt. Doch Rut gibt dieser Boshaftigkeit nicht nach. Ihre Geschichte handelt von Ehrlichkeit, Heiligkeit und Treue und umfasst ca. 11 bis 12 Jahre. Sie und Ester sind die einzigen Frauen, nach denen in der Bibel ein Buch benannt wurde.

Die Struktur des Buches

Kapitel 1 Ruts Treue

Ruts Geschichte beginnt mit einer Hungersnot im Land Israel, von der auch die Stadt Bethlehem betroffen ist. Diese Not bewegt einen Mann namens Elimelech, mit seiner Frau Noomi und ihren beiden Söhnen nach Moab zu ziehen. Während sie dort leben, heiraten beide Söhne moabitische Frauen, sterben aber nach einiger Zeit ebenso wie Elimelech. Allein übriggeblieben entscheidet sich Noomi, wieder in ihr Heimatland zu gehen. Sie weist ihre beiden Schwiegertöchter Rut und Orpa an, bei ihrem eigenen Volk zu bleiben und in ihre Familien zurückzukehren. Orpa folgt ihrem Rat. Von ihr hören wir nie wieder. Rut jedoch entscheidet sich, mit Noomi zu gehen und dem Gott Israels nachzufolgen. Weil sie Noomi treu sein will, verlässt Rut ihre falschen Götter, ihre Kultur und ihr Volk.

Kapitel 2 Ruts Dienst

Noomi kehrt als verbitterte Frau nach Bethlehem zurück. Wegen ihrer Verluste hält sie Gott für ihren Feind. Doch Gott hat Pläne, von denen sie nichts weiß. Diese Pläne beginnen, sich zu entfalten, als Rut anbietet, auf die Felder zu gehen und die Ähren aufzulesen, die von den Erntearbeitern liegen gelassen werden. Eine solche Nachlese war erlaubt, um die Armen zu versorgen. Entsprechend Gottes Plan betritt Rut das Feld eines Mannes namens Boas. Dieser ist ein Verwandter von Noomi. Boas hat von Ruts Treue gegenüber seiner Noomi gehört. Er weist seine Arbeiter an, zusätzliche Ähren liegen zu lassen. Dadurch versorgt er die beiden Frauen.

Kapitel 3 **Ruts Heiratsantrag**

Über einen Zeitraum von mehreren Erntemonaten hinweg arbeitet Rut bereitwillig auf Boas' Feldern, um für sich und Noomi zu sorgen. Doch nun ist es für Noomi an der Zeit, Ruts Güte zu vergelten und für Ruts Zukunft zu sorgen. Sie entwirft einen Plan, der Boas bewegen wird, eine ernsthafte Entscheidung im Hinblick auf Rut zu treffen. Noomi weist Rut an, nach einem alten Brauch zu handeln. Weil Boas ein naher Verwandter ihres toten Ehemannes ist, bittet Rut ihn, dass er sie jetzt heiratet (siehe 5Mo 25,5-6). Ruts Bitte gilt als gewährt, als Boas sein Gewand über ihr ausbreitet.

Kapitel 4 **Ruts Belohnung**

Boas ist bereit, Rut zu heiraten. Doch zunächst muss er einen Verwandten von Rut fragen, ob dieser den Brauch erfüllen möchte. In dem letzten Kapitel sehen wir, wie Boas vor die Ältesten des Ortes tritt. Mit ihnen als Zeugen fragt er den näheren Verwandten im Hinblick auf Rut. Der Mann lehnt eine Heirat ab und stellt Boas dadurch frei, Rut zu heiraten. Gott segnet Ruts treue Hingabe, indem er ihr Boas zum Ehemann gibt und dazu einen Sohn, Obed. Dieser wird der Großvater Davids, des zukünftigen Königs von Israel.

Auf den Punkt gebracht

Das Buch Rut gibt uns ein Vorbild für gottesfürchtiges Verhalten inmitten weit verbreiteter Gottlosigkeit zur Zeit der Richter. Ruts Treue, mit der sie dem Gott Israels nachfolgt, bringt großen Segen für sie, für Noomi, für Boas und letztlich für die Welt. Sie nimmt ihren Platz im Familienstammbaum von Jesus Christus ein.

Konkret für dein Leben

Zusätzlich zu Ruts Treue gegenüber Gott und Noomi sehen wir Boas' Ehrlichkeit und Güte. Boas wurde ein »Löser«, der die Heidin Rut »zurückkauft« und ihr ein Zuhause gibt. Aus ihrer Ehe geht ein Sohn hervor, dessen Enkel David und dessen höchster Nachfahre Jesus Christus ist. Das Buch Rut zeigt uns ein wichtiges Muster des Werkes Christi. Wie Boas ist Jesus bereit, den Preis für die Erlösung zu bezahlen. Und wie Rut musst du dich entscheiden, Erlösung anzunehmen und die Durchführung

Jesus zu überlassen. Sei nicht wie Ruts Schwägerin, die sich entschied, zu ihren heidnischen Göttern zurückzukehren und für immer verloren war. Komm zu Jesus – der dein Löser ist – und lebe ewig!

- Was kannst du von Rut im Hinblick darauf lernen, Gott treu nachzufolgen?
- Was kannst du von Rut im Hinblick darauf lernen, Anweisungen zu befolgen?

Wichtige Lektionen aus Rut

- Was für dich wie eine Tragödie wirkt, ist Gottes Gelegenheit, sich als treu zu erweisen.
- Dein Geld stellt eine Gelegenheit dar, denen zu helfen, die in Not sind.
- Gott belohnt Treue.
- Ein guter Charakter ist eine edle Eigenschaft, die Gott ehren wird.
- Jede schlechte Situation gibt dir die Gelegenheit, das Richtige zu tun.

Wo was zu finden ist

Ruts Loyalität gegenüber Noomi . . . . Rut 1
Boas' Güte gegenüber Rut . . . . Rut 2
Gott schenkt einen Löser . . . . Rut 3
Christi Stammbaum durch Rut . . . . Rut 4

Bibel-Biografie im Profil

Boas: Porträt eines gottesfürchtigen Charakters

Lerne Boas kennen. Dieser Mann sorgte für Noomi und Rut.

Fleißig	Rut 2,1
Freundlich	Rut 2,4.8
Barmherzig	Rut 2,7
Gottesfürchtig	Rut 2,12
Ermutigend	Rut 2,12; 3,11
Großzügig	Rut 2,15
Gütig	Rut 2,20
Diskret	Rut 3,14
Treu	Rut 4,1-9

1. Samuel

www.dasbibelprojekt.de

Thema: Wandel
Datierung: 930-722 v. Chr.
Autor: Unbekannt
Handlungsort: Das problembeladene Volk Israel

»Gehorchen ist besser als Schlachtopfer […].« (15,22)

Das Buch, das 1. Samuel vorausgeht - Rut -, zeigt uns einen Lichtblick in einem finsteren Land. Es ist eine Liebesgeschichte mit mehreren Happy Ends. Wir kommen jetzt in eine Zeit des Wandels in der Geschichte von Gottes Volk mit drei »Buch-Paaren« -

1. und 2. Samuel
1. und 2. Könige sowie
1. und 2. Chronik.

Eine Menge von Büchern wurde bereits über die Geschichte großer Nationen geschrieben. Viele ihrer Titel beginnen mit der Formulierung »Der Aufstieg und Untergang von …« . Die Samuel-Bücher könnten gemeinsam mit den anderen beiden »Paaren« den Titel »Der Aufstieg und Untergang des israelitischen Königreichs« tragen.

Ursprünglich waren 1. und 2. Samuel in der hebräischen Bibel ein einziges Buch. Spätere Übersetzungen teilen es jedoch in unsere heutigen zwei Bücher auf. Das erste Buch Samuel ist nach der ersten von drei wichtigen Personen benannt - Samuel, Saul und David -, die wir in ihm kennenlernen.

Die Struktur des Buches

Kapitel 1-7 Samuel

Samuels Lebensgeschichte beginnt, als die Zeit der Richter sich dem Ende zuneigt. Eli ist der damalige Richter-Priester Israels. Er lebt in Silo, wo die Stiftshütte nun steht, die in 2. Mose gebaut worden war. Samuels Mutter Hanna wird als eine kinderlose Frau vorgestellt, die Gott um ein Baby bittet. Sie legt folgendes Versprechen vor Gott ab: Wenn er ihr einen Sohn gibt, wird sie ihn dem Herrn weihen, damit er alle Tage seines Lebens vor Gott dient. Gott erhört Hannas Gebet und schenkt ihr Samuel. Dieser wächst heran, um Israel treu zu richten. Als Samuel alt geworden ist, schreit das Volk Israel nach einem König, weil es sein will wie die Völker um es herum.

Kapitel 8-15 Saul

Gott erfüllt die Bitte des Volkes. Sein erster König, Saul, wird mit Öl zum neuen Anführer des Volkes gesalbt. Saul fängt gut an. Doch seine guten Eigenschaften werden durch den Druck verdrängt, der durch seine Rolle als König und Führer der Armee auf ihm lastet. Früh während seiner Herrschaft weist Samuel Saul an, mit der Durchführung eines bestimmten rituellen Opfers auf seine Ankunft zu warten. Doch aufgrund seines Stolzes und aus mangelnder Geduld nimmt Saul die Rolle eines Priesters ein und bringt das Opfer dar, ohne auf Samuel zu warten. Als Samuel erscheint, sagt er zu Saul: »Du hast töricht gehandelt!« (1Sam 13,13).

Später zwingt Saul seine Soldaten, direkt vor dem Kampf ein unüberlegtes Gelübde im Hinblick auf Nahrung abzulegen. Dann missachtet er Gottes Befehl, die Amalekiter zu vernichten. Schließlich befragt er tragischerweise am Ende seiner 40 Jahre dauernden Herrschaft töricht ein Medium oder eine Hexe um Rat (siehe 1Sam 28). Das Medium sagt Sauls Untergang voraus. Er und seine Söhne werden am Tag darauf im Kampf getötet.

Kapitel 16-31 David

Die Lebenswege von Samuel, Saul und David sind im ganzen Buch miteinander verwoben. Obgleich Saul noch immer König ist, verlagert sich das Hauptaugenmerk des Buches nun auf David. Seine Geschichte beginnt, als Saul wegen seines Ungehorsams von Gott verworfen wird. Samuel salbt David zum nächsten König über Israel. Gottes Gegenwart ist mit David. Das versetzt ihn in die Lage, den philistäischen Riesen Goliat zu töten und viele erfolgreiche Schlachten zu kämpfen. David wird außerdem ein treu ergebener Freund von Jonatan, Sauls ältestem Sohn.

David entwickelt sich zu einer wachsenden Bedrohung für den eifersüchtigen Saul. Dieser versucht aktiv, David zu töten. Schließlich flieht David in eine Philisterstadt, dann in ein geheimes Versteck, wo eine Gruppe starker Männer ihn schützen. David entkommt Saul immer wieder, bis Saul und seine Söhne in der großen Schlacht gegen die Philister getötet werden.

Auf den Punkt gebracht

Samuel ist ein großartiges Beispiel dafür, wie ein Mann mit Veränderungen in seinem Leben umgegangen ist. Er war der letzte Richter und sein ganzes Leben lang ein Mann der Wahrheit gewesen. Dennoch lehnte das Volk seine Söhne als Anführer ab. Stattdessen wollte es einen König, um mehr so zu sein wie die Völker um es herum. Obwohl seine korrupten Söhne abgelehnt wurden, verpflichtete sich Samuel, weiterhin für das Volk zu beten. Ganz gleich, was Samuel geschieht oder was um ihn herum passiert, er wankt nie in seiner Treue zu Gott und zu seinem Volk.

Stelle jetzt einmal Samuel dem König Saul gegenüber. Sauls Veränderung von einem gewöhnlichen Mann zum König ist gezeichnet von Stolz, Täuschung und einem unbußfertigen Herzen. Er fängt gut an. Aber irgendwo auf dem Weg entscheidet er sich, Gottes Befehlen nicht zu gehorchen und stattdessen seinen eigenen Weg zu gehen. Sauls Entscheidung kostet ihn sein Leben und das seiner Söhne. Außerdem bringt er das Volk Israel in Gefahr. Samuel hingegen ist fähig, die Anpassungen vorzunehmen, die notwendig für ihn sind, um sowohl für Gott als auch für das Volk nützlich zu sein. Tragisch ist, dass König Saul nicht in der Lage war, diesen Wandel zu vollziehen. Stolz und Hochmut führten zu seinem Untergang.

Konkret für dein Leben

Wandel und Veränderungen sind ein entscheidender Bestandteil im Leben jedes Menschen. Wir bewegen uns von einer Stufe oder Schulklasse in die nächste. Wir bewegen uns von unserem Elternhaus zur Schule, von der Schule zur Arbeit und zur eigenen Familie. Wir alle wechseln von einer Lebensphase in die nächste. Und letztendlich - ob es uns gefällt oder nicht - wechselt das Leben zum Tod.

Ob du es bemerkst oder nicht, dein Leben befindet sich in einem andauernden Veränderungsprozess. Daher musst du begreifen, wie entscheidend es ist, Veränderungen gut zu vollziehen. Nicht der Wandel selbst ist entscheidend, sondern wie du auf die Veränderungen reagierst. Manche Menschen gehen nicht gut mit Veränderung oder neuen Verpflichtungen um. Sie scheitern, wenn sie sich mit einer neuen Aufgabe oder einer Entscheidung konfrontiert sehen.

Bleibe wie Samuel durch Gebet und Bibelstudium nahe an Gott und bleibe ihm treu. Wenn dann eine Veränderung kommt, wirst du bereit sein, Kraft aus Gott zu schöpfen und ihn durch deine gottesfürchtigen Einstellungen und Taten zu ehren. Du wirst in deinem Dienst für andere zuverlässig und treu sein.

- Wie stellst du sicher, dass dein Leben und deine Einstellungen Gott ehren bei jeder Veränderung, die kommt?
- Wann bist du gut mit einer Veränderung umgegangen? Wann eher nicht so gut?
- Wie kannst du bei Erfolg verhindern, dass du wie Saul stolz wirst, sondern stattdessen Gott die Ehre geben?

Wichtige Lektionen aus 1. Samuel

- Ein Lebenswandel, der nahe bei Gott ist, wird dir helfen, besser mit Veränderungen im Leben umzugehen.
- Dein treuer Dienst wird – zumindest in Gottes Augen – belohnt werden.
- Gott will innerliche Hingabe, nicht äußerliches Getue.
- Es ist nicht so wichtig, wie du anfängst, sondern wie du aufhörst!

Wo was zu finden ist

Samuels Mutter Hanna . . . . 1. Samuel 1-2
Samuels Dienst vor Gott während seiner Kindheit . . . . . 1. Samuel 3
Saul wird zum König gesalbt . . . . 1. Samuel 10,1
David wird zum König gesalbt . . . . .1. Samuel 16,13
David kämpft gegen den Riesen Goliat . . . . .1. Samuel 17
Davids Freundschaft zu Jonatan . . . . 1. Samuel 18,1-4
Sauls Besuch bei der Hexe von En-Dor . . . . 1. Samuel 28,7-19

Warum war Samuel der einflussreichste Mann seiner Zeit?

- Er war Gott vollkommen ergeben.
- Er hatte sich Gottes Volk ganz verpflichtet.
- Er war dem Volk gegenüber vollkommen ehrlich.
- Er empfand tiefes Erbarmen für das Volk.

Jugendliche der Bibel im Spotlight

David war noch ein Jugendlicher, als er mit Goliat kämpfte. Der wiederum war mehr als 2,70 m groß (vielleicht sogar 3,35 m!), besaß eine Waffenrüstung, die mehr als 54 kg wog, und einen Speer, der 7 kg wog. David hingegen hatte nur eine Schleuder und fünf glatte Steine – aber er benötigte nur einen einzigen, um den Riesen zu Fall zu bringen!

2. Samuel

www.dasbibelprojekt.de

Thema: Vereinigung
Datierung: 931-722 v. Chr.
Autor: Unbekannt
Handlungsort: Das vereinte Königreich Israel

»Dein Haus aber und dein Königtum sollen vor dir Bestand haben für ewig […].« (7,16)

Das Buch 2. Samuel macht da weiter, wo 1. Samuel endet. König Saul ist tot. Deshalb erklärt Juda David zu seinem König. Die nördlichen Stämme erkennen jedoch Sauls jüngsten Sohn als ihren König an. David regiert siebeneinhalb Jahre in Hebron, bevor er endlich König von ganz Israel wird. Dann regiert er 33 Jahre in Jerusalem. Dieses Buch berichtet von den Schlüsselereignissen während Davids 40 Jahre dauernder Herrschaft.

Die Struktur des Buches

Kapitel 1-10 Davids Erfolg

Unter Davids Führung werden die nördlichen und südlichen Stämme Israels vereint. Davids Erfolg ist beachtlich. Unter seiner Leitung führt das Volk eine vereinte Regierung ein. Nachdem David die Stadt Jerusalem eingenommen hat, macht er sie zur Hauptstadt des Landes.

David, ein Mann nach dem Herzen Gottes, regiert gerecht. Er erweist Sauls Familie Erbarmen. Er überführt außerdem die Bundeslade, die die Gesetzestafeln mit den Zehn Geboten enthält, nach Jerusalem. Gott ehrt Davids Hingabe. Er sichert ihm zu, dass immer einer seiner Nachkommen auf seinem Thron herrschen wird. Diese Verheißung erfüllt sich in Davids entferntem Sohn, dem Herrn Jesus Christus.

Kapitel 11 Davids Sünde

David weiß, dass Gott für seinen Erfolg verantwortlich ist und sein auserwähltes Volk Israel segnen will. Dennoch begeht David auf dem Höhepunkt seiner Regierung Ehebruch mit einer Frau namens Batseba. Als diese David darüber informiert, dass sie ein Kind erwartet, versucht er, seine Sünde zu verschleiern. Dabei plant er den Tod von Batsebas Ehemann, Uria, einem seiner treuen Soldaten. Nachdem Batseba eine Trauerzeit eingehalten hat, heiratet David sie, und sie bekommen einen Sohn. Selbstverständlich missfällt Gott Davids Sünde. Von diesem Zeitpunkt an wird David sowohl innerhalb seiner Familie als auch innerhalb des Volkes andauernde Kämpfe erleben.

Kapitel 12-20 Davids Kämpfe

Gott konfrontiert David mit der Sünde, die er mit Batseba begangen hat, und mit dem Mord an Uria. Dazu schickt er den Propheten Nathan, der mit einer Geschichte an David herantritt. Sie handelt von einem armen Mann, dessen einziges Lamm von einem reichen Mann weggenommen wird, der selbst viele Lämmer besitzt. Natürlich verurteilt David den reichen Mann für sein Handeln, und in diesem Moment erklärt der Prophet: »Du bist der Mann.«

Endlich bekennt David seine Schuld. Doch die Folgen seiner Sünde sollten weitreichend und tragisch sein. Sein Sohn, der von Batseba geboren wurde, stirbt. Sein Sohn Amnon, das Kind einer seiner anderen Frauen, begeht eine sexuelle Sünde mit seiner Halbschwester Tamar. Absalom, Tamars Bruder, tötet daraufhin Amnon und flieht um sein Leben. Später wird es Absalom gestattet, zurückzukehren. Doch bald darauf intrigiert er, um seinen Vater David vom Thron zu stürzen. Fast hätte Absalom Erfolg, aber er wird im Kampf getötet. Der Bürgerkrieg setzt sich fort, als ein Mann namens Scheba die nördlichen Stämme hinter sich hierziehen will. Doch auch er wird getötet und ein weiterer Konflikt wird vermieden.

Kapitel 21-24 Davids Überlegungen

Diese Kapitel führen Davids Worte und Taten auf. Sie zeigen, wie der moralische und geistliche Zustand des Königs die physische und geistliche Verfassung des Volkes beeinflussen. Das Volk Israel erfährt Gottes Segen, wenn David gehorsam ist. Es leidet Not, wenn David Gott nicht gehorcht.

Auf den Punkt gebracht

Trotz seiner Fehler blieb David ein Mann nach dem Herzen Gottes. Warum? Offensichtlich lag es nicht daran, dass er ein sündloses Leben führte. Ganz im Gegenteil! Oftmals versagte er. Doch er wankte niemals in seinem Wunsch nach einer dauerhaften Beziehung zu Gott. David war ein Mann Gottes wegen seiner zugänglichen und treuen Haltung gegenüber Gott. Nachdem David gesündigt hatte, begriff er, dass er durch ein bußfertiges Herz die Dinge wieder ins Lot mit Gott bringen musste. Leider konnte seine Buße nicht den Schaden in Ordnung bringen, den seine Sünde hervorgerufen hatte. Ja, ihm wurde vergeben. Und ja, seine Beziehung zu Gott wurde wiederhergestellt. Doch die Liste all derer, die unter und wegen Davids Sünden litten, ist eine lange und tragische.

Konkret für dein Leben

Wünschst du dir, ein junger Mann oder eine junge Frau nach dem Herzen Gottes zu sein? Mache dir bewusst, dass Gott nicht nach Perfektion sucht, »denn alle haben gesündigt und erlangen nicht die Herrlichkeit Gottes« (Röm 3,23). Auch du als Gottes Teenager hast deine Probleme, aber du machst Fortschritte. Hoffentlich liebst du Gott mit deinem ganzen Herzen und mit deiner ganzen Seele. Und auch wenn du manchmal stolperst und fällst, bittest du Gott hoffentlich schnell um Vergebung.

In Davids Leben siehst du Gottes »Gnade in Aktion«. Er vergibt David. Du kannst Gott für seine Gnade danken, wenn du sündigst. Aber Davids Leben schenkt uns auch einen ernüchternden Blick auf »Sünde in Aktion«. Von Davids Leid kannst du lernen, dass Sünde niemals in einem luftleeren Raum begangen wird. Deine Sünde betrifft immer auch andere. Bitte Gott, dass seine Kraft dir hilft, der Sünde zu widerstehen, damit sie nicht deine Beziehung zu ihm beeinträchtigt und furchtbare Folgen für andere verursacht.

- In welchen Lebensbereichen fühlst du dich unter Druck, perfekt sein zu müssen? Im Sport? In der Schule? Bei Freunden? In Familienbeziehungen?
- Aus welchem Grund ist es wichtig für dich, Davids Geschichte zu kennen?
- Was zeigt sie dir im Hinblick auf Gottes Gnade?
- Welche Sünde, welche Unzulänglichkeit, welches Versagen musst du an Gott abgeben?

Wichtige Lektionen aus 2. Samuel

- Du und dein Umfeld erfahrt Segen, wenn du Gottes Befehlen gehorchst.
- Umgekehrt bringen deine sündigen Taten immer schlechte Folgen mit sich.
- Die Rolle, die deine Eltern in deinem Leben spielen, ist ein echter Vollzeitjob. Sorge dafür, dass du ihnen nicht durch rebellisches Verhalten das Leben schwermachst.
- Gott Sünde zu bekennen und ihm zu sagen, dass es dir leidtut, stellt deine Beziehung zu ihm wieder her.

Wo was zu finden ist

Der davidische Bund . . . . 2. Samuel 7
Davids Sünde mit Batseba . . . . .2. Samuel 11
Davids Sünde, das Volk Israel zählen zu lassen . .2. Samuel 24,10-17

Bibel-Biografie im Profil

David

- Lerne David kennen – Hirte, Krieger, Sänger, König und ein Mann nach dem Herzen Gottes. David…
- war ein fähiger Musiker.
- tötete den Riesen Goliat mit einem einzigen Stein (als er noch ein Teenager war).
- besaß ein bußfertiges Herz.
- wurde aufgrund seiner Sünde zur Ursache dafür, dass seine Familie leiden musste.
- war der größte König Israels.
- war ein Vorfahre von Jesus Christus.

Jugendliche der Bibel im Spotlight

Samuel war sehr jung, als er zum ersten Mal mit Gott redete. Diese Erfahrung bestimmte seine weitere Beziehung zum Herrn. Samuel wuchs auf und wurde ein wichtiger, einflussreicher Richter. Sieh dir noch einmal 1. Samuel an und lies Kapitel 3. Dort findest du einen Bericht über Samuels Gespräch mit Gott.

1. Könige

www.dasbibelprojekt.de

Thema: Zerrüttung
Datierung: 561-538 v. Chr.
Autor: Unbekannt
Handlungsort: Israel

»Weil dir dies bewusst war und du meinen Bund nicht beachtet hast und meine Ordnungen, die ich dir geboten habe, werde ich das Königreich ganz bestimmt von dir wegreißen […].« (11,11)

Die Geschichte im ersten und zweiten Buch der Könige ist im Grunde genommen eine Geschichte des Scheiterns. Die winzige Nation Israel hat in ihrer Region die Vormachtstellung eingenommen, weil Gott sie gesegnet hat. Doch auf dem Höhepunkt seines Reichtums und Einflusses stürzt das Volk in Armut und Bedeutungslosigkeit, weil es sich von Gott abwendet.

Die Struktur des Buches

Kapitel 1-11 Salomo und ein geeintes Königreich
Die einleitenden Kapitel beschreiben die ruhmvolle Herrschaft von König Davids Sohn Salomo. Gott hatte Davids Angebot, ihm ein Haus zu bauen, abgelehnt und dieses Privileg stattdessen Salomo gegeben. Davids Kriege hatten den Weg für Salomo geebnet. Dieser baut den Tempel mit Baumaterialien, die David gesammelt und vorbereitet hatte. Die Bundeslade wird im neuen Tempel platziert und die Herrlichkeit des Herrn erfüllt den Tempel.

Salomo betet und bittet Gott um Weisheit. Bald wird er zum weisesten und reichsten Mann seiner Zeit. Doch seine vielen ausländischen Frauen wenden sein Herz von Gott ab. Gott kündigt Gericht an und verkündet, dass Salomos Sohn nur über einen Bruchteil des Königreichs herrschen wird.

Kapitel 12-22 Die Könige und ein geteiltes Königreich
Nach Salomos Tod handelt sein Sohn Rehabeam ohne Weisheit. Er erzürnt die zehn nördlichen Stämme. Das führt zu einem Bruch innerhalb des Königreichs. Wie Gott Salomo in einer Warnung vorausgesagt hatte, bleiben Rehabeam nur die zwei Stämme Juda und Benjamin. Jerobeam, ein Offizier in Salomos Armee, führt eine Revolte an. Er wird zum König der nördlichen Stämme gemacht. Hiermit beginnt eine chaotische Zeit für das Volk Israel - mit zwei Nationen, zwei Königen, zwei Religionen und zwei Anbetungsstätten. Das Buch 1. Könige berichtet über die Herrschaft von jeweils beiden Königen. Unter all den Königen taten nur ein paar wenige aus dem Südreich, was in den Augen des Herrn recht war. Alle anderen waren Götzendiener und Mörder.

Der Prophet Elia übt seinen prophetischen Dienst aus unter der Herrschaft von Ahab, einem besonders bösen nördlichen König. Ahabs Frau Isebel führt die Anbetung Baals im Nordreich ein. Elia konfrontiert Ahab und die Propheten Baals in einem Kräftemessen auf dem Berg Karmel. Dort schickt Gott Feuer vom Himmel und verzehrt das Opfer, das Elia mit Wasser durchnässt hatte. Anschließend tötet Elia die 450 Propheten Baals, die auf dem Berg Karmel anwesend sind.

Dann wirft Elia seinen Mantel auf einen jüngeren Mann namens Elisa. Dadurch lässt er andere wissen, dass dieser sein Nachfolger werden sollte. Elia verurteilt Ahab auch weiterhin für seine Bosheit bis zu dessen Tod.

Auf den Punkt gebracht

Kurz vor seinem Tod beauftragte David seinen Sohn Salomo: »[…] dass du auf seinen [Gottes] Wegen gehst, indem du seine Ordnungen, seine Gebote und seine Rechtsbestimmungen und seine Zeugnisse bewahrst« (1Kö 2,3). Das tat Salomo auch. Und als ihm Reichtum, ein langes Leben oder Weisheit zur Wahl gestellt wurden, bat Salomo um Weisheit. Infolgedessen begann Salomos Herrschaft sehr erfolgreich. Leider ließ Salomo zu, dass seine vielen heidnischen Frauen sein Herz davon abwandten, Gott nachzufolgen. So wurde der weiseste Mann der Welt zum Narren.

Rehabeam folgte seinem Vater Salomo. Er bekam die Gelegenheit, ein weiser und gerechter König zu sein. Stattdessen nahm er den törichten Rat seiner jungen Freunde an und verwarf den seiner älteren und weiseren Berater. Das führte zum Zerfall des Königreichs.

Konkret für dein Leben

Es ist rätselhaft, dass der Sohn des weisesten Mannes der Erde nicht den Rat der vielen Sprüche seines Vaters annahm. Diese besagten, wie wichtig es ist, den Rat guter Ratgeber zu suchen, ihn anzuhören und zu befolgen (Spr 11,14; 15,22; 24,6). Vielleicht beobachtete Rehabeam die Sünden, die sein Vater in seinem späteren Leben beging, und wollte nichts mit der Weisheit aus dessen früheren Jahren zu tun haben. Was auch immer der Grund dafür war, Rehabeam hörte auf seine Freunde statt auf die weisen Ratgeber - und das mit furchtbaren Folgen.

Gott hat dich mit vielen Möglichkeiten ausgestattet, an Weisheit zu gelangen für die verschiedenen Entscheidungen, die du in deinem alltäglichen Leben treffen musst. Widerstehe deinem Stolz und deiner Sturheit, die dich dazu bringen, Hilfe abzulehnen und zu versuchen, Dinge auf deine Weise zu machen. Dir stehen deine Bibel, die Leitung durch den Heiligen Geist, Jugendleiter und die Weisheit deiner Eltern zur Verfügung. Sie können dir bei Entscheidungen helfen. Übergehe diese wichtigen Mittel nicht. Sie können dir dabei helfen, Entscheidungen zu treffen, die Gott ehren und anderen zum Segen werden.

- Wann hast du schon einmal weisen Rat angenommen? Was ist dann passiert?
- Wann hast du schon einmal dummen Rat angenommen? Was ist dann passiert?
- Du hast jeden Tag viele Entscheidungen zu treffen. Wie kannst du ganz praktisch Weisheit erwerben?

Wichtige Lektionen aus 1. Könige

- Gott hat dir die Verwaltung deines Lebens übertragen - gehe weise damit um.
- Gehorsam gegenüber Gott wird dir und anderen Segen bringen.
- Weisheit ist kein Garant dafür, dass du nicht dumm handeln wirst.
- Sei vorsichtig vor zu viel weltlichen Vergnügungen - sie könnten dein Herz von Gott abwenden.
- Lass nicht zu, dass deine persönlichen Wünsche die Maßstäbe in Gottes Wort außer Kraft setzen.
- Wenn du Gott nicht dienst, wirst du von dem versklavt, was Gottes Platz in deinem Leben einnimmt.
- Bete um die Dinge, die anderen helfen.

Wo was zu finden ist

Salomos Tempel . . . . 1. Könige 5-8
Salomos Begegnung mit der Königin von Saba . . . . . . .1. Könige 10
Jerobeams goldene Kälber . . . . .1. Könige 12,25-33
Elias Begegnung mit den Propheten Baals . . . . .1. Könige 18
Elisas Berufung, Elia nachzufolgen . . . . . . .1. Könige 19,19-21

Wunder, die Elia gewirkt hat

- Er vermehrt die Nahrungsmittel einer Witwe.
- Er erweckt den Sohn einer Witwe wieder zum Leben.
- Er ruft Gottes Feuer, das auf den Altar und dessen Opfer fällt.
- Er ruft Feuer, das auf böse Soldaten fällt.
- Er teilt den Jordan.

Schon gewusst?

Salomos jährliches Einkommen betrug 16 Tonnen Gold! Damit du eine Vorstellung davon bekommst, wie viel Gold das ist: Eine Tonne entspricht 1000 Kilogramm. Zum Zwecke der Vergleichbarkeit: Ein männlicher afrikanischer Elefant wiegt fünf Tonnen.

2. Könige

www.dasbibelprojekt.de

Thema: Zerstreuung
Datierung: 561-538 v. Chr.
Autor: Unbekannt
Handlungsort: Die geteilten Königreiche Israel und Juda

»Auch Juda will ich von meinem Angesicht entfernen, wie ich Israel entfernt habe; und ich will diese Stadt verwerfen, die ich erwählt habe, Jerusalem […].« (23,27)

Ohne Unterbrechung setzt 2. Könige die Geschichte von Israel und Juda fort. Beide Königreiche befinden sich Hals über Kopf auf Kollisionskurs und gehen einer Gefangenschaft entgegen, während die Pracht des einst geeinten Königreichs verblasst. Bis schließlich das Ende kommt (die nördlichen Stämme werden in die assyrische Gefangenschaft geführt, die südlichen Stämme werden nach Babylon deportiert), werden die Regierungen von neun verschiedenen Königsfamilien im Nordreich beschrieben. Doch wie es David verheißen wurde, gibt es nur eine Königsfamilie in Juda – Davids.

Die Struktur des Buches

Kapitel 1-17 Die geteilten Königreiche

Diese Kapitel berichten über den stetigen Verfall sowohl des Nord- als auch des Südreichs.

Das Nordreich

Alle Könige des Nordreichs werden als böse und niederträchtig dargestellt. Sogar die vielen Wunder von Elia und seinem Nachfolger Elisa zeigen kaum eine Wirkung. Von Israels 19 Königen war keiner gerecht in Gottes Augen. Schließlich hat Gott genug. Er sendet die assyrischen Heere gegen Israel. Sie belagern Samaria, die Hauptstadt des Nordreichs, besiegen die Nation und nehmen die Überlebenden mit nach Assyrien.

Der Süden
Die Situation im Südreich ist besser, aber nicht ideal. Königin Atalja, die Tochter von König Ahab und Isebel aus dem Norden, tritt in die bösen Fußstapfen ihrer Mutter. Sie tötet alle Nachfahren Davids außer Joasch. Danach reißt sie die Kontrolle über den Thron an sich. Doch dann entfernt der Priester Jojada Atalja. Er setzt den kleinen Jungen Joasch als Machthaber ein entsprechend Gottes Verheißung, dass immer einer von Davids Nachkommen auf seinem Thron sitzen würde. Joasch ist gerade einmal sieben Jahre alt. Er stellt den Tempel wieder her und dient Gott.

Kapitel 18-25 Das überlebende Königreich
Der Bericht über Juda, das überlebende Südreich, liest sich leichter als die Details über die geteilten Königreiche. Nur Juda bleibt übrig. Sechs Jahre bevor Samaria (die Hauptstadt des Nordreichs) eingenommen wird, wird Hiskia König über Juda. Wegen dessen Glaube und seiner Reformen verschont Gott Jerusalem vor Assyrien. Er bringt etwas Wohlstand nach Juda.

Hiskias Sohn Manasse ist jedoch so böse und seine Herrschaft dauert so lange, dass Judas Fall feststeht. Auch König Josias Reformen können das Übel nicht aufhalten. Die vier Könige, die auf Josia folgen, sind ebenso böse wie Manasse.

Das zweite Buch der Könige schließt mit dem Gericht. Das Volk wird nach Babylon ins Exil verschleppt, und Jerusalem und der Tempel werden zerstört. Dennoch endet das Buch mit einem Hoffnungsschimmer: Gott bewahrt eine kleine Gruppe von Menschen für sich.

Auf den Punkt gebracht

Die Bücher 1. und 2. Könige sind in heutigen Bibeln zwei getrennte Bücher. Ursprünglich bildeten sie jedoch ein Buch mit einem gemeinsamen Thema: Wenn Könige Gottes Wegen folgen, blühen sie und ihr Volk auf; doch Könige, die sich weigern, Gott zu gehorchen, werden mit Sicherheit gerichtet werden. Der Niedergang und Zusammenbruch der beiden Königreiche geschah, weil die Herrscher und das Volk sich weigerten, die Warnungen von Gottes Propheten zu beherzigen. Im Buch der Könige wird Gott als der gesehen, der die Geschichte lenkt. Das geistliche Klima der Königreiche entscheidet über deren politische und wirtschaftliche Umstände. Weil sowohl das Nord- als auch das Südreich ungehorsam sind, lässt Gott zu, dass sein Volk gefangen ins Exil geführt wird.

Konkret für dein Leben

Oft zitieren Pastoren in den USA am Nationalen Tag des Gebets (der erste Donnerstag im Mai) 2. Chronik 7,14: »[Wenn] mein Volk, über dem mein Name ausgerufen ist, sich demütigt, und sie beten und suchen mein Angesicht und kehren um von ihren bösen Wegen, dann werde ich vom Himmel her hören und ihre Sünden vergeben und ihr Land heilen.« Diese Bibelstelle ist zwar ein Aufruf an Israel zur Umkehr. Doch sie kann auch dir als Aufruf gelten. Wie Israel lieferst du für andere ein ernüchterndes Beispiel dafür, wie notwendig es ist, Gott zu gehorchen.

Geh nicht die Wege der Gottlosen, sondern wende dich von ihnen ab und rufe zu Gott. Entwickle ein gehorsames Herz. Demütige dich freiwillig und bete. Suche Gottes Angesicht. Wende dich von Verhaltensweisen ab, die dem Herrn missfallen. Das ist der Weg zu Vergebung und Segen!

- Wie gehorchst du deinen Eltern, Lehrern und Gott in deinem alltäglichen Leben?
- Warum fällt es manchmal schwer, Autoritätspersonen zu gehorchen?
- Wann hast du schon einmal Gottes Wort nicht gehorcht und die Folgen davon erlebt? Wie hast du dich gefühlt? Hat es anderen geschadet?

Wichtige Lektionen aus 2. Könige

- Gott ist geduldig. Er gibt dir viele Gelegenheiten, seinem Ruf zur Umkehr und zum Gehorsam zu folgen.
- Auch wenn andere um dich herum ungehorsam sind, sollst du gehorsam sein. Denn du bist für dein eigenes Handeln verantwortlich.
- Ein Götze ist jede Idee, Fähigkeit, jedes Eigentum oder jede Person, die du höher achtest als Gott.
- Stolz und Eigensinn sind sichere Anzeichen dafür, dass du auf dem falschen Weg unterwegs bist – auf einem Weg, der Gott nicht gefällt.

Wo was zu finden ist

Elias Himmelfahrt . . . . 2. Könige 2,11-12
Der Dienst des Elisa . . . . 2. Könige 2,13-8,15
Die Sonnenuhr bleibt stehen . . . . 2. Könige 20,8-11
Samaria fällt . . . . 2. Könige 17,5-6
Jerusalem fällt . . . . .2. Könige 25

Wunder, die Elisa gewirkt hat

Er teilt den Jordan. . . . . 2. Könige 2,13-14
Er reinigt das Wasser in Jericho. . . . . 2. Könige 2,19-22
Er vermehrt das Öl einer Witwe. . . . . .2. Könige 4,1-7
Er erweckt einen Jungen von den Toten. . . . . . 2. Könige 4,18-37
Er reinigt einen giftigen Eintopf. . . . . . . 2. Könige 4,38-41
Er vermehrt die Nahrungsmittel des Propheten. . . . 2. Könige 4,42-44
Er heilt Naamans Aussatz. . . . . 2. Könige 5,1-14
Er verurteilt Gehasi zu Aussatz. . . . . 2. Könige 5,15-27
Er lässt ein Axteisen auf dem Wasser schwimmen. . . .2. Könige 6,1-7
Er lässt die syrische Armee erblinden. . . . . . 2. Könige 6,8-23

Die drei Deportationen nach Babylon

605 v. Chr. Daniel und andere jüdische Jugendliche aus adliger Abstammung werden zur Ausbildung nach Babylon gebracht (Dan 1,1-6).

597 v. Chr. Hesekiel und andere werden nach dem Sieg über Jojakim gefangen genommen (2Kö 24).

586 v. Chr. Jerusalem fällt und die letzten Überlebenden werden nach Babylon verschleppt (2Kö 25,8-11).

Die Könige des Nordreiches Israel

Jerobeam ♛
Nadab ♛
Bascha ♛
Ela ♛
Simri ♛
Tibni ♛
Omri ♛
Ahab ♛
Ahasja ♛
Joram ♛
Jehu ♛
Joahas ♛
Joasch ♛
Jerobeam II ♛
Secharja ♛
Schallum ♛
Menahem ♛
Pekachja ♛
Pekach ♛
Hoschea ♛

Könige des Südreiches Juda

Rehabeam ♛
Abija ♛
Asa ♔
Joschafat ♔
Joram ♛
Ahasja ♛
Atalja (Königin) ♛
Joasch ♔♛
Amazja ♔♛
Asarja (Usija) ♔
Jotam ♔
Ahas ♛
Hiskia ♔
Manasse ♛♔
Amon ♛
Josia ♔
Joahas ♛
Jojakim ♛
Jojachin ♛
Zedekia ♛

♔ = guter König
♛ = schlechter König

1. Chronik

www.dasbibelprojekt.de

Thema: Israels geistliche Geschichte
Datierung: 450-430 v. Chr.
Autor: Wahrscheinlich Esra (und möglicherweise andere Priester)
Handlungsort: Israel nach der Gefangenschaft

»Und David erkannte, dass der HERR ihn als König über Israel eingesetzt hatte; denn seine Königsherrschaft war hoch erhöht wegen seines Volkes Israel.« (14,2)

Die Bücher 1. und 2. Chronik bildeten in der hebräischen Bibel ursprünglich ein Buch. Sie wurden geteilt, als man sie ins Griechische übersetzte. Diese Unterteilung besteht heute in unseren Bibeln fort. Die 1. Chronik umfasst denselben Zeitabschnitt in Israels Geschichte wie das zweite Buch Samuel, aber mit einem Unterschied: 2. Samuel schreibt eine politische Geschichte der davidischen Dynastie, während 1. Chronik eine geistliche Geschichte schreibt.

Die Struktur des Buches

Kapitel 1-9 Die königliche Linie Davids
Die Kapitel 1-4 verfolgen den Familienstammbaum Davids von Adam bis Jakob und durch seine Dynastie während der ruhmreichen Tage der Nation. Sie schließen mit einer Liste der Nachfahren Davids, die aus der Gefangenschaft zurückkehrten. Diese Kapitel zeigen Gottes Treue. Er hält seine Zusage, die davidische Linie durch die Jahrhunderte hindurch zu bewahren. Kapitel 5-9 liefern die Genealogien der meisten anderen Stämme Israels.

Kapitel 10-29 Davids Herrschaft
Davids Leben wird hier positiver dargestellt als in 2. Samuel. Die Chronik wurde von Priestern geschrieben. Daher betont der Autor (bzw. betonen die Autoren) Davids tiefe geistliche Hingabe gegenüber Gott sowie seinen Charakter. Dieses Buch hebt Davids Sorge um die Dinge Gottes hervor - insbesondere seinen Wunsch, einen Tempel für Gott zu bauen. Es wird David zwar nicht erlaubt, den Tempel zu bauen, doch er verbringt den Rest des Buches (1Chr 22-29) damit, Vorbereitungen für seinen Sohn Salomo zu treffen, damit dieser den Tempel bauen kann.

Auf den Punkt gebracht

Das Buch 2. Könige endet damit, dass sich sowohl Israel als auch Juda in Gefangenschaft befinden - eine dunkle Zeit in der Geschichte des jüdischen Volkes. Doch während eine kleine Gruppe aus dem Exil nach Jerusalem zurückkehrt, fasst der Autor (bzw. fassen die Autoren) der Chronik Israels geistliche Geschichte für die Juden zusammen. Er beginnt dabei ganz am Anfang bei Adam. Es ist mehr als 70 Jahre her, dass das Volk irgendeine Form von nationaler Einheit erlebt hat. Wenn die Menschen an ihr Erbe und an Gottes Verheißungen an sie als Nation erinnert werden könnten, würden sie eine stärkere Identität und eine Vision für ihre Zukunft entwickeln.

Konkret für dein Leben

Es ist für dich wichtig, die Bibel zu lesen und so einen Rückblick auf deine geistliche Geschichte und auf Gottes ewige Verheißungen zu erlangen. Deine Identität in Christus und Gottes Verheißungen im Hinblick auf deine ewige Zukunft stehen in der Heiligen Schrift geschrieben, damit du sie ständig wiederholen kannst. Außerdem gilt: So wie Gott in der Vergangenheit seinem Volk treu war, indem er es aus der Gefangenschaft herausführte, so kannst du dich darauf verlassen, dass er in der Gegenwart treu sein und dich bewahren und versorgen wird. Du kannst mit Zuversicht nach vorne schauen, weil du weißt, dass Gott dich und alle zukünftigen Generationen von Gläubigen bewahren wird, bis er wiederkommt.

- Was hält dich gefangen? Was hält dich davon ab, Gott zu vertrauen?
- Inwiefern erinnerst du dich regelmäßig daran, wie Gott dir in der Vergangenheit seine Treue erwiesen hat? Wie hat er seine Versprechen eingehalten?
- Denkst du über deine Zukunft eher voller Hoffnung oder voller Sorge nach? Wie kann es deiner Perspektive helfen, Gottes Verheißungen zu kennen?

Wichtige Lektionen aus 1. Chronik

- Gott führt seine Pläne weiterhin in der Geschichte durch die Seinen aus.
- Gott wird zu seinen Verheißungen stehen trotz deines Versagens.
- Deine vergangenen Fehler bieten wertvolle Lektionen für deine Gegenwart.
- Werde dir darüber bewusst, dass Gott eine Zukunft für dich bereithält, ebenso wie er eine Zukunft für Israel bereithält.

Wo was zu finden ist

Der Bund mit David . . . . .1. Chronik 17,7-27
Davids Volkszählung . . . . .1. Chronik 21,1-13
Davids Vorbereitungen für den Tempelbau . . . . . . 1. Chronik 22,1-6
Abteilungen für die Priesterschaft . . . . 1. Chronik 24

Davids Vorbereitungen für den Tempelbau

- 100.000 Talente Gold, ca. 750 Tonnen
- 1.000.000 Talente Silber, ca. 37.500 Tonnen
- unermessliche Mengen von Bronze und Eisen
- große Mengen von Holz und Steinen
- Reichlich Arbeiter, Holzarbeit und Steinhauer

2. Chronik

www.dasbibelprojekt.de

Thema: Israels geistliches Erbe
Datierung: 450-430 v. Chr.
Autor: Wahrscheinlich Esra (und möglicherweise andere Priester)
Handlungsort: Israel nach dem Exil

»[Wenn] mein Volk, über dem mein Name ausgerufen ist, sich demütigt, und sie beten und suchen mein Angesicht und kehren um von ihren bösen Wegen, dann werde ich vom Himmel her hören und ihre Sünden vergeben und ihr Land heilen.« (7,14)

Das Buch 2. Chronik umfasst größtenteils denselben Zeitabschnitt wie 1. und 2. Könige. Dieses Buch hebt das geistliche Wesen der davidischen Dynastie von der Zeit des geeinten Königreichs unter Salomo bis zur Wegführung Judas in die Gefangenschaft hervor. Es endet mit dem Erlass des Kyrus, des Königs von Persien. Dieser erlaubte den Juden nach 70 Jahren, die sie sich im Exil in Persien aufhielten, nach Jerusalem zurückzukehren und den Tempel wiederaufzubauen. Da es sich hier um einen geistlichen Bericht über Davids Nachkommenschaft handelt, werden die bösen Könige des Nordreichs und ihre Geschichte vollständig ausgelassen.

Die Struktur des Buches

Kapitel 1-9 Salomos Pracht

Der Tempel bildet einen Hauptakzent sowohl in 1. Chronik als auch in 2. Chronik. Ein Großteil der letzten Hälfte von 1. Chronik dreht sich um Davids Vorbereitung von Materialien und Arbeitskräften für den Bau und den Betrieb des Tempels. In 2. Chronik ist ein Großteil der ersten neun Kapitel dem Bau und der Einweihung des Tempels durch Salomo gewidmet.

Kapitel 10-36 Judas Verfall und Exil

Die Pracht von Salomos Tempel erweist sich als kurzlebig. Bald nach seinem Tod wird die Nation geteilt. Beide Königreiche beginnen eine geistliche und politische Abwärtsspirale. Das Königreich Juda, das nach seinem bekanntesten Stamm benannt ist, muss nicht nur gegen Götzendienst und geistliche Auflehnung innerhalb des Landes kämpfen, sondern auch gegen die gottlose Feindschaft des Nordreichs und die aufstrebenden Mächte Assyrien und Babylonien außerhalb des Landes.

Dieser Abschnitt enthält einen priesterlichen Bericht über die 20 Könige von Juda. Acht dieser Könige waren gut. Sie bewirkten ein gewisses Maß an geistlicher Erneuerung. Die Auswirkungen dieser Erweckungen hielten jedoch nie länger als eine Generation. Jeder König wird entsprechend seiner Achtung gegenüber dem Tempel als Zentrum der Anbetung beschrieben. Wenn der amtierende König Gott dient, wird das Königreich gesegnet. Doch wenn dieser König den Tempel und die Anbetung Gottes verwirft, wird die Nation durch Krieg und Unruhen zerrissen.

Auf den Punkt gebracht

Eines der zentralen Themen in 1. und 2. Chronik bildet Erinnerung. Der Verfasser möchte, dass sich die heimkehrenden Juden an den Tempel und an die Rolle des Gesetzes und der Priesterschaft erinnern. Die zwei Bücher der Chronik blicken zurück auf Israels vergangenen Glanz. Sie bieten Ermutigung für diejenigen, die ihr Erbe wiederaufbauen. Diese beiden Bücher sind eine Geschichtslektion, die zum Ziel hat, heimkehrenden Juden zu helfen, sich an eine sehr wichtige Lehre zu erinnern: Die Gründe für den Verfall und den Sturz der Nation bestehen darin, geistliche Angelegenheiten zu vergessen, Treuebruch zu begehen, Götzendienst zu praktizieren und heidnische Nachbarn zu heiraten. Die Chronik muss dem Volk zumindest eine Lehre erteilt haben. Es betete nie wieder Götzen an.

Konkret für dein Leben

Wie Israel wurdest du in diese Welt gestellt, um Gott zu repräsentieren. Doch - ebenfalls wie Israel - vergisst du leicht, wer du bist. Du stolperst blind hinter Götzen der Kleidung, Beliebtheit und Ichbezogenheit her. Wenn du irgendeiner Sache eine höhere Priorität einräumst als Gott, betest du sie und nicht Gott an - egal, was du behauptest. Es dauerte 70 Jahre im Exil, bis die Juden mit ihrer Gewohnheit gebrochen hatten, den falschen Göttern ihrer Nachbarvölker nachzufolgen. Warte nicht darauf, dass Gottes Hand sich zum Gericht erhebt. Prüfe dein Herz und entferne alles, was dich von der völligen Hingabe an Gott ablenkt.

- Vielleicht bist du der einzige Gläubige, den manche deiner Freunde jemals kennenlernen. Was willst du ihnen zeigen?
- Wem oder was widmest du einen Großteil deiner Zeit und Aufmerksamkeit? Was bist du versucht, anstelle von Gott anzubeten?
- Wenn andere dein Herz (und dein Leben) prüften, was würden sie an göttlichen Dingen darin finden? Was würden sie an weltlichen Dingen darin finden?

Wichtige Lektionen aus 2. Chronik

- Ungehorsam zieht immer Folgen nach sich.
- Du kannst - und solltest - aus dem Versagen anderer lernen.
- Die Erweckung von gestern muss heute erneuert werden.
- Ebenso wie der Tempel bei den Gläubigen des Alten Testaments der Bezugspunkt für die Anbetung war, soll Christus heute dein Bezugspunkt sein.

Wo was zu finden ist

Könige, die den Tempel wiederherstellten:

Asa	2. Chronik 14,1-16,14
Joschafat	2. Chronik 17,1-20,37
Joasch	2. Chronik 24,1-27
Hiskia	2. Chronik 29-32
Josia	2. Chronik 34-35

Erweckung unter drei guten Königen in Juda

Joschafat - Als die Nation vor der Zerstörung stand, forderte er das Volk heraus, ernste Sache mit Gott zu machen, und die Katastrophe wurde abgewendet (2Chr 20,1-30).

Hiskia - Reinigte den Tempel, zerstörte die Götzenbilder und brachte den Zehnten ins Haus Gottes (2Chr 29-31).

Josia - Verpflichtete sich, Gottes Wort zu gehorchen und entfernte sündige Einflüsse aus dem Land (2Chr 34-35).

Jugendliche der Bibel im Spotlight

Jojachin war 18 Jahre alt, als er König wurde. Er regierte in Jerusalem. Leider folgte er den bösen Wegen seines Vaters Jojakim (2Chr 36,9-10).

Esra

www.dasbibelprojekt.de

Thema: Wiederherstellung
Datierung: 457-444 v. Chr.
Autor: Esra
Handlungsort: Jerusalem

»Ich aber, ich fasste Mut, weil die Hand des HERRN, meines Gottes, über mir war […].« (7,28)

Esra ist wahrscheinlich der Verfasser von 1. und 2. Chronik. Hier macht er weiter, wo er am Ende von 2. Chronik aufgehört hat. Er hält die zwei Berichte über die Rückkehr einer kleinen Gruppe von Juden aus dem Exil fest. Als Priester gibt Esra weiterhin eine priesterliche und geistliche Sicht auf Judas historische Ereignisse. Er scheint davon auszugehen, dass ein Bericht über den Bau des zweiten Tempels eine hilfreiche Erinnerung daran sein könnte, in welcher Verbindung die Gruppe der Rückkehrer zum ersten Tempel steht.

Die Struktur des Buches

Kapitel 1-6 Die erste Rückkehr unter Serubbabel
Das Buch Esra beginnt mit der Wiederholung des Erlasses von Kyrus, dem König von Persien, aus 2. Chronik. Dieser erlaubte den Juden, nach Jerusalem zurückzukehren. Esra listet die Familien auf, die sich freiwillig zur Rückkehr meldeten. Dabei verfolgt er ihre Abstammung zurück in Israels Vergangenheit. Diese detaillierte Liste wird den Exilanten in Zukunft helfen, ihre Wurzeln und ihre Verbindung zu früheren Generationen zurückzuverfolgen.

Serubbabel, ein direkter Nachfahre von König David, führt als Leiter der heimkehrenden Juden die Liste an. Als diese Gruppe in Jerusalem ankommt, beaufsichtigt Serubbabel die Grundsteinlegung für den neuen Tempel. Doch bald schon erhebt sich Widerstand. Die Arbeit ruht 14 Jahre. Inmitten dieses Widerstands ermahnen die Propheten Haggai und Sacharja das Volk, am Wiederaufbau des Tempels weiterzumachen. Serubbabel und ein Hoherpriester namens Joschua leiten die Arbeit. Schließlich wird der zweite Tempel fünf Jahre später fertiggestellt und mit einer großen Feier eingeweiht. Die Opfer werden wiedereingesetzt. Das Volk und die Priester reinigen sich und feiern das Passah.

Kapitel 7-10 Die zweite Rückkehr unter Esra
Etwa 60 Jahre nachdem der Tempel wiederaufgebaut worden ist, verfügt ein anderer persischer König, Artahsasta, einen Erlass für eine weitere Rückkehr von Juden. Der König ermächtigt Esra, einen Priester und Schriftgelehrten, diese Gruppe nach Jerusalem zurückzuführen. Der König und seine Berater geben Esra außerdem große Mengen an Gold und Silber mit, um ihm zu helfen, den Tempel auszuschmücken. Bevor Esra nach Jerusalem aufbricht, halten er und seine kleine Gruppe inne. Sie fasten und beten um Gottes Schutz auf ihrer gefährlichen viermonatigen Reise.

Als die Gruppe in Jerusalem ankommt, gebraucht Gott Esra, einen fähigen Lehrer, um das Volk geistlich und moralisch wiederaufzubauen. Als Esra herausfindet, dass viele aus dem Volk ausländische Frauen geheiratet haben, hält er ein großes öffentliches Bußgebet. Er fleht Gott um ihretwillen an. Das Volk reagiert schnell. Die Menschen versprechen, die ausländischen Ehefrauen wegzuschicken und nach Gottes Gesetz zu leben. Das Buch endet mit einer großen Erweckung und einem veränderten Lebensstil.

Auf den Punkt gebracht

Esra hatte königliche Dokumente in der Hand, um seine Arbeit in Jerusalem und am Tempel zu unterstützen und zu autorisieren. Doch noch mehr als menschliche Dokumente hatte Esra »die Hand des HERRN«, die ihm half. Er erklärte: »[…] die Hand des HERRN, meines Gottes, war über mir […]« (Esr 7,28; siehe auch V. 6). Die Erlasse, Bekanntmachungen, Briefe, Listen, Geschlechtsregister und Notizen – von denen viele von der persischen Verwaltung verfasst wurden – bestätigen die mächtige Hand Gottes in dieser Angelegenheit. Seine Hand führte die beiden Rückkehrerwellen der Juden nach Jerusalem und bewirkte auch Israels Erweckung. Die Hauptbotschaft des Buches Esra ist folgende: Gott überwachte alles, was während der düsteren Zeit (der Gefangenschaft) geschah. Er würde auch weiterhin durch heidnische Könige wirken, um Juda Hoffnung für die Zukunft zu schenken. Gottes Verwaltung setzt sich über alle Könige dieser Welt hinweg durch.

Konkret für dein Leben

Das Buch Esra ist eine Botschaft von Gottes andauernder Gnade gegenüber Israel, wie sie in Jeremia 29,14 verheißen wurde: »[S]o werde ich mich von euch finden lassen, spricht der HERR. Und ich werde euer Geschick wenden und euch sammeln aus allen Nationen und aus allen Orten, wohin ich euch vertrieben habe, spricht der HERR. Und ich werde euch an den Ort zurückbringen, von dem ich euch gefangen weggeführt habe.« Gott stellte sein auserwähltes Volk aus seiner Gefangenschaft wieder her. Und er fährt fort, jeder neuen Generation seines Volkes Erbarmen und Gnade zu zeigen. Ganz gleich wie hart das Leben in deinen Augen ist, du wirst niemals von Gottes Liebe und Erbarmen abgeschnitten. Hilfe steht jedes Mal bereit, wenn du dich ihm zuwendest.

- Denke einmal über eine Situation nach, in der Gott überraschenderweise jemanden gebraucht hat, um dir zu helfen, eine Glaubenslektion zu lernen.
- Welche Menschen machen es dir schwer zu glauben? Bete konkret für diese Menschen. Bitte Gott, dass er in diesen Umständen und Beziehungen wirkt.
- Wann hast du schon einmal Gottes Hand auf dir gefühlt? Auf welche Weise erlebst du Gottes Gegenwart heute in deinem Leben?

Wichtige Lektionen aus Esra

- Gott hält immer, was er seinem Volk verspricht … und was er dir verspricht.
- Gott ist hinter den Kulissen am Werk. Er leitet und lenkt dein Leben.
- Es braucht starke geistliche Leitung, um Menschen geistliche Orientierung zu geben. Nutze die Orientierung, die dir deine Eltern und Jugendleiter geben.
- Wer sich darauf vorbereitet, Gottes Volk zu lehren, verfolgt ein Ziel, das Hingabe erfordert.
- Gottes Wort zu lehren, wird immer positive Auswirkungen haben.

Wo was zu finden ist

Serubbabel, der Führer der ersten Rückkehrer . . . . Esra 2,2
Urim und Tummim . . . . .Esra 2,63; 2. Mose 28,30
Die Arbeit am Tempel beginnt . . . . Esra 3,8-10
Esras Vorbereitung auf seinen Dienst . . . . .Esra 7,10

Die zwei Rückkehrerwellen nach Jerusalem im Buch Esra

Kapitel 1-6
Erlass des Kyrus
538 v. Chr.
Angeführt von Serubbabel
Die heiligen Gefäße werden zurückgebracht
Dienst der Propheten Haggai und Sacharja
Wiederaufbau des Tempels

Kapitel 7-10
Erlass des Artahsasta
458 v. Chr.
Angeführt von Esra
Goldspende für den Tempel
Dienst Esras
Wiederaufbau des Volkes

Nehemia

Thema: Wiederaufbau
Datierung: 424-400 v. Chr.
Autor: Nehemia
Handlungsort: Jerusalem

www.dasbibelprojekt.de

»Nun sagte ich zu ihnen: Ihr seht das Unglück, in dem wir sind, dass Jerusalem verödet daliegt und seine Tore mit Feuer verbrannt sind. Kommt und lasst uns die Mauer Jerusalems wieder aufbauen, damit wir nicht länger geschmäht werden können!« (2,17)

Nehemia ist eine Erweiterung zur Geschichte aus dem Buch Esra. Zuerst erscheint Esra auf der Bühne. Er bewirkt geistliche Verbesserungen, indem er Gottes Wort lehrt. Jetzt kommt 13 Jahre später Nehemia, ein zuverlässiger Beamter des persischen Königs, in Jerusalem an. Er fühlt sich gedrängt, die Stadtmauer ringsum wiederaufzubauen.

Im Buch Esra erlebten wir den Wiederaufbau des Tempels unter der Leitung Serubbabels (Esr 1-6) und die Wiederherstellung der Anbetung unter der Leitung von Esra (Esr 7-10). Nehemia seinerseits verfolgt zwei Ziele: Die Stadtmauern um Jerusalem herum wiederaufzubauen (die von den Babyloniern zerstört worden waren) und das jüdische Volk, dessen Kinder aufgrund von Ehen mit heidnischen Ungläubigen selbst zu Heiden wurden, neu zu unterweisen.

Die Struktur des Buches

Kapitel 1-7 Der Wiederaufbau der Mauern

Das Buch beginnt damit, dass Nehemia in Susa, der Winterhauptstadt des persischen Königs, lebt. Dort erhält er Berichte über die traurigen Bedingungen, unter denen die Menschen leben, die sich freiwillig gemeldet hatten, nach Jerusalem zurückzukehren. Belastet von diesen Berichten betet Nehemia. Währenddessen wird ihm bewusst, dass er der Geeignete ist, um Abhilfe zu schaffen. Daher bittet er um eine Freistellung von seinen Pflichten. Er bekommt die Erlaubnis des Königs, als Statthalter nach Jerusalem zu gehen.

Bei seiner Ankunft begutachtet Nehemia die beschädigten Mauern und verpflichtet das Volk zur Unterstützung. Dieses fängt eifrig an, beim Wiederaufbau der Mauer zu helfen. Nehemia hält sich bereit gegen drohende Angriffe durch die Ammoniter und Araber. Dafür lässt er die Hälfte der Arbeiter bewaffnet Wache halten, während die andere Hälfte die Mauer wiederaufbaut. Diese Feinde wollten nicht, dass Jerusalems Mauern wiederaufgebaut werden. Sie versuchten, Nehemia und die Arbeiter zu entmutigen. Doch die Juden weichen nicht ab. Ein Projekt, das 70 Jahre lang gestockt hatte, wird in nur 52 Tagen zum Abschluss gebracht! Nun da die Mauern wieder stehen, betraut Nehemia zuverlässige Männer mit der Verantwortung für die Stadt und die Tore.

Kapitel 8-13 Neu-Unterweisung des Volkes

Nun, da die Mauern wiederaufgebaut sind, versammelt sich das Volk in einer großen Menge und bittet, dass das Gesetz des Mose hervorgeholt und vorgelesen wird. Esra, ein Priester und der Verfasser des Buches Esra, liest das Gesetz öffentlich vor. Die Priester und Leviten erklären die Bedeutung des Gelesenen. Die Lesung dauert vom frühen Morgen bis zum Mittag. Als Reaktion feiert das Volk sieben Tage lang das Laubhüttenfest. Jeden Tag liest Esra mehr vom Gesetz vor. Als weitere Reaktion auf Gottes Wort fastet das Volk. Es legt Sacktuch an und streut sich Asche auf den Kopf, um seine Trauer und Buße zu bekunden. Sie trennen sich außerdem von den Heiden um sie herum, bekennen ihre Sünden und versprechen feierlich, Gottes Gesetze zu befolgen.

Jerusalem ist jetzt sicher und verfügt über viel freie Fläche. Daher wird die Bevölkerung umgesiedelt, sodass einer von zehn Juden in der Stadt lebt. Den anderen steht es frei, sich außerhalb der Stadtmauern niederzulassen. Die wiederaufgebauten Mauern werden mit Musik und Dankgesang eingeweiht. Nehemia wird danach für unbestimmte Zeit nach Persien zurückbeordert.

Später kehrt Nehemia nach Jerusalem zurück. Er ist bestürzt, dass der Hohepriester einem Außenstehenden, einem heidnischen Führer, einen Raum im Tempel zur Verfügung gestellt hat. Das ist ein offenkundiger Missbrauch »des Hauses Gottes«. Nehemia wirft die Möbel des Mannes hinaus und reinigt den Raum. Das Buch endet damit, dass Nehemia die Führer ermahnt: Sie sollen ihr früher gegebenes Versprechen erfüllen, Gott zu gehorchen.

Auf den Punkt gebracht

In Nehemias Bericht, wie Israel inmitten von feindseligen Umständen ums Überleben ringt, können wir drei Hauptthemen entdecken.

Erstens, die Bedeutung von Gottes Wort: Israels Anführer sind von einem dauernden Wunsch danach geleitet, Gottes Wort genau zu befolgen und seinen Willen zu tun. Mehrfach lesen Esra und die Priester aus dem »Buch mit dem Gesetz des Mose« (Neh 8,1) vor und erklären dem Volk dessen Bedeutung. Die Anführer wollen »Einsicht in die Worte des Gesetzes … gewinnen« (Neh 8,13). Es ist ihr Wunsch, den Tempeldienst richtig zu versehen, sodass sie darauf achten, es genauso durchzuführen, »wie es im Gesetz geschrieben steht« (Neh 10,35; siehe auch V. 37). Außerdem handeln die Anführer, als Ehereformen notwendig werden, nach den Anweisungen im Buch Mose (Neh 13,1).

Zweitens, Nehemias Gottvertrauen: Nehemia ist zuversichtlich, dass Gott jeden seiner Schritte führt und lenkt. Wieder und wieder schreibt er seinen Erfolg und seine Sicherheit Gott zu. Er spricht von »der Hand meines Gottes, die gütig über mir gewaltet hatte« (Neh 2,18; siehe auch Neh 2,8; 6,16) und sagt: »[M]ein Gott gab mir es ins Herz« (Neh 7,5).

Drittens, Widerstand von Israels Feinden: Die Feinde der Juden versuchen mit aller Kraft zu erreichen, dass die persische Regierung die Erlaubnis zum Wiederaufbau von Mauer und Stadt zurückzieht. Doch trotz der Korruption und Uneinigkeit innerhalb des Volkes und der Schikanen durch die Nationen um sie herum bauen Nehemia und das Volk die Mauern in nur 52 Tagen wieder auf.

Konkret für dein Leben

Folge dem Beispiel von Nehemia und den Juden in Jerusalem, wenn es um den Aufbau oder den Wiederaufbau deines geistlichen Lebens geht. Denke daran, dass Gottes Wort maßgeblich ist. Wenn du ein besseres geistliches Leben führen willst, sieh dir Gottes Entwurf dafür an - die Bibel.

Von dem Tag an, als Nehemia seine Rolle in Gottes Plan begriff, vertraute er fest auf Gottes Versorgung und Bewahrung. Seine Zuversicht war ansteckend. Die Menschen reagierten, indem sie zusammenarbeiteten, um die Stadtmauern wiederaufzubauen. Vertraue Gott inmitten deiner Probleme. Vielleicht wird auch deine Zuversicht andere anstecken, Gott ebenfalls zu vertrauen.

Stelle außerdem sicher, dass du deinen Feind nicht unterschätzt. Jerusalems Feinde hatten 70 Jahre lang verhindert, dass die Mauer wiederaufgebaut wurde. Doch durch Gebet und Beharrlichkeit verhielt sich das Volk wachsam. Es verteidigte sich und brachte die Aufgabe zum Abschluss. Wenn du mit Widerstand konfrontiert bist, verteidige dich mithilfe von Gottes Waffenrüstung (Eph 6,14-17), und erringe den Sieg.

- Wie viel Einfluss übt Gottes Wort auf die Entscheidungen aus, die du triffst? Wo passt Gottes Wahrheit in deine »Baupläne«?
- Wie sehr vertraust du, dass Gott dich versorgt und beschützt?

Inwiefern vertraust du Gott in guten wie in schlechten Zeiten?

- Deine Feinde können auch Dinge oder Wünsche sein. Was könnten einige dieser Feinde in deinem Leben sein?

Wichtige Lektionen aus Nehemia

- Manchmal wirst du möglicherweise selbst zur Antwort auf deine eigenen Gebete.
- Die meisten Dinge, die du zu Gottes Zielen tust, erfordern Glaubenstaten.
- Unterschätze nicht, wie wichtig es ist, Gottes Wort zu lesen und zu verstehen.
- Du musst permanent wachsam sein gegenüber den Angriffen des Feindes deiner Seele.

Wo was zu finden ist

Nehemias Gebet für Jerusalem . . . . .Nehemia 1
Nehemias Gesuch vor dem König . . . . .Nehemia 2
Das Verzeichnis der Arbeiter . . . . .Nehemia 3
Die Angriffe der Samaritaner . . . . .Nehemia 4
Der Schuldenerlass . . . . .Nehemia 5
Die Fertigstellung der Mauer in 52 Tagen . . . . . . .Nehemia 6
Das Register der heimkehrenden Juden . . . . .Nehemia 7
Die Lesung des Gesetzes . . . . .Nehemia 8
Das Sündenbekenntnis des Volkes . . . . .Nehemia 9
Das Volk schließt einen Bund . . . . Nehemia 10
Die Liste der Obersten . . . . Nehemia 11
Die Leviten weihen den Tempel ein . . . . Nehemia 12
Die Leviten dienen im Tempel . . . . Nehemia 13

Nehemias Gebetsleben

- Als er entmutigt war, betete er (1,4).
- Als er Orientierung brauchte, betete er (1,5-11).
- Als er Unterstützung benötigte, betete er (2,1-5).
- Als er angegriffen wurde, betete er (3,33-4,9).
- Als er schwach und machtlos war, betete er (6,9).
- Als er voller Freude war, betete er (13).

Schon gewusst?

Nehemia leistete zwei Amtszeiten als Statthalter. Eine Amtszeit dauerte 12 Jahre, die andere 14 Jahre. Zwischen diesen beiden Amtszeiten diente er 9 Jahre lang dem König von Persien.

Ester

www.dasbibelprojekt.de

Thema: Bewahrung
Datierung: 450-431 v. Chr.
Autor: Unbekannt
Handlungsort: Der persische Königshof

»Und wer erkennt, ob du nicht gerade für einen Zeitpunkt wie diesen zur Königswürde gelangt bist?« (4,14)

Die drei Bücher Esra, Nehemia und Ester berichten darüber, wie Gott mit den Juden nach ihren 70 Jahren Gefangenschaft in Babylon verfuhr. Esra und Nehemia beschäftigen sich mit der kleinen Gruppe aus dem Volk, die nach Judäa zurückkehrte. Das Buch Ester hingegen handelt von der großen Mehrheit, die sich entschlossen hatte, nicht zurückzukehren, sondern im Land ihrer Gefangenschaft zu bleiben. Ester ist eines von nur zwei Büchern in der Bibel, die den Namen einer Frau tragen. Das andere Buch ist Rut. Ester ist ein jüdisches Mädchen, das aufgrund von Gottes Plan Königin über das riesige persische Reich wird, das sich von Indien bis nach Äthiopien erstreckte. Inmitten einer ausweglosen Krise übt Königin Ester ihren Einfluss aus, und die Juden werden vor der Zerstörung bewahrt. Esters Geschichte passt zwischen Kapitel 6 und 7 im Buch Esra, zwischen die erste Rückkehr nach Jerusalem unter der Leitung von Serubbabel und die zweite Rückkehr, die von Esra angeführt wurde.

Die Struktur des Buches

Kapitel 1-5 Vorahnung der Krise

Das Drama beginnt damit, dass Königin Wasti sich weigert, vor ihrem Mann, König Ahasveros, in einem Bankettsaal voll betrunkener Männer zu erscheinen. Sie wird verbannt und im ganzen Reich beginnt die Suche nach einer neuen Königin. Ester, eine Jüdin, wird ausgewählt, die neue Königin zu sein. Indes ist Esters älterer Cousin Mordechai, der sie großgezogen hat, ein Hofbeamter. Zufällig bekommt er von einer Verschwörung mit, in der der König umgebracht werden soll. Er gibt die Nachricht an Ester weiter, die den König in Mordechais Namen informiert.

Jedes Drama braucht einen Bösewicht. Im Buch Ester lautet sein Name Haman. Er ist Premierminister, der Stellvertreter des Königs. Mordechai weigert sich, ehrerbietend vor Haman niederzuknien. Wutentbrannt darüber wirft Haman abergläubisch Lose oder Pur, um den besten Tag für die Ermordung und Auslöschung der Juden zu bestimmen. Nachdem er die Lose geworfen und das Datum festgelegt hat, erbittet er vom König die Erlaubnis, Mordechai und alle Juden zu vernichten.

Haman führt den König in die Irre, indem er die Juden als »ein Volk« beschreibt, das gesetzlos sei und es verdiene, zu sterben. Der König weiß nicht, wer diese Leute sind. Doch er ist erpicht darauf, alle Aufrührer auszurotten. Er erlässt ein Gesetz, das die Juden zum Tod verurteilt. Da Ester ihre jüdische Herkunft nie offenbart hat, stimmt der König unwissentlich zu, seine eigene Königin zu töten! Als Mordechai Ester von dem Gesetz erzählt, entschließt sie sich, ihr Leben zu riskieren, um ihr Volk zu retten. Dann plant Ester ein Bankett, zu dem sie den König und Haman einlädt. Sie hofft auf eine günstige Gelegenheit, um Hamans böse Intrige aufzudecken.

Kapitel 6-10 **Überwindung der Krise**

In der Nacht vor Esters Bankett kann der König nicht schlafen. Er lässt sich die Aufzeichnungen aus der königlichen Bibliothek bringen und vorlesen. Dadurch erfährt der König, dass Mordechai vor einiger Zeit eine Verschwörung gegen ihn aufgedeckt hat und nie dafür belohnt worden ist. Am nächsten Morgen fragt der König Haman, was man tun solle, um einen Helden angemessen zu ehren. Haman denkt, der König spräche von ihm. Daher beschreibt er eine üppige und öffentliche Belohnung. Daraufhin befiehlt der König Haman, Mordechai auf diese Weise zu ehren.

Die Dinge entwickeln sich immer schlechter für Haman, als Ester offenbart, dass sie Jüdin ist, und seine Intrige aufdeckt. Wutentbrannt lässt der König Haman an dem Galgen erhängen, den dieser für Mordechai vorbereitet hatte. Anschließend erlässt der König ein neues Gesetz. Dieses erlaubt den Juden, sich gegen die Übergriffe zu wehren, die Hamans Bekanntmachung autorisiert hatte. Um dieses historische Ereignis zu feiern, wurde das Purimfest (Werfen der Lose) eingeführt. Es wird noch heute unter Juden gefeiert. Im letzten Akt dieses aus dem Leben gegriffenen Dramas wird Mordechai dazu ernannt, Hamans Platz als Premierminister einzunehmen.

Auf den Punkt gebracht

Die Rettung von Gottes Volk wurde durch einen Schönheitswettbewerb, einen heidnischen König und eine mutige Frau vollbracht. Außerdem beschützte Gott die Juden unabhängig davon, ob sie sich entschlossen hatten, nach Jerusalem zurückzukehren oder in Persien zu bleiben. Er tat das im Einklang mit seinem Plan und seinen Verheißungen an sein Volk. Gott wirkte durch eine einzige Frau, die bereit war, ihr Leben für ihr Volk aufs Spiel zu setzen. Als Ester begriff, dass sie Stellung beziehen musste, äußerte sie die berühmten Worte: »[W]enn ich umkomme, so komme ich um!« (Est 4,16).

Gottes Name taucht zwar kein einziges Mal im gesamten Buch Ester auf. Doch die klare Botschaft, die sich auf seinen Seiten herauskristallisiert, ist diese: Gott hat die absolute Kontrolle über alle Dinge. Er leitete und beschützte sein Volk zuverlässig und setzte alle schädlichen menschlichen Intrigen gegen es außer Kraft. Das tat er unabhängig davon, ob die Juden in der persischen Hauptstadt lebten oder in einer der 127 persischen Provinzen verstreut waren, die sich von Indien bis nach Äthiopien erstreckten.

Konkret für dein Leben

Was denkst du: Wie viel von deiner Sicherheit liegt in dem, was du besitzt, wer du bist, was die Leute von dir denken oder wo du lebst? Wo auch immer du lebst und ganz gleich, was du besitzt: Begreife, dass Gott dich nicht dorthin gestellt oder dir diese Dinge gegeben hat, damit sie dir zum Vorteil dienen. Nein, er hat dich dorthin gestellt und dich mit Möglichkeiten versehen, damit du ihm dienst. Ester entschied sich weder dazu, in König Ahasveros' Palast zu leben noch seine Königin zu sein. Aber in ihrer Stellung dort gebrauchte Gott sie machtvoll, um sein Volk zu retten. Unabhängig davon, was du hast oder nicht hast, ob deine Umstände gut oder schlecht sind, kann und wird Gott dich beschützen. Und er kann und wird dich zu seinen Zielen gebrauchen. Möglicherweise siehst du nicht, wie seine mächtige Hand dich zu Hause oder in der Schule versorgt und beschützt. Doch du kannst sicher sein, dass er für dich handelt. Er ist deine höchste Sicherheit und Versorgung. Und er wird sich um dich kümmern.

- Fühlst du dich manchmal, als wärst du Teil eines Plots in einem Drama? Wie kannst du mit Gottes Hilfe ein Held (eine Heldin) statt ein Bösewicht sein?

- Hinter den Kulissen deines Lebens passiert so vieles, wovon du nichts weißt! Überlass diese unbekannten Faktoren Gottes Kontrolle, indem du betest. Denke einmal an ein Ereignis in deinem Leben oder ein Erlebnis, bei dem du hinterher begriffen hast, dass Gott die ganze Zeit involviert war.
- Sprichst du dich jemals für die aus, die in deiner Schule oder Nachbarschaft verfolgt oder verspottet werden? Inwiefern inspiriert dich Esters Geschichte dazu, für andere einzutreten?

Wichtige Lektionen aus Ester

- Lass dich nicht von schlechten Umständen davon abhalten, Gott zu vertrauen.
- Denke nicht, dass ein schwieriges Leben dich daran hindert, Gott und den Seinen einen großen Dienst zu erweisen.
- Gottes schützende Hand ist immer da, auch wenn sie nicht immer sichtbar ist.
- Es erfordert Mut, für seine Überzeugungen einzutreten und bereit zu sein, die Folgen zu tragen.
- Jeder in Gottes Volk – inklusive dir – ist von Gott für irgendeinen Zweck und zu einem wichtigen Nutzen vorbereitet worden.

Wo was zu finden ist

Mordechai deckt eine Verschwörung gegen den König auf	Ester 2,21-23
Hamans Intrige gegen die Juden	Ester 3,8-9
Mordechais Aussage: »Für einen Zeitpunkt wie diesen«	Ester 4,14
Esters Entschluss: »Wenn ich umkomme, so komme ich um!«	Ester 4,16
Haman stirbt an seinem eigenen Galgen	Ester 7,10
Die Einsetzung des Purimfestes	Ester 9,20-24

Das Purimfest

- Das erste und einzige nicht-mosaische Fest
- Ein jährlicher zweitägiger Freudentag
- Gefeiert im Februar oder März
- Benannt nach dem akkadischen Wort für Los

Schon gewusst?

Ester ist eines von nur zwei Büchern in der Bibel, die nach Frauen benannt wurden. Das andere Buch ist Rut.

Die poetischen Bücher

Die 17 Geschichtsbücher, die den ersten Teil des Alten Testaments bilden, sind mit dem Buch Ester abgeschlossen. Sie liefern die Kulturgeschichte von der Schöpfung bis zum persischen Reich. Sie berichten über die Geschichte der jüdischen Nation von ihren Anfängen, über ihre Tage des Ruhms und des Exils und schließlich bis zu den Tagen, in denen eine kleine, unbedeutende Nation überlebt, umgeben von Feinden, die sie zerstören wollen.

Nun folgt eine andere Reihe von Büchern, die poetischen Bücher der Bibel: Hiob, Psalmen, Sprüche, Prediger und das Hohelied Salomos. Hier stehen weniger die historischen Erfahrungen im Vordergrund, sondern sie beschreiben sehr stark die Erfahrungen des menschlichen Herzens. Sie führen die Geschichte der Nation Israel nicht fort. Stattdessen betrachten sie mithilfe von hebräischer Poesie Themen wie Leid, Weisheit, das Leben, die Liebe und - was am allerwichtigsten ist -, Gottes Charakter und Wesen. Und schließlich erfüllen sie noch eine weitere wichtige Funktion: Sie dienen als ein Bindeglied, das die Geschichtsbücher über die Vergangenheit mit den prophetischen Büchern über die Zukunft verbindet.

Hiob

www.dasbibelprojekt.de

Thema: Segen im Leid
Datierung: 2000-1800 v. Chr.
Autor: Unbekannt
Handlungsort: Das Land Uz

»Darum verwerfe ich mein Geschwätz und bereue in Staub und Asche.« (42,6)

Das Buch Hiob gilt als das älteste Buch der Bibel. Hiob lebte wahrscheinlich während derselben Epoche wie Abraham in 1. Mose. Hiob ist wie Abraham ein reicher und rechtschaffener Mann, der Gott achtet. Dieses Buch beschreibt, wie sein Stolz im Feuer des Leidens stirbt. Zu diesem Leiden gehört der Verlust seiner Familie, seines Reichtums und seiner Gesundheit. Das Buch beschreibt außerdem eine Reihe von Diskussionen, die sich mit seinen Freunden im Hinblick auf das Thema Leid entwickeln. Als am Ende Gott zu Hiob spricht, hört Hiob auf, Gottes Handeln in seinem Leben zu hinterfragen. Er beendet den Versuch zu beweisen, dass er im Recht ist. Endlich erkennt er Gottes Größe, seine Majestät, seine Macht und absolute Unabhängigkeit. Er sieht sich selbst so, wie Gott ihn sieht. Er tut Buße über seinen Stolz. Und Gott stellt seine Gesundheit wieder her. Er gibt ihm eine neue Familie und macht ihn reicher als zuvor.

Die Struktur des Buches

Kapitel 1-3 Das Drama

Das Buch Hiob beginnt mit der Information über Hiobs Aufrichtigkeit, seinen Reichtum und seine Kinder. Er wirkt nicht wie ein guter Kandidat für ein großes Unglück. Doch bei einem der seltenen, flüchtigen Blicke in die Hallen des Himmels sieht man Satan als den Ankläger. Er erhebt die Anklage, niemand - inklusive Hiob - liebe Gott aus reinen Motiven. Satan behauptet, dass Menschen Gott nur für das lieben, was sie von ihm bekommen können. Satan sagt: »Nimm den Segen weg und ein Mensch wird Gott verfluchen.« Um Satans Vorwürfe zu widerlegen, erlaubt Gott ihm, Hiob mit zwei Serien von Unglück zu schlagen. Die erste nimmt ihm seinen Reichtum und seine Familie, die zweite seine Gesundheit. Hiobs Frau sieht sein Leiden und rät ihm: »Fluche Gott und stirb!« Vier Freunde hören von Hiobs Nöten und kommen, um Anteilnahme zum Ausdruck zu bringen. Sieben Tage lang sitzen sie bei Hiob und beobachten, wie er leidet. Am Ende der sieben Tage bricht Hiob das Schweigen, indem er den Tag seiner Geburt beklagt.

Kapitel 4-37 Die Diskussionen

Nachdem Hiob das Schweigen gebrochen hat, folgen drei Diskussionsrunden mit seinen Freunden. Ihre Vorwürfe folgen alle demselben Gedanken: Hiob leidet wegen einer verborgenen, dunklen Sünde in seinem Leben. Da sie nichts von Gottes Diskussionen mit Satan wissen, glauben die Freunde, dass ein Sündenbekenntnis das einzige Heilmittel darstellt. Mit jeder Runde von Beschuldigungen - und Hiobs wiederholtem Bestreiten derselben - steigt die Hitzigkeit der Diskussion. Zunächst wirft Hiob seinen Freunden vor, sie würden ihn verurteilen - was sie auch tun. Schließlich wendet sich Hiob aus Frust angesichts ihrer wiederholten Anschuldigungen an Gott als seinen Richter. Während Hiob seine Schuldlosigkeit verteidigt, macht er sich stolzer Selbstgerechtigkeit schuldig. Hiob trägt über fünf Kapitel ein abschließendes Argument vor, das seine Unschuld geltend machen soll. Dann liefert Elihu, der vierte Freund, der bis zu diesem Zeitpunkt geschwiegen hat, eine treffendere Sicht auf Hiobs Problem, als die anderen drei Freunde es taten. Elihu schlägt vor, dass Hiob sich vor Gott demütigen und sich Gottes reinigendem Wirken durch Prüfungen unterordnen soll.

Kapitel 38-42 Die Erlösung

Nach Elihus Rede beendet Gott die Debatte, indem er aus dem Sturmwind zu Hiob spricht. Gott hält zwei Reden. In der ersten beschreibt er seine Macht und Weisheit als Schöpfer und Erhalter der leblosen und belebten Natur. Hiob kann nur seine Unwissenheit und Nichtigkeit anerkennen.

In der zweiten Rede beschreibt Gott seine Autorität und Macht. Hiob reagiert mit einem betrübten Herzen und erkennt wiederum seine Unwissenheit an. Es ist nicht möglich, Gottes Wege zu begreifen, weil es Gottes Wege sind!

Endlich beginnt Hiob, sein Leiden aus Gottes Perspektive zu betrachten. Satans Provokation wurde zu Gottes Gelegenheit, Hiobs Glauben und Charakter zu festigen. Am Ende erstattet Gott Hiob alles doppelt zurück, was er ursprünglich besessen hat.

Auf den Punkt gebracht

Das Buch Hiob erzählt die interessante Geschichte vom Millionär-zum-Tellerwäscher-zum-Millionär. Es hilft uns, einige Dinge besser zu verstehen: das Problem des Leids; die Gewissheit, dass Gottes Hand alles lenkt; die Aktivitäten Satans und den Glauben, der Bestand hat. Hiob wurde geprüft und sein Glaube hatte Bestand, weil er auf Gottes festes Fundament gebaut war. Sein Leiden brachte ihn zunächst dazu, sich zu beklagen. Seine Selbstprüfung ließ ihn stolz werden. Aber dass Hiob seinen Fehler bereute, führte zu seiner Wiederherstellung. Letztendlich brachte seine Prüfung eine erstaunliche Verwandlung. Und zur Verteidigung von Hiobs Freunden muss erwähnt werden: Sie waren die Einzigen, die ihm in seiner Not zur Seite standen. Elihus letzte Rede wird nicht von Gott gerügt. Das bedeutet, dass sein Verständnis von Hiobs Problem und von Gottes Lösung treffender war als das der anderen.

Konkret für dein Leben

Gott ist vollkommen weise und vollkommen mächtig und sein Wille ist perfekt. Mit unserem begrenzten Verstand begreifen wir sein Handeln jedoch nicht immer. Leid ergibt für uns keinen Sinn. Immerhin, so denken wir fälschlicherweise, sollten Gläubige doch aufblühen, immer Segen empfangen und ein sorgenfreies Leben genießen, nicht wahr? Weil wir Gott missverstehen, verlieren wir wie Hiob die Hoffnung. Wir hinterfragen Gott und manchmal drohen wir ihm frustriert mit der Faust. Hiob lehrt uns, dass es viele Dinge gibt, die wir nie verstehen werden. Leid gehört dazu. Aber eins wissen wir: Unser Leiden ist Gott nie egal. Er ist genug. Das gleicht unseren Mangel aus. Und am Ende werden wir näher zu ihm gezogen.

- Ist Hiob schwer zu lesen? Warum? Welches Leid hast du erfahren oder miterlebt? Wie hast du Gottes Trost gespürt?
- Welche Einsichten und Glaubensgeschenke bietet das Buch Hiob dir persönlich?
- Wie helfen dir Hiobs Freunde zu verstehen, was man zu einem Freund, der zu kämpfen hat, sagt und was nicht?

Wichtige Lektionen aus Hiob

- Im Himmel finden geistliche Angelegenheiten statt, von denen du nichts ahnst. Dennoch wirken sie sich auf dein Leben aus.
- Lebensfragen können nicht immer mit menschlichen Begriffen verstanden werden.
- Gläubige leiden. Guten Menschen widerfahren schlechte Dinge.
- Du kannst die Geistlichkeit eines Menschen nicht immer anhand seines Schmerzes oder Wohlergehens beurteilen.
- Gott hat immer einen Grund für das, was du ertragen musst.
- Leiden verbessert deine Anbetung. Es zieht dich näher zu Gott und zu seinem Trost.

Wo was zu finden ist

Satans Diskussionen mit Gott . . . . Hiob 1,6-2,10
Diskussionen der Freunde mit Hiob . . . . .Hiob 4-37
Gottes Fragen an Hiob . . . . Hiob 38-41
Hiobs Bekenntnis gegenüber Gott . . . . Hiob 42
Gott segnet Hiob . . . . Hiob 42

Manche Ursachen für Leid

Die Gefallenheit des Menschen . . . . .1. Mose 3,16-19
Die Folgen deiner Sünden . . . . Galater 6,7
Die Sünden anderer Menschen . . . . 1. Mose 37,26-28
Unvermeidbare Konsequenzen . . . . Lukas 10,30
Unvermeidbare Katastrophen . . . . .Lukas 13,1-5
Konsequenzen deines Glaubens . . .Philipper 1,29; 2. Timotheus 3,12
Gottes größerer Plan . . . . Hiob 1,1-2,13

Psalmen

Thema: Lob
Datierung: 1410-450 v. Chr.
Autor: Verschiedene Autoren
Handlungsort: Himmel und Erde

www.dasbibelprojekt.de

»Mein Mund soll das Lob des HERRN aussprechen, und alles Fleisch preise seinen heiligen Namen immer und ewig!« (145,21)

Die Psalmen sind poetische Ausdrucksformen allgemein menschlicher und religiöser Gefühle. Sie sind unterteilt in fünf Bücher, die insgesamt 150 einzelne Lieder oder Psalmen umfassen. Entstanden sind diese Lieder in den zehn Jahrhunderten von Mose bis zu den Tagen nach dem Exil des jüdischen Volkes. In ihnen finden wir eine große Vielfalt von Stilen, Absichten, Anlässen und Empfindungen (z. B. Klage, Danksagung, Lob, Anbetung, Wallfahrt, Fürbitte und Buße). Jedes der fünf Bücher schließt mit einer Doxologie - einem Lob Gottes. Der letzte Psalm bildet sowohl den Schlusspsalm für das fünfte Buch der Psalmen als auch für das gesamte Buch der Psalmen.

Die Struktur des Buches

Kapitel 1-41 Buch 1

David wird als Autor von beinahe der Hälfte der Psalmen (73 von 150 Psalmen) genannt. Er verfasste alle Psalmen in diesem ersten Buch oder dieser ersten Gruppe von Psalmen. Davids Erfahrungsreichtum als Hirte, Musiker, Krieger und König spiegeln sich in seinen Psalmen wider. Die Psalmen in dieser Gruppe sind größtenteils Lob- und Anbetungslieder. Der wohl bekannteste hier ist Psalm 23. Er beginnt mit den vertrauten und geliebten Worten »Der HERR ist mein Hirte, mir wird nichts mangeln« (Ps 23,1). Eine Beschreibung von Jesu zukünftigem Leiden als der »leidende Messias« findet sich in Psalm 22.

Kapitel 42-72 Buch 2

David und die Söhne Korachs (eine Gruppe von Sängern und Komponisten) verfassten die meisten der Psalmen im zweiten Buch. Viele dieser Lieder sind Lobgesänge von besonderem Interesse für Israel als Volk. Sie beschreiben Gottes Wesen und wie er die Bösen richtet und die Gerechten erlöst. Davids öffentliches Klagelied nach seinem Ehebruch mit Batseba findet sich in diesem Abschnitt. Darin schreit David: »Sei mir gnädig, Gott, nach deiner Gnade« (Ps 51,3). Diese Psalmen helfen uns, in unserer Anbetung ein Gefühl des Staunens und der Dankbarkeit gegenüber Gott zu entwickeln.

Kapitel 73-89 Buch 3

Asaf wurde von David als Leiter eines der Tempelchöre eingesetzt (1Chr 25,1). Er ist der Verfasser eines Großteils der Psalmen in diesem Abschnitt. Diese Gruppe von Liedern feiert Gottes Macht, seine lenkende Hand in der Geschichte, seine Treue und seine Verheißungen an David. Diese Psalmen erinnern uns daran, dass wir Gott fortwährend anbeten sollen. Der Psalmist erklärt: »Die Gnadenerweise des HERRN will ich ewig besingen, von Generation zu Generation mit meinem Mund deine Treue verkündigen« (Ps 89,2).

Kapitel 90-106 Buch 4

Fünf dieser Psalmen werden zwar David zugeschrieben, aber die meisten von ihnen wurden von unbekannten Autoren verfasst. Hauptsächlich stellen sie Lieder des Lobes und des Nachdenkens dar. Ein Gebet von Mose bildet den Anfangspsalm in diesem Abschnitt. Mose erinnert uns daran, dass unsere Zeit auf dieser Erde begrenzt ist und wir sie weise gebrauchen sollen. Er weist uns an, zu »zählen unsere Tage, damit wir ein weises Herz erlangen« (Ps 90,12).

Kapitel 107-150 Buch 5

Viele dieser Psalmen werden David zugeschrieben. Dabei handelt es sich um erbauliche Loblieder. Sie erheben Gottes Taten und erinnern an den Segen, den ein gerechter Lebenswandel bringt. Der längste Psalm (Ps 119) lobt Gott für sein wunderbares Wort, die Bibel. Die Poesie in dieser Gruppe erinnert uns an Folgendes: Das vollkommenste Opfer, das wir Gott bringen können, ist ein treues und gehorsames Leben.

Auf den Punkt gebracht

Das Buch der Psalmen besteht aus einer Vielfalt von Liedern, die von verschiedenen Autoren im Verlauf von Hunderten von Jahren verfasst wurden. Dennoch liegt ihnen ein gemeinsames Thema zugrunde - Anbetung dafür, wer Gott ist, was er getan hat und was er in der Zukunft tun wird. Gottes Güte erstreckt sich durch alle Zeiten und bis in Ewigkeit. Diese Loblieder wurden mit authentischer Ehrlichkeit und Offenheit geschrieben. In ihnen hören wir, wie die Psalmisten ihre tiefsten Gefühle für und vor Gott mitteilen.

Innerhalb dieses Buches gibt es eine Gruppe von Psalmen, die allgemein als »Rachepsalmen« bezeichnet werden. Das bedeutet, dass sie Gottes Rache und Vergeltung auf böse Menschen rufen. Für manche Bibelleser stellen diese Texte ein Problem dar, da sie hart und lieblos wirken. Doch es gibt einige Dinge, die du im Hinterkopf behalten musst, wenn du die Rachepsalmen liest: Erstens befinden sie sich in der Bibel; sie sind also göttlichen Ursprungs. Außerdem fordern sie göttliche Gerechtigkeit, nicht menschliche Rache. Darüber hinaus fordern sie Gott auf, die Bösen zu bestrafen; dadurch bestätigen sie, dass Gott gerecht ist. Schließlich belegte sogar Jesus die Bewohner einiger Städte, die das Evangelium ablehnten, mit einem Fluch. Zusammenfassend: Gott ist ein Gott der Liebe, aber er ist auch ein gerechter Gott.

Konkret für dein Leben

Die Psalmen konzentrieren sich auf Gott und auf seinen Umgang mit seinem Volk. Je mehr du sie liest, desto mehr wirst du Gott und sein Handeln als Schöpfer, Erlöser, Erhalter, Versorger, Bewahrer und Tröster verstehen und durch das, was du dabei lernst, gesegnet werden. Wie die Psalmisten solltest du dazu bewegt werden, den Herrn zu loben und ihn anzubeten. Die Psalmen können dich zu einem tieferen und gehaltvolleren Leben mit Gott anleiten.

Unsere Kultur folgt dem Vorbild der Psalmen. Sie verwendet ständig Lieder, um sich auszudrücken! Schreibe einmal deinen eigenen Psalm und sage darin, warum du Gott brauchst.

- Inwiefern vermittelt dir das Buch der Psalmen ein besseres Verständnis davon, wie Gott Beziehung zu dir lebt?
- Du fängst wahrscheinlich in der Schule nicht einfach an zu singen. Aber wie kannst du Gott tagsüber dein Lob »singen«?

Wichtige Lektionen aus den Psalmen

- Die Psalmen vermitteln dir ein besseres Verständnis von Gott.
- Die Psalmen können dich in deiner beständigen Beziehung zu Gott leiten.
- Die Psalmen sind eine Quelle des Trostes in Zeiten des Leids und der Verzweiflung.
- Die Psalmen erinnern dich oft daran, dass Gott die Kontrolle über alle Dinge hat.
- Die Psalmen liefern uns ein Muster für Lob und Anbetung.

Wo was zu finden ist

Der Psalm des Kreuzes . . . . Psalm 22
Der Psalm des Hirten . . . . Psalm 23
Davids Bußpsalmen . . . . .Psalm 32; 51
Moses Psalm . . . . Psalm 90
Ein Psalm über Gottes Wort . . . . .Psalm 119
Lieder über die Reise nach Jerusalem . . . . Psalm 120-134

Mitglieder in Gottes Orchester

Eine Auswahlliste von Künstlern und Instrumenten aus biblischen Zeiten:

Jubal ist der erste Musiker, der in der Bibel – nämlich in 1. Mose 4,21 – erwähnt wird. Er konnte Zither und Flöte spielen.

Mirjam spielte ein Rhythmusinstrument. Sie war eine vielseitig begabte Künstlerin. »Und die Prophetin Mirjam, Aarons Schwester, nahm das Tamburin in ihre Hand, und alle Frauen zogen aus, hinter ihr her, mit Tamburinen und in Reigentänzen. Und Mirjam sang ihnen zu« (2Mo 15,20-21).

Asaf spielte die Zimbeln (1Chr 16,5).

Benaja und *Jahasiël*, die Priester, bliesen ihre Trompeten (1Chr 16,6).

David war ein fantastischer Musiker und Liederkomponist. Er wäre in jedem Musikwettbewerb ins Finale gekommen. Psalm bedeutet »Lied«. David schuf viele beeindruckende Lieder, die die Musik und die Botschaft in Kirchen und Gemeinden bis heute beeinflussen.

In der ganzen Bibel wird Musik verwendet, um Gott zu ehren. Finde Wege, den Glauben zu feiern und Gott durch Lieder und Musik anzubeten. »Es ist gut, den HERRN zu preisen und deinen Namen, du Höchster, zu besingen; am Morgen zu verkünden deine Gnade und deine Treue in den Nächten zur zehnsaitigen Laute und zur Harfe, zum klingenden Spiel auf der Zither« (Ps 92,2-4).

Sprüche

Thema: Praktische Weisheit
Datierung: 971-686 v. Chr.
Autor: Vor allem Salomo
Handlungsort: Alltagsleben

www.dasbibelprojekt.de

»Die Furcht des HERRN ist der Anfang der Erkenntnis. Weisheit und Zucht verachten nur die Narren.« (1,7)

David ist der Verfasser eines Großteils der Psalmen. Sein Sohn Salomo indes ist der Verfasser eines Großteils der Sprüche. Früh in seiner Herrschaft als König wurde Salomo große Weisheit von Gott geschenkt (1Kö 3,5-12). Viel von seiner Weisheit teilt er in den 800 Sprichwörtern mit, die sich im Buch der Sprüche finden.

Ein Spruch ist eine kurze Aussage, die eine kurze, aber starke Beobachtung vermittelt. Die Sprüche verwenden Vergleiche, Kontraste, Gleichnisse oder Sprachbilder, um ihre Aussage deutlich zu machen. Das Buch der Sprüche ist das praktischste Buch des Alten Testaments, weil es einfache Veranschaulichungen und Einsichten über das Alltagsleben vermittelt. Das Ziel der Sprüche besteht darin, zur Gottesfurcht, zu einer tiefen Liebe zur Weisheit und einem gottgefälligen Leben anzuspornen. Das Buch der Sprüche sollte dein Alltagsleben verbessern wie das Buch der Psalmen dein geistliches Leben verbessern sollte.

Die Struktur des Buches

Kapitel 1-9 Weisheit für junge Leute

Eine kurze Einleitung formuliert den Zweck und das Thema des Buches der Sprüche – in Weisheit zu unterweisen und dabei zu helfen, Erkenntnis zu gewinnen. In den einleitenden Kapiteln gibt Salomo den jungen Männern seiner Zeit wie ein Vater seinen Söhnen Rat. Er vermittelt eine Reihe von zehn Ermahnungen. Jede von ihnen beginnt mit dem leidenschaftlichen Appell »mein Sohn«. Salomo fordert junge Männer und Frauen heraus, Weisheit höher als alles andere zu schätzen. Weisheit, so erklärt er, wird ihnen dabei helfen, Sünde und böse Menschen zu meiden. Sie wird ihnen Freiheit und Sicherheit gewähren. Sie wird sie erkennen lassen, wie sie sexuelle Sünde fliehen können. Sie wird einen Menschen davon abhalten, töricht zu leben. Jeder, der seine Entdeckungsreise auf dem Weg zu mehr Weisheit beginnt – oder fortsetzt –, wird von diesen weisen Sprüchen profitieren. Salomos Ziel besteht darin, »Einfältigen Klugheit zu geben, dem jungen Mann Erkenntnis und Besonnenheit« (Spr 1,4).

Kapitel 10-24 Weisheit für alle Menschen

Salomo möchte nicht nur den Jugendlichen seiner Zeit Weisheit mitgeben, sondern allen Menschen, unabhängig von Alter, Geschlecht oder gesellschaftlicher Stellung. Dieser Abschnitt enthält eine Sammlung von Sprüchen Salomos sowie eine Reihe von Lektionen anderer weiser Männer. Diese kurzen Sprichwörter bieten praktische Weisheit für den Alltag. Sie kontrastieren Gut und Böse, Richtig und Falsch. Sie vermitteln Rat im Hinblick auf Kindererziehung, Geldangelegenheiten und unser Reden. Letztendlich gilt: »Jeder Kluge handelt mit Bedacht; ein Tor aber breitet Narrheit aus« (Spr 13,16).

Kapitel 25-29 Weisheit für Leiter

Nach 1. Könige 5,12 stammen von Salomo 3000 Sprüche und 1005 Lieder! Diese Kapitel enthalten weitere dieser Sprüche. Sie wurden nach Salomos Tod von Männern im Dienst von König Hiskia gesammelt. Die meisten dieser Sprichwörter sind ihrem Wesen nach allgemein gehalten. Viele von ihnen richten sich jedoch an diejenigen, die in irgendeinem Lebensbereich – zu Hause, in der Gemeinde, in der Schule, in der Regierung und im Beruf – Leiter sind oder es werden wollen. Salomo lehrt sie: »Gottes Ehre ist es, eine Sache zu verbergen, die Ehre der Könige [oder Leiter] aber, eine Sache zu erforschen« (Spr 25,2).

Kapitel 30-31 Weisheit für Schüler

Die letzten beiden Kapitel der Sprüche wurden von zwei unbekannten Weisen verfasst. Der erste dieser Unbekannten heißt Agur. Er gibt seinen Rat in Gruppen von Zahlensprüchen weiter – »Zweierlei erbitte ich von dir […]. Drei sind es, die nicht satt werden […]. Drei sind es, die mir zu wunderbar sind […]« (Spr 30,7.15.18). Das letzte Kapitel der Sprüche enthält Weisheit, die eine weise Mutter ihrem Schüler – nämlich ihrem Sohn, König Lemuël – weitergab. Im ersten Teil von Sprüche 31 gibt die Mutter ihrem Sohn Rat, wie man ein guter König wird. In den verbleibenden Versen stellt sie die Frage: »Eine tüchtige Frau – wer findet sie?« (Spr 31,10). Anschließend rät sie ihrem Sohn, worauf er bei einer guten Ehefrau achten soll.

Auf den Punkt gebracht

Salomo bestieg den Thron mit großer Verheißung, privilegiert und mit großen Möglichkeiten. Gott schenkte ihm mehr Weisheit als irgendeinem anderen Menschen seiner Zeit. Im ersten Teil seiner Herrschaft wurde Salomo wegen seines weisen Rats von Königen und Königinnen, von einfachen Leuten und von den oberen Gesellschaftsschichten aufgesucht. Man nimmt an, dass er einen Großteil seiner Weisheitssprüche während seiner frühen Jahre schrieb, in denen er Gott hingegeben lebte. Doch erstaunlicher- und tragischerweise schaffte Salomo es in seinen späteren Jahren nicht, die Wahrheiten, die er kannte und über die er schrieb, in die Tat umzusetzen. Er wurde selbst zu dem Narren, über den er so eifrig gelehrt und vor dem er in den Sprüchen gewarnt hatte!

Konkret für dein Leben

Während du die Sprüche liest, behalte Salomos Botschaft im Hinterkopf: Gott zu kennen, ist der Schlüssel zu Weisheit. Aber höre nicht beim Buch der Sprüche auf. Lies den Rest der Bibel, um mehr von Gottes Weisheit zu erlangen. Höre den Gedanken und Lehren der vielen anderen Lehrer der Bibel zu. Wiederhole diese Wahrheiten immer wieder und wende sie immer in deinem Leben an. »Die Furcht des HERRN ist der Weisheit Anfang; und Erkenntnis des allein Heiligen ist Einsicht« (Spr 9,10).

Weisheit kann hochtrabend klingen. Doch Weisheit ist sehr praktisch. Zähle drei Weisheiten aus den Sprüchen auf, die sich direkt auf dein Leben beziehen.

- Möglicherweise weißt du, was das Richtige zu tun wäre. Doch das bedeutet nicht, dass du es auch tun wirst. Wie kannst du dir sicher sein, dass du nicht wie Salomo endest, der töricht und fern von Gottes Weisheit lebte?
- Welche Person kennst du, die geistlich weise ist? Wie kannst du mehr von dieser Person lernen? Aus welchem Grund ist diese Person ein gutes Vorbild für dich?

Wichtige Lektionen aus dem Buch der Sprüche

- Entscheide dich für Gottes Wege. Er wird dich dahin führen, gute Entscheidungen zu treffen.
- Wähle deine Worte sorgfältig. Sie offenbaren deinen inneren Charakter.
- Entscheide dich, fleißig zu arbeiten. Das ehrt Gott und du wirst davon profitieren und durch dein Mühen Fähigkeiten entwickeln.
- Wähle deine Freunde sorgfältig. Sie spiegeln wider, wer du bist.
- Entscheide dich, einen tugendhaften Charakter und Hingabe gegenüber Gott zu entwickeln. In Gottes Augen besteht Erfolg darin.

Wo was zu finden ist

Weisheit . . . . .Sprüche 2,6; 18,15
Disziplin (Selbstbeherrschung) . . . . . .Sprüche 15,18; 16,32; 25,28
Worte . . . . Sprüche 16,23-24; 21,23
Freunde . . . . .Sprüche 17,17; 18,24; 22,24-25
Geld . . . . Sprüche 3,9; 11,28; 13,11
Essen . . . . Sprüche 30,7-9
Erziehung . . . . Sprüche 20,15; 22,6

Tipps für Teens zum Wert von Weisheit aus Sprüche 3,1-26

- Weisheit hat ihren Ursprung in Gott.
- Weisheit wird sichtbar in Gottes Schöpfung.
- Weisheit schaut auf Gott und fürchtet ihn.
- Weisheit blickt auf Gott, um Erkenntnis zu gewinnen.
- Weisheit erwirbt Gunst bei Gott und Menschen.
- Weisheit wird durch gesunde Lehre aufgebaut.
- Weisheit bringt Stärke hervor.
- Weisheit nimmt Zurechtweisung wegen ihres Nutzens an.
- Weisheit wird in deinem Leben Gesundheit und Frieden mehren.
- Weisheit ist besser als Gold.
- Weisheit wird dich auf dem richtigen Weg halten.

Prediger

www.dasbibelprojekt.de

Thema: Alles ist wertlos ohne Gott
Datierung: 940-931 v. Chr.
Autor: Salomo
Handlungsort: Das Ende von Salomos Leben

»Fürchte Gott und halte seine Gebote! Denn das soll jeder Mensch tun.« (12,13)

Der Titel des nächsten und vierten Buches in der Weisheitsreihe lautet Prediger. Das bedeutet »ein offizieller Redner in einer Versammlung«; Prediger nennt sich der Schreiber des Buches im ersten Vers. Es besteht kein Zweifel daran, dass dieses Buch eine Selbstbeschreibung ist, die König Salomo am Ende seines Lebens verfasst hat, nachdem er von Gott abgeirrt war. Salomo teilt seine Suche nach Erfüllung mit, als würde er die Ergebnisse eines wissenschaftlichen Experiments berichten. In vier »Predigten« berichtet er von seiner Entdeckung, dass das Leben ohne Gott eine lange und vergeudete Suche nach Freude, Sinn und Erfüllung ist. Salomo hofft, seinen Lesern die bittere Erfahrung zu ersparen, diese schwierigen Lektionen aus persönlicher Erfahrung lernen zu müssen. Sein »Fazit« ist Folgendes: Alle Bestrebungen im Leben sind ohne Gott leer, hohl, vergeblich und bedeutungslos.

Die Struktur des Buches

Kapitel 1-2 Salomos persönliche Erfahrungen
Der Prediger beschreibt seine Suche nach Sinn und Glück, indem er auf seine persönlichen Erfahrungen und Anstrengungen zurückblickt. Er sucht Erfüllung in der Weisheit, bei Lachen und Vergnügen, Wein und Arbeit, Frauen und Reichtum. Doch all das führt nur zu Leere. Er schließt mit der Aussage, dass Zufriedenheit und Freude nur in Gott zu finden sind.

Kapitel 3-5 Salomos allgemeine Beobachtungen

Als Nächstes wendet sich der Prediger von seinen persönlichen Erfahrungen hin zur Beobachtung der Welt und menschlicher Aktivitäten. Er entdeckt die feste Abfolge von Ereignissen und schließt: »Für alles gibt es eine bestimmte Stunde. Und für jedes Vorhaben unter dem Himmel gibt es eine Zeit« - eine Wahrheit, die man nicht verstehen, sondern nur akzeptieren kann (Pred 3,1). Salomo schaut sich anschließend verschiedene menschliche Erfahrungen an: Leid, Ungerechtigkeit, Beliebtheit, Wohlstand und Ehre. Wieder gelangt er zu einem ähnlichen Schluss: »Denn bei vielen Träumen und Nichtigkeiten sind auch viele Worte. So fürchte Gott!« (Pred 5,6).

Kapitel 6-8 Salomos praktischer Rat

Salomo nähert sich dem Ende des Buches Prediger. Worin besteht das Geheimnis, um im Leben echte Erfüllung zu erfahren? Jede Arbeit und alles Vergnügen, die fern von Gott geschehen, sind bedeutungslos. Sie lassen uns leer zurück. Doch wenn wir Gott an die erste Stelle setzen, gewinnt all unser Tun einen Sinn. Gott plante sowohl die Arbeit als auch das Vergnügen zu unserem Wohl. Wir werden alle unsere Mühen und Aktivitäten genießen, wenn wir sie auf eine Art und Weise tun, die Gott ehrt und seinem Wort gehorcht. Hierin besteht das Geheimnis echter Erfüllung.

Kapitel 8-12 Salomos abschließendes Fazit

Wenn wir unser Leben ansehen, stehen wir in der Versuchung, es als bedeutungslos und leer zu empfinden. Alle unsere Mühen erscheinen vergeblich und vergänglich. All unser Vergnügen und alle unsere Erfolge schaffen es nicht, uns wahre Erfüllung zu bringen. Das Eine, das wir mit Sicherheit wissen, ist, dass wir sterben werden. Die Lösung, um unsere Hoffnungslosigkeit zu überwinden und echten Sinn im Leben zu erlangen, besteht darin, Gott anzuerkennen und ihm zu gehorchen.

Auf den Punkt gebracht

Der Ton von Prediger ist negativ und düster - »Nichtigkeit der Nichtigkeiten! […] alles ist Nichtigkeit!« (Pred 1,2). Schlussfolgere daraus jedoch nicht, das einzig lesenswerte und anwendbare Kapitel sei das letzte, das Salomos positives Fazit liefert. Das gesamte Buch ist von Gott inspiriert. Daher ist das gesamte Buch eine lebenswichtige Quelle für Weisheit. Prediger 3,1-8 beispielsweise ist ein bekannter Abschnitt, der uns Folgendes lehrt: »Für alles gibt es eine bestimmte Stunde.« Denke auch an die Unterweisung des Predigers im Hinblick auf geistliche Weisheit - »Fürchte Gott und halte seine Gebote! Denn das soll jeder Mensch tun« (Pred 12,13).

Konkret für dein Leben

Alle Aussprüche von Salomo, die im Buch Prediger aufbewahrt wurden, dienen einem Zweck - dich dahin zu führen, wahres Glück einzig in Gott zu suchen. Salomo versucht nicht, alle unsere Hoffnungen zu zerschmettern. Stattdessen lenkt er deine Hoffnungen hin zu dem Einen, der sie wirklich erfüllen kann. Salomo bekräftigt den Wert von Wissen, Beziehungen, Arbeit und Vergnügen. Doch er zeigt uns auch, dass ihr Wert nur dann realisiert werden kann, wenn ihnen die angemessene Priorität im Licht von Gottes Ewigkeit beigemessen wird.

- Was sagt die Welt: Worin bestehen die Schlüssel zum Glück?
- Was sagt Gottes Wort: Worin bestehen ein paar der Schlüssel zum Glück?
- Warum ist es so wichtig, ein sinnerfülltes Leben zu haben? Auf welche Art und Weise möchtest du, dass dein Leben Bedeutung hat?

Wichtige Lektionen aus Prediger

- Alle Aktivitäten in deinem Leben sollten im Licht der Ewigkeit betrachtet und bewertet werden.
- Nichts in diesem Leben wird wahren Sinn und wahres Glück bringen - kein Reichtum, keine Berühmtheit, kein Vergnügen oder Erfolg. Nur in Gott kannst du echte Erfüllung finden.
- Du kannst dich auf weit weniger verlassen, als du möglicherweise denkst!
- Wahres Glück entsteht nur durch Gehorsam Gott gegenüber.

Wo was zu finden ist

»Nichtigkeit der Nichtigkeiten« . . . . Pred 1,2
»Es gibt nichts Neues unter der Sonne« . . . . Pred 1,9
»Für alles gibt es eine bestimmte Stunde« . . . . Pred 3,1-8
»Alles, was deine Hand zu tun findet, das tue in deiner Kraft«. . . . . .Pred 9,10
»Denke an deinen Schöpfer in den Tagen deiner Jugendzeit« . .Pred 12,1

Alles ist Nichtigkeit - wertlos!

Nichtigkeit eines gottlosen Lebens
Irdischen Reichtum anhäufen
CHronisches Verlangen nach Genuss
Trauen auf menschliche Weisheit
Ignorieren, wie Gottes Zeitplan aussieht
Gottes Autorität nicht respektieren

Hohelied/Lied der Lieder

www.dasbibelprojekt.de

Thema: Liebe und Ehe
Datierung: 971-965 v. Chr.
Autor: Salomo
Handlungsort: Früh während Salomos Herrschaft

»Mein Geliebter ist mein, und ich bin sein […].« (2,16)

Dieses ist das letzte der drei Bücher, die Salomo verfasst hat. Wir finden sie alle in den Weisheitsbüchern der Bibel. Sieh dir diese drei Bücher an und behalte dabei Folgendes im Hinterkopf: Prediger wurde von Salomo im hohen Alter geschrieben, als er sein Leben im Rückblick reflektierte. Die Mehrheit der Sprüche verfasste Salomo in seiner Lebensblüte, als sein Fokus auf Gott ausgerichtet war und darauf, Gottes Weisheit anderen mitzuteilen. Im Hohelied schreibt nun ein jugendlicher Salomo ein Hochzeitslied. Er beschreibt darin seine Liebe zu einem wunderschönen Bauernmädchen namens Sulamith (Hl 7,1). Dieses Lied gibt die Unterhaltung wieder zwischen einem gewöhnlichen jüdischen Mädchen und seinem Geliebten, dem König von Israel.

Die Struktur des Buches

Kapitel 1-3 Brautwerbung

Dieses Lied beginnt beim Hochzeitsmahl. Die Braut denkt darüber nach, wie sehr sie ihren Bräutigam liebt. Sie erinnert sich daran, wie sie sich zum ersten Mal begegnet sind. Sie denkt daran, welches Verlangen sie nach ihm empfindet. Und sie erinnert sich an all die wunderbaren romantischen Momente, die sie in ihrer Zeit der Brautwerbung teilten. Sie ruft sich in Erinnerung, wie sie die Ankunft ihres Geliebten erwartete, der sie für die Hochzeit nach Jerusalem holen sollte. Während sie darüber nachdenkt, hören wir auch von Salomo und einem Chor junger Frauen, die als »Töchter Jerusalems« bezeichnet werden (siehe zum Beispiel Hl 1,5).

Kapitel 3,1-5,1 Die Hochzeitsvorbereitungen
In diesem Abschnitt übernimmt der König den Großteil der Rede. Er kommt - in all seiner Pracht -, um seine Braut zu holen, und bringt sie nach Jerusalem. Ebenso wie seine Braut in den vorherigen Kapiteln voller Bewunderung und Sehnsucht nach ihrem Bräutigam gesprochen hat, spricht nun Salomo mit poetischer Schönheit von seiner Braut, während er ihre Eheschließung erwartet. Die Hochzeit findet statt und das Paar erfüllt seine Eheversprechen.

Kapitel 5,2-8 Die Ehe
Einige Zeit nach der Hochzeit wird Sulamith von der unerwarteten Rückkehr ihres Mannes und seinem Wunsch, sie romantisch zu überraschen, halb aus ihrem Schlaf aufgeweckt. Als ihr endlich bewusst wird, dass sie nicht träumt, steht sie auf, um ihn hereinzulassen. Doch er ist schon fort. Panik ergreift sie und sie versucht verzweifelt, ihn zu finden. Sie bittet die »Töchter Jerusalems«, ihr bei der Suche nach ihm zu helfen. Sie fordern sie auf, sich in Erinnerung zu rufen, wie besonders er ist. Das tut sie gern. Später finden sich die beiden wieder. Sie verbringen den Rest des Buches damit, den jeweils anderen zu loben und ihre Liebe zueinander zum Ausdruck zu bringen.

Auf den Punkt gebracht

Die Welt will verzerren, was Gott geschaffen und für gut erklärt hat. Sie hat Sex beschmutzt und pervertiert und zu einer leichtfertigen und selbstsüchtigen Aktivität gemacht. Liebe wurde zu Lust. Geben wurde durch Nehmen ersetzt. Und die Verbindlichkeit der Ehe wird zugunsten des »Zusammenlebens« beiseitegestellt. Zum Glück zeigt uns dieses liebevolle Hochzeitslied im Hohelied die Perspektive Gottes auf Liebe, Sex und Ehe. Es feiert die Freude und Intimität der romantischen Beziehung zwischen Mann und Frau. Das Buch vermittelt uns ein leidenschaftliches Bild von körperlicher Liebe innerhalb der Heiligkeit der Ehe. Es offenbart, wie wichtig es ist, dem Ehepartner verbal und körperlich seine Liebe zu kommunizieren. Die Zuneigung, die zwischen diesem Mann und seiner Frau beschrieben wird, ist so schön, dass viele Bibelwissenschaftler sie mit der großen Liebe verglichen haben, die Jesus Christus für seine Braut, die Gemeinde, zeigt.

Konkret für dein Leben

Dieses Buch inspirierter Poesie liefert dir ein Muster von Gottes Absichten für Liebe und Ehe. Liebe ist ein starker Ausdruck von Gefühlen und Verbindlichkeit zwischen zwei Menschen. Liebe sucht nicht nur nach äußerer, körperlicher Schönheit. Sie sucht nach den inneren Qualitäten, die nicht mit der Zeit verblassen – geistliche Hingabe, Integrität, Mitgefühl und Aufrichtigkeit. Daher sollte eine solche Liebe nicht leichtfertig gesehen werden, und ihr körperlicher Ausdruck sollte bis zur Ehe warten. Nach der Hochzeit wird diese aufrichtige, innere Liebe verhindern, dass Mauern zwischen einem Mann und seiner Frau entstehen. Es ist eine Liebe, die kommuniziert, vergibt, erneuert und erfrischt.

- Inwieweit unterscheidet sich die Perspektive deiner Kultur auf Liebe und Sex von Gottes Plan?
- Zähle Punkte auf, in denen Gottes Entwurf für die Ehe besser, stärker und erfüllender ist.
- Wenn du magst: Schreibe ein Gedicht an Gott über deinen zukünftigen Ehepartner. Oder schreibe ein Gedicht an deinen zukünftigen Ehepartner.

Wichtige Lektionen aus dem Hohelied

- Gott freut sich sehr über die Liebe zwischen einem Mann und seiner Frau.
- Ein Ehepaar sollte seine Liebe zueinander und Bewunderung für einander offen zum Ausdruck bringen.
- Die Liebe Christi zu seiner Gemeinde ähnelt der Art von Hingabe zwischen einer Braut und ihrem Bräutigam.
- Der körperliche Ausdruck der Ehe ist etwas Besonderes. Er muss für die Ehe aufbewahrt werden.

Wo was zu finden ist

Die Brautwerbung . . . . Hohelied 1,2-3,5
Die erste Nacht des Paares als Mann und Frau . . . Hohelied 4,1-5,1
Die erste Meinungsverschiedenheit des Paares . . . . elied 5,2-6,3
Die Macht der Liebe . . . . Hohelied 8,6-7

Hilfreiche Hinweise, wenn die Zeit zum Heiraten gekommen ist

Verlasst andere und hängt einander an. . . . . .1. Mose 2,24
Sei deinem Partner treu. . . . . .Sprüche 5,15
Denkt daran, dass zwei besser dran
sind als einer allein.. . . . . .Prediger 4,9-10
Lebt fröhlich zusammen. . . . . .Prediger 9,9
Ehrt einander und lasst einander den Vortritt. . . . . Römer 12,10
Das Ehebett soll unbefleckt sein. . . . . .Hebräer 13,4
Denkt daran: Ihr seid gemeinsam
Erben der Gnade des Lebens. . . . . 1. Petrus 3,7

Quiz: Kannst du diese Paare zuordnen?

Abraham	A. Rut
David	B. Rahel
Isaak	C. Maria
Jakob	D. Sara
Boas	E. Batseba
Simson	F. Zippora
Ahasveros	G. Priszilla
Mose	H. Ester
Aquila	I. Eva
Adam	J. Delila
Josef	K. Rebekka

Lösung: Abraham D., David E., Isaak K., Jakob B., Boas A., Simson J., Ahasveros H., Mose F., Aquila G.,
Adam I., Josef C.

Die prophetischen Bücher

Die nächsten 17 Bücher der Bibel enthalten etwa ein Viertel der Heiligen Schrift. Sie bilden den letzten Teil des Alten Testaments: die Propheten. Das Amt des Propheten nahm seinen Anfang in den Tagen Samuels. Die Propheten standen neben den Priestern als Gottes Diener. Die Männer, die diese Bücher schrieben, wurden berufen oder eingesetzt, um für Gott selbst zu sprechen. Gott kommunizierte ihnen seine Botschaften auf verschiedenen Wegen: Träume, Visionen, Engel, Naturphänomene, Wunder oder eine hörbare Stimme. Leider wurden Gottes Botschaften, die die Propheten weitergaben, oft abgelehnt, und ihr Leben schwebte häufig in Gefahr. Die prophetischen Bücher beinhalten vier Hauptthemen und -anliegen:

1. Die sündigen Praktiken des Volkes aufzudecken.

2. Das Volk zurück zu Gottes Gesetz zu rufen.

3. Das Volk vor dem kommenden Gericht zu warnen.

4. Dem Kommen des Messias freudig entgegenzusehen.

Jesaja

1. Teil 2. Teil

www.dasbibelprojekt.de

Thema: Heil
Datierung: 700-680 v. Chr.
Autor: Jesaja
Handlungsort: Hauptsächlich in Jerusalem

»Wir alle irrten umher wie Schafe, wir wandten uns jeder auf seinen eigenen Weg; aber der HERR ließ ihn treffen unser aller Schuld.« (53,6)

Das Buch Jesaja ist die erste der prophetischen Schriften. Jesaja wird allgemein als der größte Prophet betrachtet. Sein Dienst erstreckte sich über die Regierungszeit von vier Königen Judas. Er wuchs in einem wohlhabenden Elternhaus auf und heiratete eine Prophetin. Zuerst war er beliebt. Doch bald war er wie die meisten anderen Propheten verhasst, weil seine Botschaften hart waren. In den ersten 39 Kapiteln betont Jesaja die Rechtschaffenheit, Heiligkeit und Gerechtigkeit Gottes. Die letzten 27 Kapitel des Buches zeigen die Herrlichkeit, das Erbarmen und die Gnade des Herrn – ein ähnliches Thema wie in den 27 Büchern des Neuen Testaments. (Nur eine Randbemerkung: Es ist interessant, dass die Bibel ebenfalls in das Alte Testament mit 39 Büchern und das Neue Testament mit 27 Büchern aufgeteilt ist.)

Die Struktur des Buches

Kapitel 1-12 Gericht über Juda

Der geistliche Zustand Israels hat sich so sehr verschlechtert, dass die Leute sogar Kinderopfer darbringen. Das Volk gibt vor, religiös zu sein, doch ihr Herz ist korrupt. Die Menschen betreiben Götzendienst. Jesaja warnt Israel und Juda wiederholt vor dem Gericht, das kommen wird, wenn die Menschen nicht von ihren bösen Wegen umkehren.

Kapitel 13-24 Gericht über die Völker
Einer der Hauptgründe für Israels geistlichen Niedergang besteht darin, dass die Menschen dem bösen Lebensstil der Heiden folgen, die in der Umgegend leben. Es werden unter anderem Warnungen gegen Babylon, Philistäa, Moab, Ägypten und Äthiopien ausgesprochen. Indem Gott sein Gericht über die Sünden der Nationen ausführt, bestätigt er, dass er völlig über die gesamte Erde regiert. Letzten Endes wird die Gerechtigkeit siegen. Niemand kann entfliehen.

Kapitel 25-35 Gericht und Erlösung
Als Jesaja sich der Mitte des Buches nähert, fügt er seinen Gerichtsworten auch Worte der Hoffnung hinzu. Durch Jesaja offenbart Gott erste flüchtige Blicke auf seinen Plan, sein Volk zu ihm zurückzurufen und es wiederherzustellen.

Kapitel 36-39 Intermezzo mit Hiskia
Inmitten von Jesajas mächtigen Aussagen im Hinblick auf das kommende Gericht findet sich die inspirierende Geschichte von Hiskia, einem König über Juda (das Südreich). Zunächst hört Hiskia auf Jesajas Rat, und vertraut Gott, als Juda von der assyrischen Armee bedroht wird. Tatsächlich greift Gott ein. Er vernichtet den Feind. Später wird Hiskia schwerkrank. Jesaja bereitet ihn darauf vor, dass er sterben wird. Der König fleht Gott um Gnade an, und Gott schenkt ihm weitere 15 Lebensjahre.

Kapitel 40-66 Erlösung und zukünftige Herrlichkeit
Das Gericht wird zwar über Gottes Volk kommen, und es wird schlimm sein, aber es ist nicht das Ende der Geschichte. Das Volk kann sich auf Gottes Verheißung verlassen, dass er es eines Tages wiederherstellen und befreien wird. Gott wird großzügig all denjenigen vergeben, die Buße über ihre Sünde tun. Jesaja sagt außerdem Israels zukünftige Umkehr und Herrlichkeit voraus.

Auf den Punkt gebracht

Das Grundthema dieses Buches findet sich in Jesajas Namen. Er bedeutet: »Die Rettung ist des Herrn«. Das Wort Rettung erscheint hier 26-Mal, aber nur sieben Mal insgesamt in allen anderen Propheten. In den ersten 39 Kapiteln von Jesaja wird der Mensch als Geschöpf dargestellt, das dringend Rettung benötigt - eine Rettung, die aus Gott ist, nicht aus dem Menschen. Jesaja beschreibt Gott als obersten Herrscher, den mächtigen Herrn der Geschichte und den einzigen Retter des Menschen. In einem dramatischen Wechsel stellen anschließend die letzten 27 Kapitel Gott als jemanden dar, der seinem Versprechen treu bleibt. Er bewahrt sich einen gottesfürchtigen Rest und schenkt Rettung und Befreiung durch den kommenden Messias. Die Tatsache, dass der Messias sowohl ein leidender Knecht als auch der allmächtige Herr ist, wurde bis zu Jesu Zeit auf der Erde nicht begriffen. Dieser Retter soll aus Juda hervorgehen und sowohl Juden als auch Heiden in seinem zukünftigen Königreich erlösen, wiederherstellen und segnen.

Konkret für dein Leben

Gottes Gericht kommt und auch du brauchst einen Retter. Du kannst dich nicht selbst retten. In Jesaja wird das vollkommene Opfer, das Christus für deine Sünden dargebracht hat, vorausgesagt und dargestellt. Genau wie Jesaja es ankündigte, kam Christus leibhaftig und zahlte durch seinen Tod den Preis für die Sünde. Mit seiner Auferstehung kann er nun alle retten, die von ihrer Sünde umkehren und zu ihm kommen. Hast du dich ihm anvertraut? Wenn du seine Rettung bereits erfahren hast, dann bleibe weiterhin treu und lebe in der freudigen Erwartung, dass er bald wiederkommen wird.

- Was denkst du: Auf welche Sünde und welches sündhafte Verhalten in deinem Leben würde Jesaja hinweisen?
- Wie kannst du diese Sünden und sündigen Verhaltensweisen überwinden?
- Worin besteht die Hoffnung auf den Messias? Warum brauchte die Welt einen Messias? Warum brauchst du einen?

Wichtige Lektionen aus Jesaja

- Gott ist ein heiliger Gott. Er kann nicht über Sünde hinwegsehen.
- Gott kennt die Zukunft. Sein Gericht, wie Jesaja es vorausgesagt hat, wurde vollkommen erfüllt.
- Gott ist ein Gott der Liebe. Er ist gnädig und vergibt dir, wenn du umkehrst.
- Gott hält immer seine Versprechen. Er wird seinen Plan für dich und für Israels zukünftige Rettung erfüllen.
- Die Prophetien darüber, dass Christus am Kreuz leiden würde, erfüllten sich präzise. Das Werk Christi machte es für dich möglich, Teil von Gottes ewiger Familie zu werden.

Wo was zu finden ist

Vorhersage von Jesu Geburt . . . . Jesaja 7,14
»Denn ein Kind ist uns geboren […] Fürst des Friedens« . . Jesaja 9,5-7
Hiskias Krankheit und Genesung . . . . Jesaja 38
Beschreibung des leidenden Gottesknechtes . . . . Jesaja 49-57
Prophezeiung von Christi Tod am Kreuz . . . . Jesaja 53
Der Wolf und das Lamm werden zusammen weiden . . . . . Jesaja 65,25

Christus und sein Leiden wird in Jesaja 53 beschrieben

Vers 2 - unansehnlich und unerwünscht
Vers 3 - verachtet und abgelehnt, ein Mann der Schmerzen
Vers 4 - trug unsere Leiden und Schmerzen
Vers 5 - verwundet, durchbohrt und geschlagen für unsere Übertretungen
Vers 6 - trug die Schuld und Sünde aller
Vers 7 - wie ein Lamm, das zur Schlachtung geführt wird
Vers 8 - verurteilt und zu seinem Tod abgeführt
Vers 9 - starb mit den Gottlosen und wurde bei den Reichen begraben
Vers 10 - litt in Übereinstimmung mit Gottes gutem Plan
Vers 12 - goss seine Seele aus in den Tod und wurde zu den Sündern gezählt

Schon gewusst?

Jesaja ist der Prophet, der die große Prophezeiung auf den Herrn aussprach. Er sagte: »Hört doch, Haus David! Ist es euch zu wenig, Menschen zu ermüden, dass ihr auch meinen Gott ermüdet? Darum wird der Herr selbst euch ein Zeichen geben: Siehe, die Jungfrau wird schwanger werden und einen Sohn gebären und wird seinen Namen Immanuel nennen« (Jes 7,13-14).

Jeremia

Thema: Gericht
Datierung: 627-586 v. Chr.
Autor: Jeremia
Handlungsort: Jerusalem

www.dasbibelprojekt.de

»Und nun bessert eure Wege und Taten und hört auf die Stimme des HERRN, eures Gottes: dann wird der HERR sich des Unheils gereuen lassen, das er über euch geredet hat!« (26,13)

Etwa 80 bis 100 Jahre nach Jesajas Tod betritt Jeremia die prophetische Bühne. Im seinem Buch beschreibt der Prophet sein eigenes Leben und seinen Dienst während der Herrschaft der letzten fünf Könige Judas. Er ist der letzte Prophet vor dem Fall Jerusalems und wird auch »der weinende Prophet« genannt wegen seiner tiefen Trauer über die sündige Nation, die nahende Zerstörung Jerusalems und das Exil seines Volkes. Jeremia beweist unter großen persönlichen Opfern Treue zu Gott trotz überwältigenden Widerstands. Er verkündigt nicht nur warnende, sondern auch ermutigende Worte. Er bestätigt Gottes Verheißungen, sein Volk zu erneuern, indem er sein Herz erneuert.

Die Struktur des Buches

Kapitel 1 Gottes Ruf an Jeremia
Jeremia wird noch vor seiner Geburt berufen und ausgesondert, um Gottes Prophet zu sein. Dieses Anfangskapitel stellt den Propheten vor und dokumentiert seine Berufung durch Gott. Es umreißt den Dienst des Jeremia und enthält Gottes Versprechen, ihn zu schützen.

Kapitel 2-45 Gottes Gericht über Juda

Jeremias Botschaften werden durch eine Vielzahl von Begebenheiten und Gegenstandslektionen kommuniziert. Manche verkündet er im Tempel, andere auf den Straßen. Das Leben des Propheten dient außerdem als tägliche Mahnung vor dem kommenden Gericht über Juda. Gott weist ihn an, seine Haare abzuschneiden, ein Leinentuch zu vergraben, weder zu heiraten noch eine Familie zu gründen. Er soll zwei Körbe mit Feigen - einen mit guten und einen mit schlechten - vor den Tempel stellen und ein Joch durch die Stadt tragen. All das soll das Volk vor dem sicheren Gericht warnen, das kommen wird, wenn sie nicht Buße tun.

Weil Jeremias Botschaft nicht beachtet wird, kommt das Gericht in Kapitel 39 über Juda. Die Stadt wird zerstört. Die Juden, die der Zerstörung der Stadt entfliehen, verschleppen Jeremia gegen dessen Willen nach Ägypten. Er warnt die wenigen Überlebenden davor, nach Ägypten zu gehen, denn Babylon würde auch nach Ägypten vordringen und die Juden würden dort zugrunde gehen. Leider hören sie nicht auf ihn.

Kapitel 46-51 Gottes Gericht über die Nationen

In Kapitel 25 verkündigt Jeremia, dass alle Nationen um Juda herum, den »Becher Zornwein« aus Gottes Hand trinken werden. (Das bedeutet, dass diese Nationen dasselbe Schicksal erleiden wie Juda.) Die Kapitel 46-51 umfassen eine Reihe prophetischer Aussagen gegen neun Nationen, denen Gottes Gericht bevorstand. Diese Prophezeiungen wurden Jeremia wahrscheinlich zu unterschiedlichen Zeiten von Gott gegeben. Sie sind nun gesammelt und nach Nationen geordnet: Ägypten, Philistäa, Moab, Ammon, Edom, Damaskus (Syrien), Arabien, Elam und Babylonien.

Kapitel 52 Gottes Gericht über Jerusalem

Jeremia verkündete 40 Jahre lang den Untergang. Diese Jahre enden mit der Eroberung, Zerstörung und Plünderung von Jerusalem. Die Anführer werden getötet und die Überlebenden nach Babylon verschleppt. Dieses abschließende Kapitel bildet einen Bericht über den Untergang der Stadt und eine historische Ergänzung zu dem Bericht, der in Kapitel 39 gegeben wird. Er bestätigt die Wahrhaftigkeit von Jeremias Prophetien im Hinblick auf Jerusalem und Juda.

Auf den Punkt gebracht

Die meisten Definitionen von Erfolg würden den Erwerb von Reichtum, Beliebtheit, Berühmtheit oder Macht einschließen. An diesen Maßstäben gemessen war Jeremia ein kompletter Versager. 40 Jahre lang diente er als Gottes Prophet. Auf emotionale Weise drängte er das Volk, zu Gott umzukehren. Doch niemand hörte auf ihn, insbesondere keiner der Könige. Jeremia besaß keinen Cent, keine Freunde. Er wurde von seiner Familie abgelehnt. In den Augen der Welt war er nicht erfolgreich. Doch in Gottes Augen war Jeremia eine der erfolgreichsten Personen der gesamten biblischen Geschichte! Warum? Weil Erfolg aus Gottes Perspektive etwas mit Gehorsam und Treue zu tun hat. Jeremia gehorchte Gott. Und obwohl er gehasst wurde und große persönliche Opfer bringen musste, verpflichtete er sich, Gottes Berufung für sein Leben zu erfüllen.

Konkret für dein Leben

Die Annahme oder Ablehnung durch Menschen soll nicht dein Maßstab für deinen Erfolg sein. Du sollst ein Leben führen, das Gott ehrt und verherrlicht - trotz der Versuchungen und des Drucks, die dich möglicherweise dazu bringen möchten, etwas anderes zu tun. Gottes Anerkennung allein soll den Maßstab für dein Leben und deinen Dienst für ihn bilden.

- Wann bist du schon einmal in den Augen deiner Freunde gescheitert, aber warst in Gottes Augen erfolgreich?
- Strebst du eher danach Gott zu gefallen, wenn du Entscheidungen triffst, oder deinen Freunden?
- Wie sieht in unserer heutigen Welt Treue gegenüber Gott aus? Wie kannst du ein Vorbild für solche Treue sein?

Wichtige Lektionen aus Jeremia

- Du musst Erfolg aus Gottes Perspektive sehen, nicht aus der Perspektive der Welt.
- Verpflichte dich, in Gottes Augen erfolgreich zu sein.
- Treue gegenüber Gott erfordert deinen Gehorsam – auch dann, wenn deine Freunde dich unter Druck setzen, ihnen auf sündigen Wegen zu folgen.
- Wenn die Zeit kommt, wird Gott dir den Mut geben, für deine Glaubensüberzeugungen Stellung zu beziehen.
- Verfolgung und Ablehnung sind etwas, womit du rechnen musst, wenn du gottesfürchtig leben willst. Aber mach dir keine Sorgen; Gott wird immer für dich da sein.

Wo was zu finden ist

Davids Spross . . . . Jeremia 23,5-6
70 Jahre Exil vorausgesagt . . . . Jeremia 25,11-12
Die Zeit der Bedrängnis für Jakob . . . . .Jeremia 30,7
Der neue Bund . . . . Jeremia 31,31-33

Die Reaktionen auf Jeremias Dienst

Morddrohungen
Verbrennen der prophetischen Botschaft
In einen schmerzhaften Block gelegt
Verhaftet
Durch falsche Propheten infrage gestellt
Isolation
Inhaftierung
Ablehnung
Aushungern
Ketten

Versprechen, die Gott niemals zurücknehmen wird

Den Bund mit Noah . . . . 1. Mose 9,8-17
Den abrahamitischen Bund . . . . 1. Mose 15,12-21
Den levitischen Bund . . . . 4. Mose 25,10-13
Den davidischen Bund . . . . 2. Samuel 7,13; 23,5
Den neuen Bund . . . . Jeremia 31,31-34

Klagelieder

www.dasbibelprojekt.de

Thema: Klage (ein Trauergesang)
Datierung: 586 v. Chr.
Autor: Jeremia
Handlungsort: Jerusalem

»In Tränen vergehen meine Augen, mein Inneres glüht, meine Leber hat sich zur Erde ergossen wegen des Zusammenbruchs der Tochter meines Volkes […]« (2,11)

Das Buch der Klagelieder umfasst fünf Gedichte, die Jeremias Augenzeugenbericht der Zerstörung Jerusalems durch die babylonische Armee enthalten. Jeremia hatte diese Katastrophe in seinem früheren prophetischen Buch, dem Buch Jeremia, vorausgesagt. Nun schreibt er diese fünf Klagegedichte, um seine Trauer zum Ausdruck zu bringen. Doch wie schon in seinem vorigen Buch erinnert Jeremia die Leser daran, dass Gott sein Volk nicht aufgegeben hat und es nicht aufgeben wird. Er ist treu. Sein Erbarmen steht weiterhin denen offen, die auf seinen Ruf antworten.

Die Struktur des Buches

Kapitel 1 Die erste Klage: Jerusalems Verwüstung
Im ersten Gedicht bzw. in der ersten Klage beschreibt Jeremia die Stadt Jerusalem als von ihren Feinden zerstört. Die Zerstörung, so sagt der Herr, ist weder die Folge von Pech noch von irgendeinem Zufall. Nein, Gott sandte die Strafe über das Volk, weil es seine Wege verlassen hatte.

Kapitel 2 Die zweite Klage: Gottes Zorn über Sünde
Jeremia wendet sich vom Thema der Zerstörung Jerusalems zu einem Augenzeugenbericht des Verfalls der Stadt. Gottes Zorn über die Sünden des Volkes wird beschrieben. Darauf folgt eine weitere tiefempfundene Klage Jeremias.

Kapitel 3 Die dritte Klage: Hoffnung inmitten des Elends
Aus den Tiefen von Jeremias Trauer strahlt ein Hoffnungsschimmer. Gottes Mitleid ist allgegenwärtig und seine Treue ist groß! Jeremia begreift, dass allein Gottes großes Erbarmen die vollständige Zerstörung verhindert hat.

Kapitel 4 Die vierte Klage: Gottes Zorn im Detail
Der Prophet spielt die Belagerung Jerusalems noch einmal durch. Er erinnert sich an das Leid und den Hunger sowohl der Reichen als auch der Armen. Er blickt zurück auf die Ursachen der Belagerung, insbesondere auf die Sünden der falschen Propheten und Priester Jerusalems. Er schließt diese Klage mit einer Warnung vor der Strafe für die Nation Edom, ein Nachbarvolk Judas.

Kapitel 5 Die fünfte Klage: Ein Gebet um Wiederherstellung
Jeremia, der »weinende Prophet«, schließt dieses leidvolle Buch mit einem Gebet. Er bittet darum, dass Gott sich in seinem Erbarmen an sein Volk erinnert und das Königreich in Israel wiederherstellen wird.

Auf den Punkt gebracht

Drei Themen durchziehen die fünf Klagen von Jeremia. Das offensichtlichste davon ist die Trauer über Jerusalems Zerstörung. In seinem Schmerz weint Jeremia um seiner selbst willen, um der leidenden Menschen willen und manchmal um der Stadt willen, als wäre sie eine Person. Das zweite Thema ist Jeremias Sündenbekenntnis und seine Bestätigung, dass Gottes Gericht über die Nation gerecht und heilig ist. Das dritte Thema ist die Hoffnung auf die zukünftige Wiederherstellung seines Volkes, die Gott verheißen hat. Gott hat seinen Zorn ausgegossen. Aber in seinem Erbarmen wird er nicht aufhören, treu zu seinen Verheißungen zu stehen.

Konkret für dein Leben

Die wenigsten von uns zeigen gerne ihre Gefühle, insbesondere ihre Tränen. Doch das, was eine Person zum Weinen bringt, sagt viel über sie aus. In Jeremias Fall werden Tränen über das Leid von Gottes Volk und die Auflehnung der Menschen gegen ihren Gott vergossen. Was bringt dich zum Weinen? Weinst du, weil jemand dich beleidigt hat oder weil jemand Gott beleidigt hat? Weinst du, weil du etwas verloren hast, das dir Freude bereitet, oder weil so viele Menschen um dich herum ewig wegen ihrer Sünden leiden werden? Die Welt ist voller Unrecht, Leid und Auflehnung gegen Gott. Alle diese Dinge sollten dich zum Weinen und zum Handeln bewegen.

- Wann hast du dich schon einmal von Gott verlassen gefühlt? Wie hat Gott dir damals seine Gegenwart gezeigt?
- Welche Hinweise um dich herum zeigen dir, dass diese Welt verloren ist? Dass die Menschen Gott nicht folgen?
- Verbringe Zeit im Gebet für die Menschen, die leiden. Wie kannst du ein Licht für diese Menschen sein, selbst wenn sie weit weg leben?

Wichtige Lektionen aus den Klageliedern

- Der schmerzvolle Schrei der Klage über die Not und das Leid anderer ist eine Form von Gebet - eine Form, die Gott hört und beantwortet.
- Es zieht ernstzunehmende Konsequenzen nach sich, wenn eine Nation - oder eine Person - sich von Gottes Wegen abwendet.
- Du kannst in dem Wissen ruhen, dass Gott treu und voller Erbarmen ist.
- Gebet ist immer das Richtige in Zeiten des Leidens.

Wo was zu finden ist

Die Verwüstung Jerusalems wird angekündigt . . . . .Kapitel 1
Jeremias Klage über Israels Elend . . . . .Kapitel 2
Eine Erinnerung an Gottes Treue und Erbarmen . . . . . .Kapitel 3
Eine Beschreibung der Belagerung Jerusalems . . . . . .Kapitel 4
Jeremias Bitte um Wiederherstellung . . . . .Kapitel 5

Jeremias Schriften

Das Buch Jeremia schaut nach vorn … mit einer Warnung.

Das Buch Klagelieder schaut zurück … mit Trauer.

»Was willst du mal werden, wenn du groß bist?«

Hörst du diese Frage oft? Teenagern in biblischen Zeiten wurde diese Frage vermutlich nicht oft gestellt. Sie verfügten nicht über dieselben Wahlmöglichkeiten, die du heute hast. Kinder wurden großgezogen und lernten dabei das Familienhandwerk. Wenn dein Vater Hirte war, warst du draußen und hast Schafe und Ziegen gehütet. Wenn deine Familie Waren verkaufte und tauschte, dann wurdest du sehr wahrscheinlich später auch ein Kaufmann.

Hier findest du ein paar Berufe aus biblischer Zeit. Wenn du zu biblischen Zeiten ein Teenager gewesen wärst, welche Beschäftigung hättest du gehofft, zu erlernen?

Bäcker
Zimmermann
Töpfer
Rabbi
Bauer
Zolleinnehmer
Arzt

Schmied
Diener
Priester
Lehrer
Hebamme
Kaufmann
Hirte

Hesekiel

1. Teil 2. Teil

www.dasbibelprojekt.de

Thema: Die Herrlichkeit des Herrn
Datierung: 590-570 v. Chr.
Autor: Hesekiel
Handlungsort: Babylon

»Da machte ich mich auf und ging hinaus in das Tal, und siehe, dort stand die Herrlichkeit des HERRN wie die Herrlichkeit, die ich am Fluss Kebar gesehen hatte; und ich fiel nieder auf mein Gesicht.« (3,23)

Während Jeremia in Jerusalem prophezeit, dass die Stadt bald durch die Babylonier besiegt werden wird, überbringt Hesekiel den Gefangenen, die sich bereits in Babylon befinden, eine ähnliche Botschaft. Wie die Menschen in Jerusalem konnten die Gefangenen nicht glauben, dass Gott die Zerstörung Jerusalems zulassen würde. Nachdem die Nachricht vom Fall der Stadt gekommen ist, verändert Gott Hesekiels Botschaft in eine Botschaft über zukünftige Hoffnung und Wiederherstellung für das Volk. Im ganzen Buch beschreibt Hesekiel immer wieder seine Begegnungen mit Gottes Herrlichkeit – entweder mit dessen himmlischer Herrlichkeit oder mit dessen irdischer Herrlichkeit im Tempel zur Zeit Hesekiels oder in dem Tempel, der für die Zukunft vorausgesagt wird.

Die Struktur des Buches

Kapitel 1–3 Die Berufung Hesekiels

Die babylonische Eroberung Jerusalems findet in Etappen statt, und das jüdische Volk wird in drei Etappen oder Wegführungen in Gefangenschaft gebracht (siehe S. x). Hesekiel, ein Priester, kommt mit der zweiten Deportation nach Babylon. Während er dort ist, empfängt Hesekiel eine Vision von Gottes Herrlichkeit. In der Vision beruft Gott ihn dazu, Prophet für das jüdische Volk zu werden, das in Babylon lebt. Hesekiel wird deutlich von Gott vorgewarnt, dass das Volk nicht auf seine Botschaft hören wird.

Kapitel 4-24 **Das Gericht über Jerusalem**
Gottes Gericht über die Menschen von Juda und Jerusalem ist bereits in Gang, und viele Juden sind schon gefangen in Babylon. Durch Hesekiel warnt Gott das Volk weiterhin vor Jerusalems bevorstehendem Zusammenbruch. Er drängt die Menschen, sich von ihren gottlosen Wegen abzuwenden. Hesekiel verkündet, dass Gottes Herrlichkeit den Tempel verlassen und dass der Tempel zerstört werden wird.

Kapitel 25-32 **Das Gericht über die Nationen**
Nachdem Hesekiel das Gericht über Jerusalem vorhergesagt hat, verkündet er nun Gottes Zorn gegen einige feindliche Nationen um Israel herum. Diese Gerichte bestätigen Gottes Macht über alle Könige und Nationen.

Kapitel 33-39 **Die Wiederherstellung von Gottes Volk**
Hesekiel kündigt den Fall Jerusalems an. Er ruft die Juden dazu auf, Gott um Vergebung zu bitten. Die Stadt und der Tempel liegen jetzt zwar in Trümmern, aber das bedeutet noch nicht das Ende. Wenn die Menschen bereit sind, von ihrer Auflehnung gegen Gott umzukehren, wird er sie in ihr Land zurückbringen.

Kapitel 40-48 **Die Wiederherstellung des Gottesdienstes**
Gott schenkt Hesekiel eine Vision von Israels geistlicher Zukunft und von einem prächtigen neuen Tempel, der die Rückkehr der Herrlichkeit des Herrn erleben wird. Gott verspricht, sein Volk zu ihm zurückzubringen.

Auf den Punkt gebracht

Hesekiel betont stark Gottes Macht, Herrlichkeit und Treue. Ein großer Teil des Buches konzentriert sich auf den Tempel in Jerusalem. In seinen Botschaften hebt Hesekiel wieder und wieder Gottes Aussage hervor: All die kommenden Dinge geschehen, damit Menschen erkennen, dass er der Herr ist. Alles, was Gott tut – in der Vergangenheit, Gegenwart oder Zukunft –, soll seine Herrlichkeit offenbaren.

Konkret für dein Leben

Gottes Herrlichkeit ist leicht erkennbar für jeden, der bereit ist, nach oben Richtung Himmel zu schauen (Ps 19,2). Seine Herrlichkeit wird dadurch sichtbar, dass er sein Volk am Leben hält und es ins Land zurückbringt. Sie wird sichtbar in den Plänen, die er für seinen zukünftigen Tempel und sein kommendes Königreich vorbereitet hat. Und sie wird sichtbar in seiner Gnade gegenüber Sündern, die im Zeitalter der Gemeinde Buße tun. Allein der Gedanke an Gottes Herrlichkeit sollte dich dazu treiben, ihn zu loben und anzubeten. Sie sollte dich dazu bewegen, Veränderungen vorzunehmen, die dir helfen, sein heiliges Wesen besser widerzuspiegeln.

- Wo findest du in unserer heutigen Welt Anzeichen für Gottes Treue? Und in deinem Leben?
- Warum ist es so wichtig, den Herrn zu kennen?
- Stell dir vor, du schneidest in einem Test oder bei einem Spiel gut ab oder du handelst ehrlich und wirst anschließend für dein Verhalten belohnt. Wie kannst du Gott die Ehre geben?

Wichtige Lektionen aus Hesekiel

- Normalerweise gebraucht Gott keinen Menschen, der in Sünde und Auflehnung lebt. Durch Zurechtweisung kann er einen solchen Menschen reinigen und ihn zu einem Neuanfang rufen.
- Gott weist zurecht, wenn es notwendig ist. Doch er lässt immer die Tür zur Vergebung offenstehen.
- Gott besitzt die vollständige Kontrolle über alle Menschen und alle Nationen.
- Gott hat jedes Detail deines Lebens in der Hand. Das sollte ein großer Trost für dich sein.

Wo was zu finden ist

Die Vision von Gottes Herrlichkeit . . . . .Hesekiel 1,4-28
Gottes Herrlichkeit verlässt den Tempel . . . . . Hesekiel 11,22-25
Die Belagerung Jerusalems beginnt . . . . Hesekiel 24,1-14
Der Wächter und seine Botschaft . . . . .Hesekiel 33,1-9
Gott verspricht ein neues Herz . . . . Hesekiel 36,26-27
Das Tal der vertrockneten Gebeine . . . . Hesekiel 37,1-14
Gottes Herrlichkeit kehrt nach Jerusalem zurück . . .Hesekiel 43,1-9

Wie Hesekiel seine Prophetien veranschaulicht

Er blieb in seinem Haus, gefesselt und stumm.
Er verwendete eine Tontafel und eine Eisenplatte.
Er lag 390 Tage auf seiner linken und 40 Tage auf seiner rechten Seite.
Er aß auf unreine Weise.
Er rasierte sich das Kopfhaar und den Bart ab.
Er packte eine Tasche und grub sich durch eine Mauer.
Er durfte nicht trauern, als seine Frau starb.
Er fügte zwei Stäbe zu einem zusammen.

Daniel

www.dasbibelprojekt.de

Thema: Gottes Souveränität
Datierung: 530 v. Chr.
Autor: Daniel
Handlungsort: Babylon

»[D]er höchste Gott [hat] Macht über das Königtum der Menschen und dass er darüber einsetzt, wen er will.« (5,21)

Das Buch Daniel wird »die Offenbarung des Alten Testaments« genannt. Es wurde geschrieben, um die Juden im Exil zu ermutigen und Gottes großen Plan während und nach der Zeit der heidnischen (nichtjüdischen) Herrschaft zu zeigen. Die »Zeiten der Nationen« (Lk 21,24) beginnen mit der babylonischen Gefangenschaft. Die Juden werden für lange Zeit unter heidnischen Mächten leiden, aber nicht für immer. Es wird eine Zeit kommen, in der Gott sein messianisches Reich aufrichtet, das für immer Bestand haben wird. Daniel weist auf Gottes Kontrolle und Macht über menschliche Angelegenheiten hin. Weil Daniel – »du vielgeliebter Mann« (Dan 9,23) – einen so großartigen Charakter besitzt, schenkt Gott ihm einen Blick in die Zukunft.

Die Struktur des Buches

Kapitel 1-6 Daniels Leben

In der ersten von drei Wegführungen (siehe S. x) wird Daniel – viele denken, er war zu jener Zeit ein Teenager – zusammen mit anderen Jugendlichen aus Jerusalem gefangen nach Babylon gebracht; seine Freunde Schadrach, Meschach und Abed-Nego waren auch dabei. König Nebukadnezar und die Babylonier wollen diese vier jüdischen Teenager und andere ausbilden, damit sie Teil ihrer heidnischen Kultur werden. Die Vier beziehen jedoch trotz großem Druck immer wieder mutig Stellung für Gott. Und dieser ehrt sie für ihren Mut. So bleibt Daniel einmal in einer Grube voll hungriger Löwen unverletzt. Bei einer anderen Gelegenheit werden Daniels Freunde in einem Feuerofen vor dem Tod bewahrt. Gott befähigt Daniel außerdem, Nebukadnezars Traum zu deuten. Dieser träumte von einer Statue, die vier große Reiche repräsentiert. Diese werden die Welt beherrschen, bis Christus wiederkommt. Daniels Charakter und Weisheit bringen ihm den Respekt von Nebukadnezar ein. Er setzt Daniel in ein hohes Regierungsamt ein.

Kapitel 7-11 Daniels Visionen
Daniel hat vier Visionen, die in die Zukunft Israels und der Welt weisen. Er verkündet die berühmte Prophetie der »siebzig Jahrwochen« und sieben Trübsalsjahre, die die letzten Tage kennzeichnen werden. Er nennt Details über die Identität des Antichristen und die spätere Rückkehr Israels in sein Heimatland.

Auf den Punkt gebracht

Daniels Leben ist reich an historischen Erfahrungen und irdischen Ehrenbezeugungen. Als Teenager nach Babylon verschleppt, verbringt er mehr als 70 Jahre im öffentlichen Dienst einer Nation, die voller Götzenkult und Gottlosigkeit ist. Trotz dieser Umgebung führt Daniel ein gottesfürchtiges Leben. Er übt großen Einfluss auf drei Königreiche aus - Babylonien, Medien und Persien. Während dieser Jahre hätte er traurig sein und denken können, Gott habe ihn verlassen. Doch anstatt nach- oder aufzugeben, hält dieser mutige Mann an seinem Gottvertrauen fest. Daniel begreift, dass Gott trotz seiner Umstände die Kontrolle hat. Er entfaltet seinen Plan für alle Nationen, Könige und auch für Einzelpersonen wie dich.

Konkret für dein Leben

Daniel und seine drei Teenagerfreunde sind inspirierende Vorbilder dafür, wie man in einer gottlosen Welt ein gottesfürchtiges Leben führen kann. Achte darauf, dass dein christlicher Lebenswandel nicht dadurch schwammig wird, dass du der Welt um dich herum nachgibst. Sei treu in deinem Bibelstudium. Pflege dein Gebetsleben. Und halte an Gottes Werten fest. Dann wirst du wie Daniel großen Einfluss auf die Menschen um dich herum ausüben - angefangen bei deiner Familie und dann deinen Freunden in der Schule.

- Wie kannst du dich als Teenager mit Daniel identifizieren?
- In welchen Punkten scheint Daniels Glaube stärker zu sein als der der meisten christlichen Teenager?
- Inwiefern inspiriert dich Daniels Leben dazu, deinen Freunden zu zeigen, was Glaube und Treue im Alltag bedeuten?

Wichtige Lektionen aus Daniel

- Gott besitzt die Kontrolle über die gesamte Geschichte. Königreiche steigen auf und fallen entsprechend seines Planes.
- Gott ehrt dich, wenn du Stellung für das beziehst, was richtig ist.
- Gott bestraft Sünde.
- Gott verfügt bereits über einen Plan für die Zukunft. Weil er die Kontrolle hat, wird dieser Plan auch eintreten.

Wo was zu finden ist

Der Feuerofen . . . . Daniel 3
Die Schrift an der Wand . . . . Daniel 5
Daniel in der Löwengrube . . . . Daniel 6
Daniels Vision der vier Tiere . . . . Daniel 7
Daniels Prophetie der 70 Jahrwochen . . . . Daniel 9

Die Vier Königreiche von Nebukadnezars Statue

Körperteil	Material	Reich
Kopf	Gold	Babylonier
Brust und Arme	Silber	Medo-Perser
Bauch und Oberschenkel	Bronze	Griechen
Beine und Füße	Eisen und Ton	Römer

Die Könige, denen Daniel diente

König Nebukadnezar von Babylonien . . . . Kapitel 1-4
Belsazar von Babylonien . . . . .Kapitel 5
Darius I. von Medo-Persien . . . . Kapitel 6-9
Darius II. von Medo-Persien . . . . Kapitel 10-12

Schon gewusst?

Du kannst wie Daniel einen gottesfürchtigen Einfluss ausüben, wenn du:

- nach Gottes Maßstäben suchst.
- nach Gottes Maßstäben lebst.
- Gottes Maßstäbe benennst.
- Gottes Maßstäbe verteidigst.
- bereit bist, für Gottes Maßstäbe zu leiden.

Biblische Schultage

In den Tagen der Bibel wurde Bildung normalerweise zu Hause vermittelt. Familien brauchten ihre Kinder dort, um ihren Lebensunterhalt zu sichern. Daher gingen die Kinder tagsüber nicht in die Schule. Und in den meisten Fällen lebten die Familien ein Land- oder Nomadenleben, und es wurde dort unterrichtet, wo man sich gerade aufhielt. Wie du in der Auflistung unten siehst, war der Unterrichtsstil sehr verschiedenartig - vom Homeschooling bis zu der sehr intensiven Ausbildung, die jüdische Führer anboten.

- Jungen wurden primär von ihren Vätern im Gesetz unterwiesen und erlernten von diesen einen Beruf. Ein Rabbi sagte: »Wer seinem Sohn kein nützliches Handwerk beibringt, zieht ihn zu einem Dieb heran.«
- Mose war durch den Lehrer der Königskinder »unterwiesen in aller Weisheit der Ägypter« (Apg 7,22).
- Samuel richtete eine Prophetenschule in der Nähe von Rama ein (1Sam 19,19-20).
- Daniel wurde als junger Mann während des Exils in Babylon ausgebildet. Er besuchte die Schulen des babylonischen Hofes.
- Jesus erhielt seine Ausbildung in seiner Heimatstadt Nazareth. Als er bei den religiösen Führern im Tempel saß, waren sie beeindruckt von seinem Wissen, obwohl er noch ein Junge war (Lk 2).
- Paulus erwähnt seinen Unterricht und seine Ausbildung als Pharisäer. Die Ausbildung, die man von einem Rabbi erhielt, war sehr diszipliniert. Sie beinhaltete viel Auswendiglernen der Heiligen Schrift.
- In Sumerien wurde eine Steintafel gefunden (sie stammt ungefähr aus Abrahams Zeit). Darauf findet sich eine Beschreibung dessen, was ein Junge in der Schule tat: »Ich las meine Tafel, aß mein Mittagessen, bereitete meine Tafel vor, beschrieb sie und stellte sie fertig.«

Hosea

www.dasbibelprojekt.de

Thema: Untreue
Datierung: 755-715 v. Chr.
Autor: Hosea
Handlungsort: Das Nordreich

»Und ich will […] der ›Ungeliebten‹ Liebe erweisen und will zum ›Nicht-mein-Volk‹ sagen: ›Mein Volk bist du!‹, und dieses wird rufen: ›Mein Gott (bist du)!‹« (2,25, MENG)

Hosea ist das Erste aus einer Reihe von zwölf prophetischen Büchern, die als die kleinen Propheten bezeichnet werden – nicht, weil sie weniger wichtig wären, sondern aufgrund ihres Umfangs. Jedes dieser Bücher ist nach seinem Autor benannt. Hoseas Dienst beginnt während einer Blütezeit im Nordreich. Doch die Blütezeit ist nur äußerlich, innerlich erweist sich das Volk als götzendienerisch und gottlos. In weniger als 30 Jahren werden Israel und seine Hauptstadt Samaria fallen.

Dieses Buch beschreibt detailliert die unglückliche Ehe Hoseas mit seiner untreuen Frau Gomer. Ihre Geschichte dient als ein Bild für Gottes Treue und Israels geistliche Untreue. Der Name Hosea bedeutet »Rettung«. Voller Kummer deckt er Israels Sünden auf und kontrastiert sie mit Gottes Heiligkeit. Das Volk muss für seine Sünde gerichtet werden, doch es wird in der Zukunft aufgrund von Gottes Liebe und Treue wiederhergestellt. Hosea wird auch als der Prophet der Vergebung bezeichnet. Dieses Buch zeigt, dass Gott bereit ist, die Untreuen wiederherzustellen.

Die Struktur des Buches

Kapitel 1-3 Israels Ehebruch und Gottes Treue
Gott weist Hosea an, Gomer zu heiraten und Kinder mit ihr zu haben. Sie wird ihm untreu und begeht Ehebruch. Ihre Untreue ist ein Bild für Israels Untreue gegenüber Gott. Doch Hosea beweist seine geduldige Liebe zu Gomer. Ebenso liebt auch Gott sein Volk noch immer – sogar inmitten

seiner Unmoral und Auflehnung! Hoseas Frau verhält sich so schlimm, dass sie schließlich als Sklavin endet. Aber Hosea kauft sie auf dem Sklavenmarkt zurück und nimmt sie wieder zu sich als seine Ehefrau. In derselben Weise wird das sündige Israel eines Tages vollständig in seiner Beziehung zu Gott wiederhergestellt werden.

Kapitel 4-7 Israels Schuld
Aufgrund der schmerzhaften Erfahrung mit seiner Frau Gomer kann Hosea Gottes Kummer über die Untreue seines Volkes gut nachempfinden. Israel hat zwar sein Herz gegen Gottes gnädigen letzten Aufruf zur Buße verhärtet, aber es bleibt noch Zeit, in der Gott sein Volk heilen und erlösen kann. Israel aber hält stolz an seiner Widerspenstigkeit fest.

Kapitel 8-10 Israels Anklage
Diese Kapitel stellen das Verlesen des Urteils in dem Gerichtsverfahren über Israels Sünde dar, welche Hosea gerade vorgestellt hat. Der Ungehorsam des Volkes wird es bald ins Exil und in die Zerstreuung führen. Israel hat sich geweigert, Buße über seine Sünden zu tun, und so kann Gottes Gericht nicht länger zurückgehalten werden.

Kapitel 11-14 Israels Errettung
Hosea ruft Israel zur Umkehr. Er bietet ihm geistlichen Segen für seine Rückkehr zum Glauben an. Das Volk ist zwar jetzt das Objekt strenger Zurechtweisung. Doch der Tag wird kommen, an dem es großen Segen empfangen wird.

Auf den Punkt gebracht

Hoseas persönliches Erleben illustriert mehr als bei jedem anderen alttestamentlichen Propheten seine Botschaft. Er empfindet echtes Mitleid für Gottes Volk. Außerdem kann Hosea aus seinem persönlichen Kummer über die Untreue seiner Frau ein gewisses Verständnis für Gottes Trauer über Israels Sünde nachempfinden. Daher erfolgen Hoseas Gerichtsankündigungen mit Bestimmtheit, aber abgemildert durch ein Herz voller Zuneigung. Hoseas liebevoller Umgang veranschaulicht Gottes Treue, Gerechtigkeit, Liebe und Vergebung im Gegensatz zu Israels Korruption und Abtrünnigkeit. Mit großer Sorge fleht Hosea in Gottes Namen das Volk an, zu Gott umzukehren. Doch die Menschen wollten nicht.

Konkret für dein Leben

Wie Hosea erlebst du möglicherweise auch Zeiten der Trauer und des körperlichen Leidens. Dennoch kannst du - anstatt bitter zu werden - zulassen, dass Gott dein Leid gebraucht, um andere in ihrem Schmerz zu trösten. Das ist die Kernaussage von 2. Korinther 1,6: »Sei es aber, dass wir bedrängt werden, so ist es zu eurem Trost und Heil; sei es, dass wir getröstet werden, so ist es zu eurem Trost, der wirksam wird im geduldigen Ertragen derselben Leiden, die auch wir leiden.«

- Wann hast du schon einmal schmerzhafte Erfahrungen aus deiner Vergangenheit gebraucht, um einem Freund zu helfen, der etwas Ähnliches durchstehen musste? Inwiefern hat deine Erfahrung geholfen?
- Was kann Bitterkeit letztendlich mit Menschen machen? Wo hast du schon einmal ein verbittertes Herz in jemandem erlebt?
- In welchen Bereichen deines Lebens bist du von Gott und seinem Wort abgewichen? Was kannst du unternehmen, um zurück auf Gottes Weg zu kommen?

Wichtige Lektionen aus Hosea

- Gott liebt dich trotz deiner Sünden und Fehler.
- Du kannst dich auf Gottes Treue verlassen, sogar wenn du untreu bist.
- Gott zu sagen, dass es dir leidtut, ist der erste Schritt auf dem Weg zurück zur Gemeinschaft mit Gott.
- Gott wird dir die Kraft schenken, dem sündigen Druck der Welt zu widerstehen und dich nicht anzupassen.

Wo was zu finden ist

Gomers Ehe und ihre Kinder . . . . Kapitel 1
Israels Anführer werden zurechtgewiesen . . . . Kapitel 5
Ein Zeugnis von Gottes Liebe . . . . Kapitel 6
Israels Auflehnung gegen Gottes Liebe . . . . Kapitel 11
Israels zukünftige Wiederherstellung und Segnung . . . . Kapitel 14

Chronologische Reihenfolge und ungefähre Zeiten der kleinen Propheten

Obadja	840 v. Chr.
Joel	835
Jona	760
Amos	755
Hosea	740
Micha	730
Nahum	660
Zefanja	625
Habakuk	607
Haggai	520
Sacharja	515
Maleachi	430

Joel

Thema: Der Tag des Herrn
Datierung: 835-796 v. Chr.
Autor: Joel
Handlungsort: Juda/Jerusalem

www.dasbibelprojekt.de

»[K]ehrt um zum HERRN, eurem Gott! Denn er ist gnädig und barmherzig, langsam zum Zorn und groß an Gnade […].« (2,13)

Joel scheint einer der früheren Propheten in Juda zu sein. Er lebte in Juda und übte dort seinen geistlichen Dienst ungefähr zur selben Zeit aus wie Elisa und Jona im Nordreich Israel. Joel sagt voraus, dass eine wütende Armee ins Land eindringen wird. Sie wird eine Heuschreckenplage, die nicht lange zurückliegt, vergleichsweise mild erscheinen lassen. Im Namen Gottes appelliert er an das Volk: Es soll Buße tun und dadurch die kommende Katastrophe abwenden.

Die Struktur des Buches

Kapitel 1 Die Heuschreckenplage

Israel erlebt eine Heuschreckenplage, die das Land verwüstet. Joel erklärt, dass dies eine Vorschau auf den nahenden »Tag des HERRN« (Joe 1,15) ist. Angesichts dieser Bedrohung ruft Joel zu Demut und Buße auf.

Kapitel 2-3 Der Tag des Herrn
Joel beschreibt die Ereignisse des nahenden Tages des Gerichts. Eine Armee wird vom Norden einfallen und es wird ein großer Kampf folgen. Er verspricht, dass Gottes Geist auf die ausgegossen wird, die umkehren.

Kapitel 4 Gericht und Segen
Der Herr wird die Nationen richten, insbesondere diejenigen, die sein auserwähltes Volk misshandelt haben. Israel wird besonderen Segen empfangen, erneuert und wiederhergestellt werden.

Auf den Punkt gebracht

Eine einzige Bombe kann eine große Stadt zerstören. Ein einziges Erdbeben oder ein Hurrikan können ganze Zivilisationen verwüsten. Wir stehen mit Schrecken vor der Kraft und Macht sowohl von natürlicher als auch menschengemachter Stärke. Doch diese Kräfte reichen nicht an die Kraft des allmächtigen Gottes heran. Seit der ersten Sünde im Garten Eden (1Mo 3) rebelliert der Mensch gegen Gott. Nun missachtet Juda Gottes Gesetze, und das Volk kehrt nicht um. Daher wird es seinen Tag des Gerichts erleben, seinen »Tag des HERRN«. Gott lässt die Auflehnung weiter zu. Doch es wird ein Tag kommen, an dem alle Auflehnung bestraft wird.

Konkret für dein Leben

Gott - nicht ausländische Eindringlinge, die Natur oder die Wirtschaft - ist derjenige, vor dem alle Menschen Rechenschaft ablegen müssen. Niemand kann Gott für immer aus dem Weg gehen oder beleidigen. Du musst seiner Botschaft in seinem Wort Aufmerksamkeit schenken. Falls du das nicht tust, wirst du dich später mit dem »Tag des HERRN« konfrontiert sehen. Wo stehst du im Hinblick auf Gott und sein nahendes Gericht? Wo begegnet dir Joels Botschaft heute? Es ist nicht zu spät, Gott um

Vergebung zu bitten und sie zu empfangen. Es ist Gottes größter Wunsch, dass du zu ihm kommst.

- Wäre eine Heuschreckenplage genug, um dich zur Umkehr zu Gott zu bringen? Warum braucht es manchmal so viel, bis wir bereit sind, auf Gott zu hören und seinen Wegen zu folgen?
- Wo versuchst du manchmal, Leute zu richten, anstatt Gott den Richter sein zu lassen?
- Buße ist ein Wort, das heute nicht mehr gebräuchlich ist. Doch in der Bibel werden wir dazu aufgefordert, Buße zu tun, uns vom Bösen abzuwenden und zu Gott zu kommen. Beschreibe, wie ein Mensch Buße für seine Sünde tun kann. Warum ist Buße ein wichtiger Bestandteil des Glaubens an Gott?

Wichtige Lektionen aus Joel

- Gott warnt immer, bevor er sein Gericht sendet.
- Gott vollzieht sein Gericht, wenn keine Buße getan wird.
- Demut und Buße sind erforderlich, um deine Beziehung zu Gott wiederherzustellen.
- Sünde bringt Gottes Tag der Abrechnung herbei.

Wo was zu finden ist

Heuschreckeneinfall und Zerstörung in Juda . . . . .Kapitel 1
Judas Zerstörung durch Assyrien . . . . .Kapitel 2
Judas und Israels Wiederherstellung durch Gott . . . . . Kapitel 3-4

Schon gewusst?

Der Tag, an dem Gottes Gericht kommt, wird im Alten Testament 19 Mal (davon 5 Mal in Joel) und im gesamten Neuen Testament nur 4 Mal erwähnt.

Amos

www.dasbibelprojekt.de

Thema: Strafe
Datierung: 790 v. Chr.
Autor: Amos
Handlungsort: Bethel, Nordreich

»Sucht das Gute und nicht das Böse, damit ihr lebt! Und der HERR, der Gott der Heerscharen, wird so mit euch sein […].« (5,14)

Amos ist ein Hirte und Maulbeerfeigenzüchter aus einer ländlichen Gegend südlich von Jerusalem. Er wird von Gott dazu berufen, sein Heimatland zu verlassen und die schwere Botschaft des Gerichts dem Nordreich Israel zu predigen. Er überbringt Gerichtsworte an acht Nationen und warnt vor der kommenden Katastrophe. Diese kommt, weil die Menschen kein Verlangen nach geistlichen Dingen haben, andere Götter anbeten und die Armen unterdrücken. Doch Israel genießt in dieser Zeit Frieden und Wohlstand. Deshalb trifft seine Botschaft auf taube Ohren.

Die Struktur des Buches

Kapitel 1-2 Gerichtsworte
Der Prophet Amos benennt konkrete Sünden verschiedener Nationen. Er verkündet acht Urteile über diese Nationen. Danach beschreibt Amos die Sünden des Volkes in Israel und Juda. Er warnt vor der zukünftigen Zerstörung und dem Gericht des Herrn. Unter den Sünden der Nationen und des jüdischen Volkes findet sich auch Götzendienst – die Anbetung falscher Götter.

Kapitel 3-6 Gründe für das Gericht

In diesen Kapiteln hält Amos drei Predigten, die Israels Sünde aufdecken. Unter den Problemen in Israel finden sich Habgier, überhöhte Besteuerung der Armen und ein grausamer Umgang mit ihnen. Gott verurteilt diejenigen, die die »Geringen unterdrücken« (Am 4,1), Bestechungen annehmen und »den Armen das Recht [verweigern]« (Am 5,12; NeÜ). Das Volk bekennt zwar, dass es Gott nachfolgt, und bringt ihm Opfer dar. Doch ihr heuchlerisches Verhalten offenbart sich in ihrem ausschweifenden Lebensstil. Gerechtigkeit und Moral fehlen völlig.

Kapitel 7-9 Visionen des Gerichts und der Wiederherstellung

Amos empfängt fünf Visionen, die zeigen, was Gott tun wird, um Israel zu bestrafen. Doch trotz alle seiner Sünden, liebt Gott das Volk noch immer. Er verspricht, dass ein künftiger Tag der Erweckung und des Segens kommen wird.

Auf den Punkt gebracht

Amos ist kein »professioneller« Prophet und hat keine »Prophetenschule« besucht. Er sagt: »Ich bin kein Prophet und bin kein Prophetensohn, sondern ein Viehhirte bin ich und ein Maulbeerfeigenzüchter« (Am 7,14). Er ist ein einfacher Junge vom Land. Was macht ihn dann zu einer so mächtigen geistlichen Kraft? In seinem Zeugnis gibt er darauf eine Antwort: »Aber der HERR holte […], und der HERR sprach zu mir: Geh hin, weissage meinem Volk Israel!« (V. 15). Genau das tat Amos. Er prophezeite furchtlos durch Gottes Geist, der in ihm war (Am 3,8).

Konkret für dein Leben

Amos ist dir heute ein hervorragendes Vorbild. Er erinnert dich daran, dass du nicht professionell ausgebildet sein musst, um für Gott Stellung zu beziehen, wenn du menschliches Unrecht oder sündiges Verhalten siehst - insbesondere bei Leuten, die behaupten, Christen zu sein. Amos war ein brennender Fürsprecher für Gott, nicht aufgrund seiner

Ausbildung oder Abstammung, sondern weil er gehorsam war, als Gott ihn rief. Auch du kannst ein Mensch Gottes sein. Achte auf seinen Ruf und tue, was er von dir verlangt. Dann schaue zu, wie Gottes Macht durch dich wirkt.

- Es ist leicht, einem Pastor oder Lehrer das Reden zu überlassen. Aber was kannst du sagen und tun, um ein Glaubensvorbild für andere zu sein? Was kannst du deinen Mitschülern beibringen?
- Wann hast du schon einmal erlebt, dass Gottes Kraft durch dich gewirkt hat? Wie hat er das Blatt gewendet?
- Was hindert Menschen daran, sich mit dem Glauben zu beschäftigen? Was kannst du unternehmen, um ihnen dabei zu helfen, sich darauf einzulassen?

Wichtige Lektionen aus Amos

- Gott kümmert sich um die Armen und Hilfsbedürftigen. Du solltest dasselbe tun.
- Wann immer du eine Gelegenheit bekommst, Erbarmen zu zeigen, solltest du sie nutzen.
- Es ist falsch, dich auf Kosten anderer zu bereichern.
- Wenn dein Herz fern von Gott ist und du im Ungehorsam lebst, dann bedeuten deine Worte und Taten nichts.
- Eine mangelnde Liebe für die Dinge Gottes entsteht fast unbemerkt. Prüfe und erneuere täglich dein Herz.
- Das Gericht ist denen sicher, die Gott ignorieren.

Wo was zu finden ist

Prophetie über Israels nahende Zerstörung . . . . .Kapitel 3
Israels Ermahnung und deren Nichtbeachtung . . . . .Kapitel 4
Amos' Aufruf zur Buße . . . . .Kapitel 5
Zerstreuung und Wiederherstellung Israels . . . . .Kapitel 9

Die fünf Visionen von Amos

Vision der Heuschreckenplage . . . . Am 7,1-3
Vision des Feuers . . . . Am 7,4-6
Vision des Senkbleis . . . . (Am 7,7-9)
Vision des Sommerobstes . . . . (Am 8,1-14)
Vision des Herrn . . . . (Am 9,1-10)

Project Runway: Alles über den Schichten-Look

Die Menschen der Bibel strömten nicht ins örtliche Einkaufszentrum, um die aktuellste Mode zu kaufen. Aber sie wussten, wie sie ihre Kleidung stilvoll in Schichten legen konnten. Der Schichten-Look schützte sie vor der heißen Sonne und während kalter Nächte. Im Folgenden erfährst du, was du vermutlich getragen hättest, wenn du in jenen Tagen in Jerusalem gesehen worden wärst:

Jungs:

Eine untere Tunika, die bei kaltem Wetter getragen und aus Baumwolle oder Leinen hergestellt wurde. Stell sie dir wie eine lange Unterhose für dein Gewänder-Outfit vor.

Die Haupttunika sah aus wie ein langes, langärmeliges Shirt … bis zu den Knöcheln. Diese Tunika wurde von einem Ledergürtel gehalten.

Vergiss deinen Umhang nicht. Diese äußere Schicht war wie ein Mantel. Falls Männer ein wenig modisches Flair hinzufügen wollten, konnte man hier vielleicht ein bisschen angeben.

Deine Kopfbedeckung schützte dich vor der brennenden Sonne. Schals oder Turbane waren üblich.

Mädchen:

Deine Lagen gleichen denen der Männer. Aber du bekommst die feinere Seide und detailreiche Stickereien auf deinem Umhang und deiner unteren Tunika.

Dein Gürtel und deine Kopfbedeckung wurden aus farbenreicheren und prächtigeren Textilien hergestellt als alles, was Männer trugen.

Und du trägst ein wenig Leder … deine Riemchensandalen. Jedes Mädchen sollte ein Extrapaar haben. Vielleicht war es doch nicht so anders als heute!

Obadja

www.dasbibelprojekt.de

Thema: Gerechtes Gericht
Datierung: 850-840 v. Chr.
Autor: Obadja
Handlungsort: Jerusalem/Edom

»Und das Haus Esau wird keinen Entronnenen haben.« (V. 18)

Obadja ist das kürzeste alttestamentliche Buch – ein Kapitel lang – und möglicherweise das frühste prophetische Buch. Es ist ein Beispiel dafür, wie Gott auf jeden reagiert, der seinem auserwählten Volk etwas zuleide tut. Edom war eine Bergnation südöstlich von Juda. Als entfernte Verwandte Esaus (1Mo 25-27) waren die Edomiter Blutsverwandte der Judäer. Unter allen Völkern hätten sie diejenigen sein sollen, die Juda zu Hilfe kommen, wenn es angegriffen wird. Stattdessen weiden sie sich an Judas Problemen. Sie nehmen seine Überlebenden gefangen, liefern sie dem Feind aus und plündern Judas Land. Weil Edom sich gleichgültig zeigt, Gott ablehnt und böse an seinen Brüdern in Juda handelt, verkündet Obadja ihnen Gottes Botschaft des kommenden Gerichts.

Die Struktur des Buches

Verse 1-16 Edoms Zerstörung

Die Menschen von Edom fühlen sich sicher, weil ihre Hauptstadt Petra versteckt zwischen hohen Felsen liegt. Das macht es leicht, die Stadt zu verteidigen. Die Menschen von Edom sind von Stolz und Selbstsicherheit erfüllt. Ihr Stolz offenbart sich in Vers 3, wo sie sich wundern: »Wer wird mich zur Erde hinabstürzen?« Als Jerusalem von einem namenlosen Feind angegriffen wird, kommen die Edomiter den Menschen in Jerusalem nicht zu Hilfe. Stattdessen ermutigen sie die Angreifer und helfen dabei, einige der Menschen gefangen zu nehmen, und plündern die Stadt. Das erzürnt Gott. Er warnt die Edomiter: »Wenn du dein Nest auch hoch bautest wie der Adler und wenn es zwischen die Sterne gesetzt wäre: Ich werde dich von dort hinabstürzen […]« (Ob 4).

Verse 17-21 Israels Wiederherstellung
Diejenigen, die sich ihrer Stärke rühmen und Gott trotzen, werden sich mit dem Gericht konfrontiert sehen. Gott kündigt an, die Edomiter vollständig zu zerstören und sein Volk wieder in eine herrliche Stellung einzusetzen.

Auf den Punkt gebracht

Bibelwissenschaftler sind sich nicht sicher, auf welchen Einmarsch in Juda sich Obadja in seinem Buch bezieht. Doch die Botschaft ist deutlich: Gott richtet diejenigen, die seinen Kindern Leid zufügen oder dabei helfen. Das traf in der Vergangenheit auf Edom zu und es wird auch auf jede künftige Nation zutreffen.

Konkret für dein Leben

Um es positiver und persönlicher zu formulieren: Wenn du durch Jesus Christus Gottes Kind bist, dann stehst du unter seiner Liebe und seinem Schutz. Dir wird nichts geschehen, das sich nicht unter seiner lenkenden Hand befindet. Letztendlich wird das Gericht über alle kommen, die seinem auserwählten Volk Israel oder seinen Kindern in Jesus Christus Schaden zufügen.

- Wann hast du schon einmal Schadenfreude angesichts des Scheiterns von jemandem empfunden, anstatt ihm zu helfen? Wie würde Gott wollen, dass du reagierst?
- Wir legen großen Wert auf Wettbewerb und darauf, der Beste in etwas zu sein. Wie kann das sowohl eine positive als auch eine negative Darstellung von Gottes Liebe zu anderen sein?
- Wann hast du zugelassen, dass Stolz dein Erbarmen blockiert hat? Wann hast du deinen Stolz beiseitegestellt, um Gott zu gehorchen?

Wichtige Lektionen aus Obadja

- Diejenigen, die Gottes Volk in der Bibel verfolgten, wurden immer zur Rechenschaft dafür gezogen. Ebenso müssen die, die sich heute Christen gegenüber feindselig verhalten, damit rechnen, Gottes Gericht zu erleben.
- Wenn du siehst, wie anderen Christen Schaden zugefügt wird, solltest du sie nicht im Stich lassen, sondern ihnen vielmehr zu Hilfe kommen.
- Freue dich nicht über das Unglück anderer.
- Stolz und Selbstbezogenheit gefallen Gott nicht.

Wo was zu finden ist

Edoms Zerstörung . . . . Verse 1-16
Israels Wiederherstellung . . . . Verse 17-21

Die Geschichte des Konflikts zwischen Israel und Edom

- Israel stammt von Jakob ab und Edom von Esau.
- Jakob und Esau rangen im Mutterleib miteinander.
- Esau verkaufte Jakob sein Erstgeburtsrecht.
- Die Edomiter weigerten sich, die Israeliten nach dem Auszug aus Ägypten durch ihr Land ziehen zu lassen.
- Israels Könige sahen sich andauernd im Konflikt mit Edom.
- Edom drängte Babylon, Jerusalem zu zerstören.

Jona

www.dasbibelprojekt.de

Thema: Gottes Gnade für alle Menschen
Datierung: 780-750 v. Chr.
Autor: Jona
Handlungsort: Ninive

»Und er betete zum HERRN und sagte: Ach, HERR! War das nicht meine Rede, als ich noch in meinem Land war? Deshalb floh ich schnell nach Tarsis! Denn ich wusste, dass du ein gnädiger und barmherziger Gott bist, langsam zum Zorn und groß an Güte, und einer, der sich das Unheil gereuen lässt.« (4,2)

Das Buch Jona ist ein selbstverfasster Bericht eines sturen Propheten, der nicht vor Israels Feinden, den gottlosen Assyrern und ihrer Hauptstadt Ninive, predigen will. Das Buch ist ungewöhnlich. Es ist nämlich das einzige alttestamentliche Buch, dessen gesamte Botschaft sich an eine heidnische Nation richtet. Gott tut kund, dass seine Gnade auch bis zu den Heiden reicht. Jonas Botschaft an die Bewohner von Ninive wird mit einer fast sofortigen bußfertigen Reaktion aufgenommen, die sich durch Fasten und Trauern zeigt. Infolgedessen wird die Stadt mit 600.000 Menschen vor dem Untergang und der Zerstörung verschont.

Die Struktur des Buches

Kapitel 1-2 Jonas Berufung und Ungehorsam
Gott beruft Jona, einen Bewohner des Nordreichs, nach Ninive zu gehen und Umkehr zu predigen. Ninive war der größte und mächtigste Stadtstaat seiner Zeit. Jona lehnt sich gegen Gottes Anweisung auf und nimmt ein Schiff, um seinem Auftrag zu entfliehen. Anstatt 800 Kilometer nach Nordosten in Richtung Ninive zu gehen, versucht Jona, 3200 Kilometer nach Westen in Richtung Tarsis (Spanien) zu reisen. Das Schiff gerät in einen heftigen Sturm. Jona wird von der Besatzung ins Meer geworfen. Sie hofft, dadurch dem Zorn des Sturms zu entgehen, der durch Jonas Anwesenheit und Ungehorsam hervorgerufen wurde. Dann wird Jona von einem

großen Fisch verschluckt. Gott gebraucht diesen Fisch, um Jona zu retten, seine Aufmerksamkeit auf ihn zu lenken, und ihn schließlich auf trockenem Land abzusetzen.

Kapitel 3-4 Jonas erneuerter Ruf
Gottes zweitem Ruf gehorsam, predigt Jona den Bewohnern von Ninive. Sie tun Buße, trauern über ihre Sünden, und Gott verschont die Stadt. Doch Jona ist zornig darüber, dass Gott diesem nichtjüdischen Volk Erbarmen gezeigt hat. Gott lässt Jona wissen, dass er beabsichtigt, seine Gnade und sein Erbarmen allen Völkern anzubieten.

Auf den Punkt gebracht

Wie würdest du reagieren, wenn Gott von dir forderte, die Botschaft des Evangeliums zu den schlimmsten Feinden deines Landes zu bringen? Du weißt, wie Jona reagiert hat. In seinem Herzen wusste er, dass niemand das Gericht mehr verdiente als die Assyrer. Sie waren ein gottloses und grausames Volk, und Jona wollte ihre Vernichtung. Schließlich jedoch geht Jona dank Gottes Hand, die dabei nachhilft. Er predigt seine Botschaft in einem Einzeiler: »Noch vierzig Tage und Ninive ist zerstört!« (Jon 3,4). Und sehr zu Jonas Missfallen reagieren die Menschen! Daraufhin konfrontiert Gott Jonas selbstgerechten Stolz und seinen Mangel an Erbarmen.

Konkret für dein Leben

Wann warst du schon einmal wie Jona? Flüchtest du manchmal vor Gelegenheiten, die Wahrheit über deinen Retter mit den Menschen um dich herum zu teilen? Wie oft läufst du mit einer herzlosen Gleichgültigkeit herum und sagst deinen Mitschülern, Nachbarn, Freunden und Familienmitgliedern nichts von Gottes rettender Gnade? Folge nicht Jonas Beispiel! Folge stattdessen Gottes Vorbild. Entwickle echte Liebe und echtes Erbarmen für die Verlorenen. Beginne, für die zu beten, die am weitesten von Gott entfernt zu sein scheinen. Und bete für deine Feinde. Dann halte Ausschau nach Wegen, »die gute Nachricht« mit ihnen zu teilen. Wer weiß, vielleicht werden auch sie auf Gottes Botschaft reagieren. Bete dafür, dass sie es tun.

- Was kannst du tun, um dich sicherer dabei zu fühlen, Gottes Wahrheit anderen zu sagen?
- Welche Menschen bedeuten dir am meisten? Kennen sie Gott? Wie kannst du sie ermutigen, Gott zu glauben?
- Wo lässt du zu, dass Neid die Freude erstickt, wenn Gott im Leben von jemand anderem wirkt? Wie kannst du Neid überwinden, wenn er aufkommt?

Wichtige Lektionen aus Jona

- Du kannst Gottes Ruf für dein Leben nicht entfliehen. Er wird dir bis an die Enden der Erde folgen … oder, wie in Jonas Fall, bis in den Bauch eines großen Fisches!
- Gottes Liebe und Erbarmen gelten allen Menschen.
- Ungehorsam führt zu großen Problemen in deinem Leben.
- Es ist unmöglich vor Gott davonzulaufen.
- Was Gott tun kann - und tun wird! -, um deine Aufmerksamkeit auf ihn zu lenken, kennt keine Grenzen.
- Versagen muss dich nicht dafür disqualifizieren, in Gottes Dienst zu stehen.
- Dein Ungehorsam beeinflusst das Leben anderer, die mit dir in Berührung kommen.
- Deine persönlichen Meinungen sollten niemals Gottes Plan im Weg stehen.

Wo was zu finden ist

Flucht vor Gottes Gegenwart . . . . .Kapitel 1
Im Bauch des großen Fisches . . . . .Kapitel 2
Sprich Gottes Wahrheit in Ninive . . . . .Kapitel 3
Hoffen auf Ninives Zerstörung . . . . .Kapitel 4

Jonas Reise nach Ninive

Gott befahl Jona, nach Ninive zu gehen. Doch Jona wollte nicht, weil die Menschen dort sehr böse waren. Jona versuchte, in die andere Richtung zu reisen. Deshalb nahm er ein Schiff nach Tarsis. Gott schritt ein und wies Jona wieder zurück Richtung Ninive.

Micha

Thema: Göttliches Gericht
Datierung: 735-710 v. Chr.
Autor: Micha
Handlungsort: Samaria und Jerusalem

www.dasbibelprojekt.de

»Man hat dir mitgeteilt, Mensch, was gut ist. Und was fordert der HERR von dir, als Recht zu üben und Güte zu lieben und bescheiden zu gehen mit deinem Gott?« (6,8)

Micha verkündet einem Volk, das fortwährend dem Bösen nachläuft, eine Gerichtsbotschaft. Er trägt seine drei Reden oder Zyklen von Untergang und Hoffnung so vor, als stünde er in einem Gerichtssaal. Jede Botschaft (die sich hauptsächlich an das Südreich Juda, aber auch an das Nordreich richtet) beginnt mit einer Ermahnung zu hören. Das Buch befasst sich zuerst mit dem Gericht über Israels Untreue. Es endet mit dem Ausblick, dass der Herr beabsichtigt, die Verheißungen zu erfüllen, die er Abraham und Jakob im Hinblick auf Israel gegeben hat.

Die Struktur des Buches

Kapitel 1-2 Die Gerichtsverhandlung der Hauptstädte
»Hört, all ihr Völker« (Mi 1,2). Micha ruft alle Nationen in den »Gerichtssaal«, um Zeugenaussagen gegen Samaria und Jerusalem, die Hauptstädte des Nord- und des Südreichs, anzuhören. Er weist auf ihre Unterdrückung der Armen, das heuchlerische Wesen ihrer nationalen und religiösen Anführer sowie die verlogenen Worte falscher Propheten hin. Gottes Volk lebt nicht nach Gottes Plan.

Kapitel 3-5 Die Gerichtsverhandlung der Anführer
»Hört doch, ihr Häupter« (Mi 3,1). Micha richtet sich zuerst an Israels korrupte Herrscher, die sich eigentlich des Unrechts bewusst sein sollten. Doch ihr Umgang mit den Armen wird mit dem Töten von Tieren verglichen. Aber Micha lässt uns auch einen flüchtigen prophetischen Blick auf eine herrliche Zukunft erhaschen. Er spricht von einem »messianischen Reich«, das aufgerichtet wird, wenn der Herr sein Volk neu sammelt. Dieses Königreich wird durch den kommenden Messias, Jesus Christus, aufgerichtet werden. Er wird all das Übel rächen und geistlichen Segen bringen.

Kapitel 6-7 Die Gerichtsverhandlung des Volkes
»Hört, ihr Berge, den Rechtsstreit des HERRN« (Mi 6,2). Micha rügt Gottes Volk für seine Undankbarkeit und dafür, dass es Gottes Ordnungen aufgegeben hat. Er erinnert es auch daran, dass alle Verheißungen Gottes sich erfüllen werden, wenn es bekennt und Buße tut.

Auf den Punkt gebracht

Micha ist ein Junge vom Land. Der Prophet Jesaja, der sich zur selben Zeit am Hofe des Königs in Jerusalem aufhält, hat eher die großen politischen Verhältnisse der Region im Blick. Im Gegensatz dazu zeigt Micha eine tiefe Sorge im Hinblick auf die Leiden der einfachen Menschen. Micha setzt sich für die Anliegen der Armen ein, indem er die Anführer vor den Folgen warnt, die ihr Ausnutzen der Armen mit sich bringen. Wegen der Korruption unter den Reichen ist Michas Botschaft über ein kommendes Gericht unbeliebt. Er predigt die Dinge, die Gott bei seinem Volk sehen möchte: Gerechtigkeit und Fairness im Gleichgewicht mit Erbarmen und Mitleid, die aus einer demütigen und gehorsamen Beziehung zum Herrn folgen (Mi 6,8).

Konkret für dein Leben

Micha betont das richtige Verhältnis zwischen Glaube und Werken. Echter Glaube an Gott bringt Freundlichkeit, Erbarmen, Gerechtigkeit und Demut hervor. Du kannst Gott gefallen, indem du gottesfürchtig lebst und diese Eigenschaften in deinen Beziehungen in der Schule und Gemeinde, mit deinen Nachbarn und innerhalb der Familie förderst.

- Was bringt dein Glaube hervor? Welche Glaubensbeweise lieferst du deinen Freunden? Deiner Familie?
- Wann bist du schon einmal Zeuge einer Ungerechtigkeit geworden, die angesprochen werden musste? Was hast du getan?
- Wie kannst du dich heute für andere einsetzen?

Wichtige Lektionen aus Micha

- Gott verurteilt die, die die Armen unterdrücken und ausnutzen.
- Echter Glaube sollte zu guten Taten führen.
- Dein Glaube ist nicht von deinen Beziehungen trennbar.

Wo was zu finden ist

Die Gerichtsverhandlung von Jerusalem und Samaria . . . . Kapitel 1
Die Gründe für das Gericht . . . . Kapitel 2
Die Gerichtsverhandlung von Israels Anführern . . . . . . Kapitel 3
Die Prophetien über ein zukünftiges Reich . . . . Kapitel 4
Die Prophetie über einen Messias aus Bethlehem . . . . . Kapitel 5
Die Gerichtsverhandlung des Volkes . . . . Kapitel 6
Gottes Verheißung: Vergebung und Wiederherstellung . . . . Kapitel 7

Gottes Auflistung von Ungerechtigkeiten, die die Anführer und das Volk begangen haben

Unheil und böse Taten ersinnen . . . . Micha 2,1
Begehren, Unterdrückung und Gewalt . . . . Micha 2,2
Diebstahl und Unehrlichkeit . . . . Micha 2,8
Witwen vertreiben . . . . Micha 2,9
Das Gute hassen und das Böse lieben . . . . Micha 3,1-2
Das Recht verabscheuen und Gerechtigkeit verdrehen . . . . Micha 3,9
Blut vergießen . . . . Micha 3,10
Bestechung annehmen . . . . Micha 3,11

Nahum

Thema: Zusicherung - Gott ist gerecht
Datierung: 690-640 v. Chr.
Autor: Nahum
Handlungsort: Jerusalem und Ninive

www.dasbibelprojekt.de

»Der HERR ist langsam zum Zorn und groß an Kraft. Doch keinesfalls lässt der HERR ungestraft.« (1,3)

Etwa 100 Jahre vor Nahums Zeit hat der Prophet Jona Ninive besucht und vor Gottes kommendem Gericht gewarnt. Das Volk hat auf ihn gehört und Buße getan, und die Stadt ist verschont worden. Doch mit der Zeit wird Ninive wieder zu einer bösen Stadt, die von Mord, Grausamkeit, der Anbetung anderer Götter und der ungerechten Behandlung von Menschen geprägt ist. Ninive ist die Hauptstadt des assyrischen Reichs - nun die mächtigste Nation in der Welt und stark befestigt. Doch niemand kann gegen Gott standhalten. Er hat die Kontrolle über die gesamte Erde. Gemäß Nahums Botschaft wird Ninive, diese stolze und mächtige Nation, wegen ihrer Sünden völlig zerstört werden. Das Ende sollte innerhalb von 50 Jahren kommen.

Die Struktur des Buches

Kapitel 1 Die Verheißung von Ninives Zerstörung
Nahum beginnt mit einer Beschreibung des Charakters des Herrn. Er ist heilig und gerecht, geduldig und mächtig. Er zeigt sich gnädig gegenüber denen, die ihm antworten. Und er stürzt diejenigen, die gegen ihn rebellieren. Gott ist heilig, und Ninive steht wegen seiner Sünde unter dem Urteil.

Kapitel 2 Die Details der Zerstörung von Ninive
Nahum beschreibt, wie die Zerstörung Ninives geschehen wird. Angreifer (die Meder und Babylonier) werden anrücken und große Verwirrung in der Stadt hervorrufen. Die Menschen werden versuchen zu fliehen, doch sie kommen in Gefangenschaft, und die Stadt verliert all ihren Reichtum. Gott verheißt, dass die Zerstörung umfassend sein wird. Assyrien wird völlig vernichtet werden und als Nation niemals wiederauferstehen. Juda aber wird wiederhergestellt.

Kapitel 3 Die Gründe für Ninives Zerstörung
In einer Reihe von Anklagen erläutert Nahum die Gründe dafür, dass Gott Ninive straft. Die Tatsache, dass die Bewohner der Stadt so böse sind, beweist, dass sie Gottes Gericht verdienen.

Auf den Punkt gebracht

Nahum stellt die Geduld, Macht, Heiligkeit und Gerechtigkeit des lebendigen Gottes vor. Er mag zwar langsam zum Zorn sein, doch seine Rache ist gewiss. Dieses Buch gibt dem Königreich Juda ein paar Hoffnungsschimmer. Juda wurde zwar von Assyrien verschlungen. Doch die auf den Herrn vertrauen, werden von der Botschaft getröstet, dass Gottes Gericht über die Assyrer kommt.

Konkret für dein Leben

Das Buch und die Botschaft von Nahum können auch dir großen Trost für heute spenden. Du musst dich immer wieder an Gottes Charakter und Wesen erinnern. Habe keine Angst vor irgendeiner Macht oder irgendwelchen Menschen. Gott besitzt die Kontrolle über alle Ereignisse. Er ist in der Lage, seine Kinder zu beschützen und zu versorgen.

- Gott ist heilig und gerecht. Wie wird heute in der Welt Macht ausgeübt? Inwiefern entspricht Gott diesem Bild? Wo tut er es nicht?
- Überlege einmal, wer heute die mächtigste Person oder Nation ist. Gott ist viel mächtiger! Wie kannst du Gott vertrauen und dich auf ihn verlassen?
- Wie hast du schon versucht, die Kontrolle über dein Leben zu behalten? Wie läuft das für dich?

Wichtige Lektionen aus Nahum

- Sogar die mächtigsten Feinde, die Gottes Volk bedrohen oder unterdrücken, werden eines Tages stürzen. Niemand kann sich vor Gottes Gericht verstecken.

- Gott zieht nicht nur Einzelpersonen für ihr Handeln zur Rechenschaft, sondern auch ganze Städte und Nationen.
- Derselbe Gott, der zu biblischen Zeiten das Böse hasste, hasst es auch heute noch.

Wo was zu finden ist

Gott …		Ninive …
ist geduldig, mächtig und heilig	**Kapitel 1**	ist böse, korrupt und gerichtet
bestraft Ninive	**Kapitel 2**	ist zerstört
beschreibt Ninives Zerstörung im Detail	**Kapitel 3**	liegt vollständig in Trümmern

Gute Sportler, tapfere Lektionen

Die Menschen zu biblischen Zeiten waren körperlich sehr gefordert, weil sie viel Kraft brauchten, um ihre Arbeit zu tun und zu überleben. Überlege einmal, wie »viele Runden« ein Hirte an einem Tag gelaufen ist! Und jeder Fischer auf dem See Genezareth wäre heute ein guter Kandidat für die Mannschaft der Ruderer. Ihre körperlichen Betätigungen ebneten den Weg für den Erholungs- und Ausdauersport, den wir heute treiben. Hier folgen ein paar Beispiele:

Jagen: Nimrod (1Mo 10,9)
Bogenschießen: Ismael (1Mo 21,20)
Laufen: Elia (1Kö 18,46)
Gewichtheben: Simson (Ri 16,29-30)
Angeln: Simon und Andreas (Mk 1,16)
Rudern: die Jünger (Joh 6,19)
Schwimmen: Paulus (Apg 27,43)

Dein Ruf zum Wettlauf

»Wisst ihr nicht, dass die, welche in der Rennbahn laufen, zwar alle laufen, aber einer den Preis empfängt? Lauft so, dass ihr ihn erlangt! Jeder aber, der kämpft, ist enthaltsam in allem; jene freilich, damit sie einen vergänglichen Siegeskranz empfangen, wir aber einen unvergänglichen.« (1Ko 9,24-25)

Habakuk

www.dasbibelprojekt.de

Thema: Einem mächtigen Gott vertrauen
Datierung: 607 v. Chr.
Autor: Habakuk
Handlungsort: Juda

»Der Gerechte aber wird durch seinen Glauben leben.« (2,4)

Gegen Ende des Königreichs Juda hatte sich die Lage weiter verschlechtert. Der gute König Josia war im Kampf gefallen. Während seiner Regierungszeit hatte er viele Reformen eingeführt. Alle wurden von den nachfolgenden vier Königen - drei Söhnen und einem Enkel -, die alle schlecht waren, schnell aufgehoben. Diese grenzenlose Bosheit lässt Habakuk fragen, warum Gott schweigt und das Gericht zurückhält, um sein auserwähltes Volk zu reinigen. Er ist ein eher unbekannter Prophet, der zur selben Zeit wie Jeremia lebte. Wie Hiob fragt Habakuk: »Warum?« Als der Prophet diese Frage das zweite Mal stellt, antwortet Gott mit einer Fülle von Beweisen und Vorhersagen. Schließlich bekommt Habakuk einen flüchtigen Blick auf Gottes Charakter und Wesen. Er reagiert darauf, indem er nur in Ehrfurcht dastehen und Gott loben kann.

Die Struktur des Buches

Kapitel 1-2 Habakuks Problem

Habakuk hat ein Problem damit, Gottes Wege zu verstehen: »Warum, Gott, lässt du die Bösen in Juda ungestraft davonkommen?« Gott gibt dem Propheten eine Antwort, die dieser nicht erwartet hatte: Gott wird die Babylonier gebrauchen, um Juda zu bestrafen.

Nun steht Habakuk vor einem noch größeren Problem: »Wie kannst du als heiliger Richter Juda durch eine Nation bestrafen, die sogar noch böser ist?« Gott erwidert, dass er sich der Sünden Babylons bewusst ist. Er versichert Habakuk, dass die Babylonier seinem furchtbaren Gericht nicht entrinnen werden. Doch Juda, so sagt Gott, hat sich derselben Sünden schuldig gemacht und wird deshalb ebenfalls bestraft werden.

Der Herr beendet seine Antwort an Habakuk mit einer Aussage über seine alles beherrschende Majestät: »Der HERR aber ist in seinem heiligen Palast. Schweige vor ihm, ganze Erde!« (Hab 2,20).

Kapitel 3 **Habakuks Gebet und Loblied**
Der Prophet begann dieses kurze Buch damit, Gott zu hinterfragen. Doch nun schließt er mit einem Psalm oder Loblied. Er begreift und bestätigt Gottes Weisheit angesichts des bevorstehenden Einmarsches der Babylonier. Der Gedanke daran, dass das Gericht durch eine böse Nation vollzogen wird, flößt ihm Angst ein. Aber er vertraut Gott - und warum auch nicht? Gottes rettendes Handeln an dem jüdischen Volk sollte dem Propheten Vertrauen im Blick auf Gottes Absichten geben. Es sollte ihm eine andauernde Hoffnung schenken, damit er nicht verzagt.

Auf den Punkt gebracht

Habakuk ist jemand, den viele Leute heutzutage als »kritischen Geist« bezeichnen würden. Er verhielt sich gern unkonventionell und rang mit Themen, die seinen Glauben auf die Probe stellten. Er blickte sich um und sah das Volk von Juda in offener und zügelloser Sünde. Unrecht war weitverbreitet. Habakuk richtet seine Besorgnis offen und ehrlich an Gott und wartet, wie er auf seine Fragen antwortet. Gott sagt, dass er das Volk von Juda richten und - zu Habakuks Erstaunen - das böse Babylon als Werkzeug seiner Gerechtigkeit gebrauchen wird.

Konkret für dein Leben

Der Kern von Habakuks Botschaft liegt in dem Aufruf, Gott zu vertrauen - »Der Gerechte aber wird durch seinen Glauben leben« (Hab 2,4). Gott wirkt im Leben der Gläubigen, sogar wenn es scheint, als würde das Böse triumphieren. Gott ist gerecht, und er ist Herr der Lage. Deshalb wird er nicht zulassen, dass das Unrecht für immer währt. Manchmal denkst du vielleicht, Gottes Wege seien unverständlich. Doch ebenso wie er zu Habakuks Zeit Herr der Lage war, so ist er es heute auch noch. Deine Verantwortung besteht darin, Gottes Handeln - oder sein scheinbares Nichteingreifen - nicht zu hinterfragen und Gottes Charakter besser zu verstehen. Jemand, der wirklich glaubt - jemand, den Gott für heilig erklärt -, wird fest im Glauben stehen, ganz gleich was ihm oder anderen geschieht. Er vertraut darauf, dass Gott das Richtige tut.

- Was erscheint dir gerade außer Kontrolle? Übergib es jetzt im Gebet Gottes Kontrolle.
- Wann musstest du Gott schon einmal völlig vertrauen, auch wenn es beängstigend schien, das zu tun?
- Was kannst du heute tun, um deinen Glauben und deinen gottesfürchtigen Charakter zu stärken?

Wichtige Lektionen aus Habakuk

- Glauben ist keine einmalige Handlung. Es ist ein Lebensstil.
- Du bist dazu aufgerufen, Gott zu vertrauen … sogar, wenn das Leben unmöglich erscheint und keinen Sinn ergibt.
- Es mag so scheinen, als würden die Bösen siegen. Aber schlussendlich wird unser gerechter Gott sie bestrafen.
- Gottes Wege sind nicht unsere Wege. Sie übersteigen unser Verständnis.

Wo was zu finden ist

Habakuk hinterfragt Gott . . . . .Kapitel 1
»Warum werden die Bösen nicht bestraft?«
Gott antwortet Habakuk . . . . .Kapitel 2
»Das Gericht wird kommen, wenn auch langsam.«
Habakuk betet zu Gott . . . . .Kapitel 3
»HERR, ich habe deine Botschaft vernommen. Ich habe, HERR, dein Werk gesehen. Inmitten der Jahre verwirkliche es, inmitten der Jahre mache es offenbar! Im Zorn gedenke des Erbarmens!« (Hab 3,2)

Das nächste Mal, wenn du aufgewühlt bist, denke daran …

- dein Problem direkt vor Gott zu bringen. – Habakuk betete.
- Gott zu glauben und zu vertrauen. – Habakuk antwortete mit Glauben.
- ermutigt zu sein. – Habakuk gelangte vom Zweifel zum Glauben.
- dir auf jeden Fall bewusst zu machen, dass das Problem nie bei Gott liegt. – Habakuks Problem bestand darin, dass er Gottes Wege nur begrenzt verstand.

Zefanja

www.dasbibelprojekt.de

Thema: Der »große Tag des HERRN«
Datierung: 635-625 v. Chr.
Autor: Zefanja
Handlungsort: Jerusalem

»Sucht den HERRN, alle ihr Demütigen des Landes, die ihr sein Recht getan habt, sucht Gerechtigkeit, sucht Demut! Vielleicht werdet ihr geborgen am Zornestag des HERRN.« (2,3)

Zefanja ist ein Ur-Ur-Enkel des gottesfürchtigen Königs Hiskia. Aufgrund seines königlichen Hintergrunds genießt Zefanja vermutlich freien Zugang zum Hof des Königs Josia. Während dessen Herrschaft lebt und prophezeit er. Sein Verkündigungsdienst spielte möglicherweise eine Schlüsselrolle dabei, Juda auf die Erweckung vorzubereiten, die mit diesem letzten guten König über Juda kommt. Zefanjas Botschaft warnt vor dem nahenden »große[n] Tag des HERRN« (Zef 1,14). Dieser wird ein Tag des Gerichts sein, das zuerst Juda und dann die heidnischen Nationen trifft. Wie in den anderen prophetischen Büchern verheißt Gott, dass er das Schicksal seines Volkes wieder zum Guten wenden wird.

Die Struktur des Buches

Kapitel 1-3,8 Der Herr richtet

Zefanja beginnt seinen Dienst mit einer ehrfurchtgebietenden Aussage darüber, dass Gott bald die gesamte Erde wegen ihrer Sünde richten wird. Dann lenkt er den Fokus auf das unmittelbar bevorstehende Gericht über Juda. Dabei zählt er einige der Vergehen auf, derer es schuldig ist. Anschließend kündigt er das Gericht über die Nationen um Juda herum an. Schließlich kehrt der Prophet thematisch zu Jerusalem zurück. Er beschreibt es als in geistlicher Auflehnung und moralischem Übel lebend.

Kapitel 3,9-20 Der Herr erlöst

Nachdem Zefanja den Großteil seiner Botschaft darauf verwendet hat, von Gottes Gericht zu sprechen, verändert er nun den Tonfall. Er verkündet Gottes künftigen Segen, denn auch das ist ein Aspekt des Tages des Herrn. Es wird ein Tag kommen, an dem die Nationen gereinigt und die Heiden den

Namen des Herrn anrufen werden. Eine kleine Gruppe von Menschen aus dem Volk Israel wird wieder gesammelt, erlöst und wiederhergestellt. Die Scharen werden sich an ihrem Retter freuen und er wird in ihrer Mitte sein. Zefanja 3,9 beginnt mit einem kleinen Refrain, der in Schwung kommt, anschwillt und in einer Aufzählung der vielen Segnungen gipfelt, die Gott seinem erlösten Volk gewähren wird.

Auf den Punkt gebracht

Zefanja ist ein weiterer Prophet kurz vor Toresschluss in den letzten Tagen Judas. Die Reformen zu Zefanjas Zeit waren zu klein und sie kamen zu spät. Die Bosheit wurzelt so tief in den Menschen, dass sie kurz nach dem Tod des guten Königs Josia wieder anfangen, andere Götter anzubeten. Zefanja sagt voraus, dass dieser Rückfall geschehen und das Gericht mit dem Namen »der Tag des HERRN« kommen wird. Dieses Buch führt das Thema vom »Tag des HERRN« aus dem Buch Joel weiter aus. Mit unterschiedlichen Formulierungen erwähnt Zefanja diesen Tag 23 Mal in den drei Kapiteln seines Buches. Dieser Tag des Herrn sollte Juda bald treffen, doch er würde auch in der fernen Zukunft seine Erfüllung finden. Jesus spielte auf Zefanjas »Tag des HERRN« an (Mt 13,41-43 und 24,29-31). Er bringt ihn mit seiner Wiederkunft in Verbindung. Der erste »Tag des HERRN« bezog sich darauf, dass Juda bald zerstört würde. Doch das stellt nur ein Vorspiel zu dem Tag dar, an dem Jesus Christus wiederkommen wird, um die gesamte Schöpfung, alle Sünde und alle Nationen der Welt zu richten. Aber wie es an anderen Stellen verheißen ist, wird Gott sein Volk wieder sammeln und wiederherstellen. Und es wird ein Tag kommen, an dem sich die ganze Welt freut.

Konkret für dein Leben

Die Botschaft für dich heute ist eindeutig. Wenn du Jesus als Herrn anerkennst, wirst du dem nahenden Tag des Herrn entgehen und eines Tages sein heiliges Königreich betreten. Die Freude, die an diesem wunderbaren Tag Einzug halten wird, kannst du schon heute haben, wenn du deinen Glauben und dein Vertrauen auf Jesus setzt, den kommenden Messias.

- Welche deiner Beziehungen muss Gott wiederherstellen? Bete heute für diese Beziehungen.
- Was musst du tun, um Gott die vollständige Autorität über dein Leben zu geben? Was hat dich bisher davon abgehalten, das zu tun?
- Du lernst gerade eine Menge über Gott und seinen Charakter. Welche Wahrheiten über Gott machen dich froh?

Wichtige Lektionen aus Zefanja

- Ganz gleich, wie schwierig das Leben gerade ist: Du kannst dich auf einen Freudentag freuen, auf einen Tag, an dem Gott alle Dinge wieder so machen wird, wie sie sein sollten.
- Lass nicht zu, dass Dinge deiner Hingabe an Gott im Wege stehen.
- Deine geistliche Sehnsucht zu verlieren, wird Konsequenzen haben.
- Du kannst immer Hoffnung in der Wahrheit finden, dass Gott regiert und dass er für dich sorgen wird.

Wo was zu finden ist

Die Tatsache, dass der Tag des Gerichts über Juda kommt . . Kapitel 1
Der Aufruf zur Umkehr . . . . Kapitel 2
Der kommende Zorn und die kommende Wiederherstellung . . . Kapitel 3

Der »Tag des HERRN«

Zwei Erfüllungen

NAHE	IN FERNER ZUKUNFT
Obadja 1-14	Obadja 15-21
Joel 1,15; 2,1.11	Joel 3,4; 4,14
Amos 5,18-20	-
-	Jesaja 2,12
Jesaja 13,6	Jesaja 13,9
Hesekiel 13,5; 30,3	-
-	Sacharja 14,1
-	Maleachi 4,5

Haggai

www.dasbibelprojekt.de

Thema: Wiederaufbau des Tempels
Datierung: 520 v. Chr.
Autor: Haggai
Handlungsort: Juda

»Und nun, so spricht der HERR der Heerscharen: Richtet euer Herz auf eure Wege!« (1,5)

Haggai eröffnet den letzten Abschnitt der kleinen Propheten. Er predigt zu den Juden, die aus dem Exil zurückgekehrt sind. In der Vergangenheit mussten Propheten sich mit Götzendienst, also mit der Anbetung anderer Götter, auseinandersetzen. Doch 70 Jahre im Exil hatten das Volk von diesem Übel geheilt. Haggais Botschaft lautet anders. Er drängt Gottes Volk dazu aufzuhören, an ihren eigenen Komfort zu denken. Sie sollen Gottes Haus bauen!

Nachdem die Menschen in der Vergangenheit die prophetischen Botschaften abgelehnt hatten, hören sie nun erstaunlicherweise auf Haggai. Ihre Herzen werden angerührt und sie beginnen, den Tempel wiederaufzubauen. Daraufhin würdigt Gott die neuen Prioritäten des Volkes und segnet ihr persönliches Leben.

Die Struktur des Buches

Kapitel 1 Ein Aufruf zur Fertigstellung

Entmutigt durch den Widerstand ihrer heidnischen Nachbarn haben die Juden das Interesse am Wiederaufbau des Tempels verloren. Stattdessen haben sie ihre Kraft in den Wiederaufbau ihrer eigenen Häuser und ihres Vermögens investiert. Durch Haggai drängt Gott sie, die Folgen ihrer falschen Prioritäten gut abzuwägen. Haggai weist darauf hin, dass die egoistischen Interessen der Menschen zu vielen wirtschaftlichen Nöten geführt haben. Dazu zählt auch die Tatsache, dass Gott Regen für ihre Felder zurückgehalten hat. Das Volk und seine Anführer nehmen sich Haggais Botschaft zu Herzen. Nur 23 Tage nach seiner ersten Botschaft »hörten [sie] […] auf die Stimme des HERRN« und das Volk »fürchtete sich vor dem HERRN«. Nach 16 Jahren der Untätigkeit beginnen sie wieder, am Tempel zu arbeiten. Sie stellen ihn nur vier Jahre später fertig.

Kapitel 2,1-9 Ein Aufruf zum Mut

Etwa einen Monat, nachdem der Wiederaufbau des Tempels erneut begonnen hat, wird das Volk traurig - insbesondere die Älteren. Viele von ihnen erinnern sich an Salomos Tempel, der ein weit prächtigeres Bauwerk war. Dieser neue Tempel ist nicht so schön. Doch der Herr drängt das Volk, durchzuhalten und mutig zu sein. Er versichert sie seiner Gegenwart und seiner Treue. Er wird seine Verheißungen erfüllen, zu denen ein größerer, prächtigerer Tempel in der Zukunft gehört.

Kapitel 2,10-19 Ein Aufruf zur Reinigung

Zwei Monate, nachdem Gott das Volk ermutigt hat, stark zu bleiben, gebraucht er die Priester und die Opfervorschriften als eine Gegenstandslektion. Sie soll das Volk noch mehr motivieren, weiter am Tempel zu bauen. Die Botschaft ist folgende: Wenn sogar ein heiliges Opfer unrein werden kann, so ist eine Opfergabe für Gott nicht annehmbar, solange das Volk den Wiederaufbau des Tempels vernachlässigt.

Kapitel 2,20-23 Ein Aufruf an den Auserwählten

An demselben Tag als Haggai die Priester anspricht, gibt er noch eine Botschaft an Serubbabel weiter. Dieser ist der Anführer der Exilanten und ein ferner Nachfahre Davids. Gott verwendet einen messianischen Titel, der auf Christus hinweist, als er Serubbabel »mein Knecht« nennt. Er sagt, dass er Serubbabel einem Siegelring gleichmachen wird. Das ist ein Symbol für Ehre, Autorität und Macht.

Auf den Punkt gebracht

Nach 70 Jahren im Exil bekommt Gottes Volk die Erlaubnis, in sein Heimatland zurückzukehren. Bei ihrer Ankunft steht der Wiederaufbau des Tempels als erster Punkt auf der Tagesordnung. Doch der Widerstand ihrer heidnischen Nachbarn und mangelndes Interesse bei den eigenen Leuten sorgen dafür, dass die Arbeiten zum Erliegen kommen. Nun beruft Gott 16 Jahre später die Propheten Haggai und Sacharja dazu, das Volk aufzurütteln, damit es den Bau des Tempel fortsetzt und seine geistlichen Prioritäten erneuert. Während dieser 16 Jahre hatten die Menschen sich auf sich selbst konzentriert. Sie hatten zugelassen, dass Gottes Tempel in Trümmern lag. Haggai erklärt dem Volk, dass ihre fehlende Hingabe im Hinblick auf Gottes Prioritäten der Grund dafür ist, dass es ihnen an Gottes Segen mangelt.

Konkret für dein Leben

- Haggais Botschaft an Gottes Volk betrifft dich heute sehr stark. Achte einmal genau darauf, wie du dein Geld ausgibst. Daran kannst du ziemlich genau sehen, wie du deine Prioritäten gesetzt hast. Haggai stellt dir dieselbe Frage, die er dem Volk stellte: »Gibst du all dein Geld für dich selbst aus und lässt dabei zu, dass Gottes Gemeinde und Gottes Dienste vernachlässigt werden?«

- Worin bestehen deine höchsten Prioritäten? Was glaubst du: Welche Prioritäten würde Gott sich bei dir wünschen?
- Wenn du Segen, inklusive finanziellem Segen, erlebst - wie leicht fällt es dir, ihn zu teilen?
- Stelle dir einmal vor, Gott würde den ganzen Tag über neben dir hergehen. (Weißt du, das tut er nämlich!) Wo würdest du anders mit Leuten umgehen? Inwiefern würdest du mehr zuhören und weniger reden? Wo würden dir Mitschüler auffallen, die offenbar weniger haben als andere? Was würde dir möglicherweise sonst noch auffallen, bzw. was würdest du ändern oder tun?

Wichtige Lektionen aus Haggai

- Gott belohnt die, die ihn an die erste Stelle setzen und seinen Willen tun.
- Du kannst nicht den Gedanken an eine goldene Vergangenheit nachhängen. Die Wirklichkeit liegt in der Gegenwart.
- Überprüfe deine Prioritäten oft. Befinden sie sich im Einklang mit Gottes Prioritäten?
- Dein Dienst für Gott ist von essentieller Bedeutung.

Wo was zu finden ist

Der Befehl, Gottes Haus zu bauen . . . . .Kapitel 1
Die Ermutigung, Gottes Haus fertigzustellen . . . . . .Kapitel 2

Anbetungsorte in der Bibel

TYP	BEISPIEL und/oder BIBELSTELLE
Altäre	Abraham, 1. Mose 12,7-8
Stiftshütte	
- Hergestellt	2. Mose 25-27; 36-39; 40
- Aufgebaut in Silo	Josua 18,1
- Aufgebaut in Gibeon	2. Chronik 1,2-5
Salomos Tempel	1. Könige 6
Serubbabels Tempel	Haggai 1,1.14; 2,1-9; Sacharja 4,9
Serubbabels Tempel weiter aufgebaut durch Herodes	Matthäus 4,5; 21,12
Der künftige Tempel im Tausendjährigen Reich	Hesekiel 40-44

Sacharja

Thema: Gottes Rettung
Datierung: 520-480 v. Chr.
Autor: Sacharja
Handlungsort: Jerusalem

www.dasbibelprojekt.de

»So spricht der HERR: Ich kehre nach Zion zurück und wohne mitten in Jerusalem. Und Jerusalem wird ›Stadt der Treue‹ genannt werden und der Berg des HERRN der Heerscharen ›heiliger Berg‹.« (8,3)

Sacharja ist sowohl Priester als auch Prophet. Sein prophetischer Dienst überschneidet sich mit dem seines Prophetenkollegen Haggai. Sein Buch umfasst eine Reihe von acht Visionen, vier Botschaften und zwei ernsten Ankündigungen über einen Zeitraum von zwei Jahren. Die ersten acht Kapitel von Sacharja sind geschrieben, um den Überrest zu ermutigen, während sie den Tempel wiederaufbauen. Die letzten sechs Kapitel sind einige Zeit nach der Fertigstellung des Tempels und in Erwartung des kommenden Messias' Israels geschrieben. Dieses Buch steht, was den Umfang an Material über den Messias betrifft, nur hinter Jesaja zurück.

Die Struktur des Buches

Kapitel 1-6 Acht Nachtvisionen

In diesen Kapiteln finden wir folgende acht Nachtvisionen:

- Ein Mann zwischen den Myrten – Gott wird Zion wiederaufbauen.
- Vier Hörner und vier Handwerker – Israels Unterdrücker werden gerichtet werden.
- Der Mann mit der Messschnur – Gott wird Jerusalem beschützen.
- Die Reinigung des Hohepriesters Joschua – Israel wird durch den Messias gereinigt werden.

- Der goldene Leuchter - Gottes Geist befähigt Gottes Führer.
- Die fliegende Schriftrolle - individuelle Sünde wird gerichtet werden.
- Die Frau im Efa - die Sünde der Nation wird entfernt werden.
- Die vier Wagen - Gottes Gericht wird über die Nationen kommen.

Es gibt ein Zwischenspiel, in dem Sacharja über die Krönung von Joschua als Hohepriester sowie die Erwartung eines Sprosses berichtet, der sowohl König als auch Priester sein wird (Jesus Christus).

Kapitel 7-8 Vier Botschaften

Als Antwort auf eine Frage von einigen Führern des Volkes im Hinblick auf das regelmäßige Fasten gibt Gott Sacharja vier Botschaften, die sich auf folgende Themen konzentrieren:

- Eine Rüge für falsche Motive im Zusammenhang mit Fasten
- Einen Aufruf an das Volk, sich an die Folgen ihres Ungehorsams - nämlich die Zerstörung - zu erinnern
- Eine Verheißung, dass Zion künftig wiederhergestellt werden wird, wenn Gott in Jerusalem wohnt
- Eine Ankündigung, dass das Fasten eines Tages enden und durch fröhliche Festmahle ersetzt werden wird, die Gottes Segen feiern

Kapitel 9-14 Zwei ernste Ankündigungen

Die erste Ankündigung betrifft das erste Kommen des Messias (oder Christus) und seine Ablehnung.

Die zweite Ankündigung betrifft das zweite Kommen des Messias und seine Annahme. Er wird kommen und das Volk von seinen Unreinheiten und seiner Falschheit reinigen. Er wird die Nationen richten und leibhaftig von Jerusalem aus über die ganze Erde herrschen.

Auf den Punkt gebracht

Sacharja ist ein wichtiges Buch. Es liefert detaillierte Hinweise auf einen künftigen Messias, die sich eindeutig im Leben von Jesus Christus erfüllen. Der Wiederaufbau des Tempels, so sagt Sacharja, stellt nur den nächsten Akt im Drama von Gottes Geschichte dar.

Konkret für dein Leben

Gott hält seine Versprechen. Jesus, der verheißene Messias und große Erlöser Israels, ist gekommen. Zuerst kam er als der leidende Retter, der von Jesaja vorausgesagt wurde. Doch er kommt auch als der Richter und König, der für immer und ewig herrschen wird. Die Zukunft ist sicher. Erlösung kommt. Auch deine Zukunft kann sicher sein, wenn du auf Jesus vertraust. Er kommt wieder.

- Warum fällt es dir manchmal schwer, deine Versprechen zu halten?
- Von welchen Sünden hat Gott dich schon befreit? Von welchen Sünden brauchst du noch Befreiung?
- Warum bedeutet es dir persönlich so viel, dass Gott seine Versprechen hält?

Wichtige Lektionen aus Sacharja

- Die Zukunft braucht dir keine Angst zu machen, wenn Jesus dein Retter ist.
- Gott bricht niemals seine Versprechen.
- Gottes Botschaft über den kommenden Messias sollte dich in der Gegenwart motivieren und dich für die Zukunft inspirieren.

Wo was zu finden ist

Vorhersage, dass Jesus auf einem Esel reitet . . . . .Sacharja 9,9
Vorhersage, dass Jesus für 30 Silberschekel verraten wird . . . . Sacharja 11,4-13
Vorhersage, dass Jesus auf den Ölberg zurückkehren wird . . . . Sacharja 14,4

Prophetien über das Kommen Christi

Das erste Kommen Christi (= sein Leben als Mensch):	Sacharja 3,8 Sacharja 9,9.16 Sacharja 11,11-13
Das zweite Kommen Christi (= die Wiederkunft):	Sacharja 6,12 Sacharja 12,10 Sacharja 13,1.6 Sacharja 14,1-21

Feste in der Bibel

DAS FEST	DIE ERFÜLLUNG IN CHRISTUS
Das Passafest	Erfüllt in Christi Tod
Der Versöhnungstag	Erfüllt, wenn wir die Rettung durch Christus annehmen
Das Fest Erstlingsfrucht	Erfüllt in Christi Auferstehung
Das Pfingstfest	Erfüllt in der Ankunft des Heiligen Geistes
Das Laubhüttenfest	Eine Art Erntedankfest, das prophetisch auf das 1000-jährige Reich hinweist

Maleachi

www.dasbibelprojekt.de

Thema: Ungehorsam wird angemahnt
Datierung: ca. 430 v. Chr.
Autor: Maleachi
Handlungsort: Jerusalem

»Bringt den ganzen Zehnten in das Vorratshaus, damit Nahrung in meinem Haus ist! Und prüft mich doch darin, spricht der HERR der Heerscharen, ob ich euch nicht die Fenster des Himmels öffnen und euch Segen ausgießen werde bis zum Übermaß!« (3,10)

Maleachi nimmt die Übel in Angriff, die in Jerusalem auftauchen, nachdem der Tempel wiederaufgebaut ist und seine Gottesdienste wieder angefangen haben. Dieser Prophet ist von Bedeutung, weil seine Gerichtsbotschaft für Israel wegen der fortbestehenden Sünde des Volkes das letzte Wort ist, das man für 400 Jahre von Gott hören wird. Erst dann tritt ein anderer Prophet mit einer Botschaft von Gott auf. (Nur am Rande: Die 400 Jahre des Schweigens werden beendet, als Johannes der Täufer predigt: »Tut Buße! Denn das Reich der Himmel ist nahe gekommen« [Mt 3,2]. Das war die Bekanntgabe, dass der lange verheißene Christus gekommen war!)

Die Struktur des Buches

Kapitel 1,1-5 Das Privileg von Gottes Liebe
Weil die Menschen in Jerusalem sich in den Problemen ihrer gegenwärtigen Umstände ergehen, verlieren sie aus den Augen, dass Gott in der Vergangenheit für sie gehandelt und sie geliebt hat.

Kapitel 1,6-2,9 Die Verunreinigung der Priester

Von Gier verzehrt brechen die Priester Gottes Gesetz. Sie bringen kranke und fehlerhafte Tiere auf dem Altar dar. Die besten behalten sie für sich selbst. Wegen ihres Ungehorsams hält Gott seinen Segen zurück.

Kapitel 2,10-3,15 Die Probleme des Volkes

Das Volk ist ebenso schlimm wie seine Priester. Sie lassen sich von ihren jüdischen Frauen scheiden, um heidnische Frauen zu heiraten. Sie berauben Gott des Zehnten und der Opfer, die ihm zustehen. In ihrem Stolz fordern sie Gottes Charakter heraus.

Kapitel 3,16-24 Die Verheißung des Herrn

Nun nimmt Gott im Rest des Buches Maleachi dazu Stellung, dass das Volk ihn im Hinblick auf seine Verheißungen herausgefordert hat. Gott sagt, dass ein Tag kommen wird, an dem nicht mehr gilt: »Nichts bringt […], Gott zu dienen« (Mal 3,14). Wer Gott fürchtet, wird dann gesegnet sein. Es kommt dann auch die Zeit, in der die Gottlosen gerichtet werden. Das Buch endet mit einem bitteren Nachgeschmack, nämlich mit dem Wort Bann. Das Volk war zwar vom Götzendienst geheilt, doch geistlich entwickelte es sich kaum. Überall gab es Sünde, und der kommende Messias wurde dringender gebraucht als je zuvor.

Auf den Punkt gebracht

Inspiriert durch die Propheten Haggai und Sacharja haben die Juden den Tempel wiederaufgebaut. Doch seither sind Jahre vergangen und der Wohlstand ist ausgeblieben. Sie fangen an zu fragen, ob es sich überhaupt lohnt, gerecht zu sein. Im Gegensatz dazu versucht Gott in einer Reihe von Fragen und Antworten, ihre versteinerten Herzen zu durchdringen. In ihrem Ungehorsam hinterfragen die Menschen Gott. Sie schieben ihm die Schuld für ihre Probleme zu und denken, das Problem bestünde darin, dass Gott sich nicht kümmere. Sie werfen ihm vor, seine Versprechen nicht zu halten.

Gott antwortet mit scharfen Zurechtweisungen. Das Volk ist Kompromisse eingegangen und ungehorsam gewesen. Das hat Segen verhindert. Gott sagt ihnen, dass die Hindernisse für den göttlichen Segen entfernt werden, wenn sie Buße tun und mit aufrichtigen Herzen zu ihm zurückkehren.

Konkret für dein Leben

Gott bleibt seinen Kindern treu. Die Kinder Israels hatten zwar Gottes Treue erlebt. Dennoch beteten sie Gott nicht auf eine Weise an, die ihm gefiel oder ihn ehrte. Viele hatten die Hoffnung aufgegeben. Sie waren dabei, die Verheißungen aus den Augen zu verlieren, die sich erfüllen sollten. Indem Gott durch Maleachi spricht, bringt er seine Enttäuschung und seinen Zorn über den mangelnden Glauben seiner Kinder zum Ausdruck. Er erinnert das Volk daran, dass sie nicht aufhören sollen, dem Herrn zu dienen, und dass der Messias kommen wird.

- Wo hältst du etwas zurück, um Gott nicht dein bestes Opfer zu bringen?
- Was solltest du Gott in deinem Leben als Opfer bringen?
- Wo fühlst du dich entmutigt, weil du noch immer auf Segen wartest? Wirf einen Blick auf dein Leben und überlege, wie du Gott mehr gehorchen kannst. Überlege, wie du ihm in vollerem Maße dienen kannst, sogar während du noch wartest.

Wichtige Lektionen aus Maleachi

- Gott wird ein ungehorsames Leben nicht segnen.
- Du kannst Gott nicht mehr geben, als er gibt.
- Gott steht zu seinen Versprechen.
- Mangelndes Interesse an Gott führt dazu, dass es so scheint, als würde man anbeten, aber der Glaube fehlt.

Wo was zu finden ist

Eine Erinnerung an Gottes Liebe . . . . .Kapitel 1
Ermahnung der sündigen Priester . . . . .Kapitel 2
Gott zu berauben steht unter dem Fluch . . . . .Kapitel 3
Christi Wiederkunft wird prophezeit . . . . .Kapitel 3

Wichtige Prophetien in Maleachi

Die Ankunft von Gottes Boten vor dem Messias . . . . .Maleachi 3,1
Die Wiederkunft Christi . . . . Maleachi 3,20
Die Voraussage, dass Elia die Ankunft
des Messias ankündigen wird . . . . Maleachi 3,23

Die 400 Jahre des Schweigens

Über 400 Jahre trennen das Ende des Alten Testaments vom Anfang des Neuen Testaments. Da während dieser Jahre kein schriftliches oder mündliches Wort von Gott kommt, werden sie die »Jahre des Schweigens« genannt. Die Geschichte, die im prophetischen Buch Daniel vorausgesagt wird, schreitet jedoch mit göttlicher Präzision fort.

In der Zeitspanne dieser 400 Jahre des Schweigens geht die Kontrolle des Landes vom medo-persischen Reich zunächst auf die Griechen und dann auf die Römer über. Die Griechen tragen eine neue Handelssprache in die Welt, und die Römer bringen ein Straßennetz, Recht und Ordnung. Nun ist endlich die Zeit reif für die Ankunft des Messias. Seine Rettungsbotschaft wird mit präziser Genauigkeit in der griechischen Handelssprache geschrieben werden, die von der Mehrheit der bekannten Welt gesprochen wird. Seine gute Nachricht wird außerdem über die Straßen, die die Römer gebaut haben, in der ganzen Welt kommuniziert und verbreitet werden.

Gottes Stimme schweigt zwar 400 Jahre lang. Doch Gottes Hand lenkt eindeutig den Verlauf der Geschichte in Richtung der Ankunft seines Sohnes, des Herrn Jesus Christus.

Das Neue Testament

Die Geschichtsbücher

Wie das Alte Testament ist auch das Neue Testament nicht ein einziges Buch, sondern eine Sammlung von 27 einzelnen Büchern oder Schriften, die eine große Bandbreite von Themen, Zwecken und Schreibstilen widerspiegeln. Die ersten fünf Bücher des Neuen Testaments - Matthäus, Markus, Lukas, Johannes (die auch Evangelien genannt werden) und Apostelgeschichte - sind Berichte, die geschichtliche Begebenheiten wiedergeben. Sie sind die einzigen Geschichtsbücher im Neuen Testament. Die ersten vier Bücher oder Evangelien liefern einen historischen Bericht über das Leben und die Zeit von Jesus Christus, dem Messias. Seine Geburt, sein Leben, Sterben und seine Auferstehung wurden durch das gesamte Alte Testament hindurch vorausgesagt. Das Buch der Apostelgeschichte ist ein Bericht über den Zeitabschnitt, der mit den letzten Worten Christi an seine Nachfolger und seiner Himmelfahrt beginnt. Er endet mit den Reisen und Gerichtsverfahren gegen den Apostel Paulus. Die Apostelgeschichte beschreibt einige der Schlüsselereignisse in der Verbreitung der »guten Nachricht« von »Judäa und Samaria und bis an das Ende der Erde« (Apg 1,8).

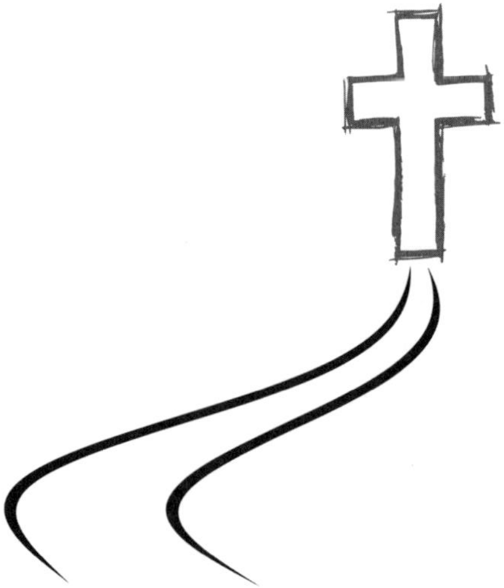

Matthäus

1. Teil 2. Teil

www.dasbibelprojekt.de

Thema: Das Reich Gottes
Datierung: 60 n. Chr.
Autor: Matthäus (Levi)
Entstehungsort: Israel

»Tut Buße, denn das Reich der Himmel ist nahe gekommen!« (4,17)

400 Jahre sind vergangen, seit Maleachi seine letzten prophetischen Worte gesprochen hat. Die Weltbühne hat sich gewandelt. Die Kontrolle über das Land Israel ist von Medo-Persien auf Griechenland und nun Rom übergegangen. Griechisch ist noch immer die offizielle Handelssprache der Menschen. Es ist die Sprache, in der das Neue Testament verfasst wird. Matthäus, dessen jüdischer Name Levi lautet, arbeitet als Zolleinnehmer. Dann beruft Jesus ihn, einer seiner zwölf Jünger zu werden. Als Matthäus schreibt, sind mehr als 20 Jahre vergangen, seit Jesus in den Himmel zurückgekehrt ist (in Apg 1,9). Die gute Nachricht von Jesus ist durch die gesamte römische Welt getragen worden. Man fängt an, Juden-Christen zu verfolgen. Matthäus will ihren Glauben an Jesus stärken. Und er will ihnen ein Werkzeug geben, um andere Juden, die in der ganzen römischen Welt zerstreut leben, zu evangelisieren. Er stellt Jesus von Nazareth als Israels verheißenen Messias und rechtmäßigen König vor. Mit dem König kommt sein Reich – das Reich der Himmel –, in dem die leben werden, die diesen König anerkennen und ihm gehorchen.

Die Struktur des Buches

Kapitel 1-4 Die Geburt und Vorbereitung des Königs

In diesen Kapiteln erfahren wir, dass Jesus – ein direktes und entferntes Familienmitglied von König David – von einer Jungfrau geboren wird und damit eine Prophezeiung erfüllt. Er wird getauft und von Gott als sein Sohn bezeichnet. Jesu göttlicher Charakter wird vom Teufel nach 40 Tagen des Fastens in der Wüste geprüft. Dabei verwendet Jesus alttestamentliche Texte, um die Versuchungen des Teufels abzuwehren. Nachdem er diese Prüfungen bestanden hat, beginnt er seinen öffentlichen Dienst. Er predigt Umkehr und das Kommen des Reiches Gottes.

Kapitel 5-6 Die Bergpredigt
Jesus versammelt seine Jünger auf einem Berghang am See Genezareth. Er erklärt ihnen wie in einer Predigt den Maßstab für Gottes Reich. Dabei betont er, wie wichtig eine Herzenshaltung ist, die über das einfache Befolgen einer Reihe von Regeln hinausgeht.

Kapitel 7-20 Gottes Reich verkündigt … und abgelehnt
Indem Jesus lehrt, Gleichnisse (Geschichten, die den Menschen helfen, geistliche Prinzipien zu verstehen) erzählt und Wunder tut, verkündigt Jesus ein neues Königreich. Er wählt unter all seinen Nachfolgern zwölf Jünger aus (die später Apostel genannt werden). Sie sollen seine Botschaft ausbreiten. Die jüdischen religiösen Führer - bekannt als Pharisäer, Schriftgelehrte und Sadduzäer - lehnen Jesus und seine Botschaft ab. Jesus sagt seinen bevorstehenden Tod, seine Auferstehung und seine Wiederkunft voraus.

Kapitel 21-25 Letzte Konflikte mit den religiösen Führern
Jesus zieht mit einem königlichen Empfang in die Stadt Jerusalem ein. Er tritt den religiösen Führern entgegen, reinigt den Tempel und kündigt den Untergang der Stadt an, weil sie Gottes Wege abgelehnt hat. Er prophezeit die künftige Zerstörung des Tempels, die nahenden Tage der Bedrängnis und des Gerichts sowie seine Wiederkunft.

Kapitel 26-28 Tod und Auferstehung von Jesus, dem König
Nachdem Jesus das Passafest mit seinen Jüngern gefeiert hat, wird er verhaftet. Anschließend stellt man ihn sowohl vor ein religiöses als auch ein weltliches Gericht und kreuzigt ihn. Das alles geschieht innerhalb nur weniger Stunden. Nach seinem Tod wird er begraben. Doch am dritten Tag steht er von den Toten auf. Er erscheint seinen Jüngern und trägt ihnen auf, die gute Nachricht von seinem Sieg über den Tod zu verbreiten.

Auf den Punkt gebracht

Als Jesus Matthäus, den Sohn des Alphäus (Mk 2,14), dazu berief, einer seiner Jünger zu sein, musste Matthäus eine Entscheidung treffen. Würde er seinen gut bezahlten Job als Zöllner bei der römischen Regierung aufgeben und Jesus nachfolgen oder nicht? Matthäus entschied sich, alles zurückzulassen und ein Untertan des Königs der Könige zu werden. Um diesen Wandel zu zeigen, hielt Matthäus in seinem Haus einen großen Empfang für Jesus ab. Seine Kollegen sollten Christus begegnen und von der Bürgerschaft hören, die er in seinem Königreich anbot und die Matthäus angenommen hatte (Mt 9,9-13). Später würde Matthäus der ganzen Welt über seinen König schreiben - über dessen übernatürliche Geburt, sein Leben und seine Lehre, seine Wunder und seinen Sieg über den Tod.

Konkret für dein Leben

Jesus kam auf die Erde, um zu sterben, den Preis für unsere Sünden zu bezahlen und mit seiner Auferstehung seine Königsherrschaft anzutreten. Seine Lehre zeigt dir, wie du dich auf ein Leben in seinem Königreich vorbereiten kannst. Sein Königreich wird vollständig verwirklicht werden, wenn er wiederkommt. Bis dahin sind seine Untertanen all diejenigen, die ihm treu nachfolgen. In Gottes Reich tritt man durch Glauben ein - indem man an Christus als den Einzigen glaubt, der dich von deiner Sünde retten kann. Anschließend wird Gott dich von innen nach außen verändern, damit du ein Bürger seines Königreichs wirst. Gehörst du schon zu seinen Untertanen? Falls ja, erzählst du über deinen König treu bei deinen Mitschülern, deiner Familie und deinen Freunden, so wie Matthäus es tat?

- Ebenso wie Jesus Matthäus zur Nachfolge berief, so beruft er dich dazu, dasselbe zu tun. Hast du schon »Ja« gesagt?
- Überlege dir einmal drei kreative Arten, wie du Jesus bei deinen Freunden und deiner Familie mehr bekanntmachen kannst. Probiere sie diese Woche aus.
- Welche Teile von Jesu Leben inspirieren dich, wenn du das Matthäusevangelium durchliest? Was bringt dich dazu, ihm nachfolgen zu wollen?

Wichtige Lektionen aus Matthäus

- Jesus zeigt dir, dass Gottes Wort deine beste Waffe gegen den Teufel, den Feind deiner Seele, ist.
- Jesus hat die Macht des Todes besiegt. Er bietet den einzigen Weg, sie zu überwinden.
- Jesus hat seine Botschaft seinen Jüngern oder Nachfolgern anvertraut. Du wirst zu einem Nachfolger, wenn du ihm als deinem Retter und Herrn vertraust.
- Jesus predigte nicht einfach unpersönliche, religiöse Ideen. Er predigte eine neue Art zu leben - durch eine persönliche Beziehung zu ihm.
- Jesus kommt wieder!

Wo was zu finden ist

Die Geschichte von den Sterndeutern . . . . Matthäus 2,1-12
Die Versuchung Jesu . . . . Matthäus 4,1-11
Die Bergpredigt . . . . Matthäus 5-7
Die Seligpreisungen . . . . Matthäus 5,1-12
Das Gleichnis vom Sämann . . . . Matthäus 13,3-23
Die Prophetien über die Endzeit . . . . Matthäus 24-25
Das Gleichnis von den anvertrauten Talenten . . . . Matthäus 25,14-30
Der Missionsauftrag . . . . Matthäus 28,19-20

Schon gewusst?

Die religiösen und politischen Anführer zu Jesu Zeit

Schriftgelehrte – Jüdische Experten für das Verständnis der Heiligen Schrift.

Rabbis – Jüdische Lehrer, die das Schriftverständnis der Schriftgelehrten an das Volk weitergaben.

Pharisäer – Eine strenge jüdische religiöse Partei, die die Heilige Schrift und alle Traditionen ganz genau einhalten wollten. Sie versuchten, Gottes Wort mithilfe von mündlichen Überlieferungen zu verstehen.

Sadduzäer – Wohlhabende, der Oberschicht zugehörige Nachfahren der jüdischen hohepriesterlichen Familie. Sie lehnten die mündliche Überlieferung ab und schätzten am Alten Testament in der Hauptsache die fünf Bücher Mose.

Herodianer – Eine politische Partei der Unterstützer von König Herodes.

Zeloten – Eine erbittert patriotische Gruppierung von Juden, die entschlossen waren, die römische Herrschaft zu stürzen.

Quiz: Kannst du sagen, wo die Partei ist?

Die religiösen Parteien zu biblischen Zeiten ver- und befolgten ziemlich konkrete Interessen, Vorlieben und Regeln. Entscheide, bei welcher »Veranstaltung« du Vertreter dieser drei Gruppen antreffen würdest:

Pharisäer	A. Mitten in einem Aufstand gegen die römische Besatzung
Zeloten	B. Bei einer pro-römischen Versammlung der Reichen und Mächtigen
Sadduzäer	C. In einer Diskussion über die Details des Gesetzes mit Schriftgelehrten und Weisen

Antworten: Pharisäer C., Sadduzäer B., Zeloten A.

Markus

www.dasbibelprojekt.de

Thema: Der leidende Gottesknecht
Datierung: 60 n. Chr.
Autor: Johannes Markus
Entstehungsort: Rom

»Denn auch der Sohn des Menschen ist nicht gekommen, um bedient zu werden, sondern um zu dienen und sein Leben zu geben als Lösegeld für viele.« (10,45)

Johannes (sein jüdischer Name) Markus (sein römischer Name) war nicht selbst Beobachter oder Zeuge des Lebens Jesu. Doch er war ein enger Freund des Apostels Petrus. Dieser gab Johannes Markus die Einzelheiten über seine Zeit mit Jesus weiter. Matthäus schrieb sein Evangelium für ein jüdisches Publikum. Markus hingegen scheint römische Gläubige als Zielgruppe im Auge zu haben. Beim Schreiben verwendet er für bestimmte Ausdrücke Latein, die Sprache der Römer, und erläutert sorgfältig jüdische Bräuche. Er stellt Jesus als den leidenden Gottesknecht dar und konzentriert sich mehr auf Jesu Taten als auf seine Lehre. Er zeigt, dass Christus Mensch war, und beschreibt seine menschlichen Gefühle, seine Begrenzungen als Mensch und schlussendlich seinen leiblichen Tod.

Die Struktur des Buches

Kapitel 1,1–7,23 **Jesu Dienst in Galiläa**
Markus beginnt mit den Dienstjahren Jesu. Anstatt einem detaillierten Zeitstrahl zu folgen, streift Markus die Schlüsselereignisse im Wirken des Herrn. Die Schwerpunkte in seinem Bericht sind die Wunder Jesu und die Ablehnung, mit der er in seiner Heimatstadt und auch bei den jüdischen religiösen Führern konfrontiert wird. Herzenshärtigkeit

Kapitel 7,24-10,52 **Jesus weitet seinen Dienst aus**
Jesus besucht Regionen außerhalb Israels und heilt weitere Menschen. Er bestätigt seine Legitimation als der Messias, der durch die alttestamentlichen Propheten verheißen wurde. Jesus sagt außerdem seinen Tod voraus. Er weist ernsthaft auf den Preis seiner Nachfolge hin und macht sich auf den Weg Richtung Jerusalem, wo er gekreuzigt wird. Unterwegs erklärt Jesus, er sei »nicht gekommen, um bedient zu werden, sondern um zu dienen und sein Leben zu geben als Lösegeld für viele« (Lk 10,45).

Kapitel 11,1-16,20 **Jesus kommt nach Jerusalem**
Am Tag, nachdem Jesus in Jerusalem eingezogen ist, zeigt er seinen Zorn über die Geldwechsler und Händler, die ihre Geschäfte im Tempel abwickeln. Er wirft ihre Tische um. Die jüdischen religiösen Führer hinterfragen Jesu Autorität. Sie fordern ihn mit schwierigen Fragen heraus. Doch Jesus beantwortet sie alle mit großer Leichtigkeit und Weisheit. Dann wird Jesus verhaftet, vor Gericht gestellt und gekreuzigt. Früh am ersten Tag der Woche steht er auf von den Toten und erscheint zuerst Maria Magdalena, dann anderen Nachfolgern.

Auf den Punkt gebracht

Viele haben schon die Frage gestellt: »Warum vier Evangelien? Hätte man die Geschichte von Jesus nicht in einem Buch anstatt in vier erzählen können?« Der Apostel Johannes dreht die Frage herum. Er schließt sein Evangelium mit der Beobachtung: Wolle man alles aufschreiben, was Jesus getan und gesagt hat, »so würde, scheint mir, selbst die Welt die geschriebenen Bücher nicht fassen« (Joh 21,25). Jeder der Evangelisten erzählt die Geschichte von Jesus aus seiner Perspektive und für seine jeweils beabsichtigte Hörerschaft. Daher enthält jedes Evangelium eigenes Material. Zusammengenommen bilden die vier Evangelien ein vollständiges Zeugnis von Jesus Christus.

Markus' Sichtweise entspringt seiner Zeit mit Petrus, dem Jünger, der zum Hauptsprecher dieser neuen religiösen Bewegung wird. Im Markusevangelium wird der Herr als ein aktiver, mitfühlender und gehorsamer Knecht dargestellt, der sich ununterbrochen um die körperlichen und geistlichen Bedürfnisse anderer kümmert. Gleichzeitig zeigt Markus deutlich die Macht und Autorität dieses einzigartigen Dieners. Er stellt ihn als niemand Geringeres als den Sohn Gottes dar.

Konkret für dein Leben

Jesu Vorbild folgend solltest du danach streben, Gott und anderen zu dienen. Die religiösen Führer zu Jesu Zeit wollten bedient werden und über andere herrschen. Jesus lehrte die genau entgegengesetzte Haltung. Wahre Größe zeigt sich in Dienst und Aufopferung. Ehrgeiz, Machtliebe und hohe Stellung sollen nicht das sein, was du begehrst. Strebe stattdessen danach, ein demütiger Diener zu sein.

- Wo versuchst du eher, über Menschen zu herrschen, anstatt ihnen zu dienen? Was kannst du tun, um ein besserer Diener zu werden?
- Jesus war Mensch und musste sich menschlichen Problemen stellen. Markus lässt das sehr real werden. Wie inspiriert dich das, deinen Glauben auszuleben?
- Jesus war sehr zornig auf die Geldwechsler im Tempel. Schaue dich einmal in unserer Kultur um … auf wen ist Jesus vermutlich heute ebenso zornig?

Wichtige Lektionen aus Markus

- Widerstand gegen deinen Glauben sollte dich nicht davon abhalten, mit der Aufgabe weiterzumachen, zu der Gott dich berufen hat.
- Folge dem Ruf Christi und strebe nach einem Leben der Selbstaufgabe und des persönlichen Opfers.
- Jesus kam, um zu dienen. Du solltest seinem Vorbild folgen wollen.

Wo was zu finden ist

Die Schwiegermutter des Petrus wird geheilt	Markus 1,31
Jesus geht auf dem Wasser	Markus 6,45-52
Jesus reinigt den Tempel	Markus 11,15-19
Judas stimmt zu, Jesus zu verraten	Markus 14,1-2.10-11

Schon gewusst?

Die 12 Jünger

Die Brüder Petrus und Andreas – Fischer
Die Brüder Jakobus und Johannes – Fischer
Philippus – Fischer
Bartholomäus – auch bekannt als Nathanael
Matthäus – auch bekannt als Levi – ein Zolleinnehmer
Thomas – auch bekannt als der Zwilling
Jakobus – der Sohn des Alphäus
Thaddäus – auch bekannt als Judas, der Sohn des Jakobus
Simon, der Zelot – ein erbitterter Patriot des Judaismus
Judas Iskariot – habgieriger Verräter Jesus

Lukas

1. Teil 2. Teil

www.dasbibelprojekt.de

Thema: Der vollkommene Mensch
Datierung: 60-62 n. Chr.
Autor: Lukas, der geliebte Arzt
Entstehungsort: Rom

»Denn der Sohn des Menschen ist gekommen, zu suchen und zu retten, was verloren ist.« (19,10)

Aus den einleitenden Zeilen des Lukasevangeliums geht hervor, dass es an einen Mann namens Theophilus gerichtet ist. Es ist Lukas' Anliegen, einen wahren historischen Bericht über das einzigartige Leben Jesu zu geben. Lukas ist Arzt und der einzige heidnische (nichtjüdische) Verfasser eines neutestamentlichen Buches. Er schreibt, um den Glauben der Heiden, insbesondere der griechischen Gläubigen, zu stärken. Er will außerdem nichtgläubigen Griechen eine Gelegenheit bieten, den Anspruch zu untersuchen, dass Jesus Christus der vollkommene Mensch ist – der Menschensohn. Dieser kam, sich selbst aufopfernd und dienend, um sündige Menschen zu suchen und zu retten.

Die Struktur des Buches

Kapitel 1,1-4,13 Jesu Vorbereitung auf den Dienst
In den Anfangskapiteln von Lukas sehen wir, wie das Leben von Johannes dem Täufer und Jesus sich überschneidet. Die beiden sind Groß-Cousins, die wenige Monate nacheinander geboren werden. Gott beruft Johannes zu verkündigen, dass Jesus kommt, um die Menschen von ihren Sünden zu retten. Lukas gewährt uns auch einen sehr seltenen flüchtigen Blick auf die Kindheitsjahre Jesu. In dieser Begebenheit finden Jesu Eltern ihn im Alter von zwölf Jahren im Tempel, wo er bei den jüdischen religiösen Führern sitzt, ihnen zuhört und sie befragt. Im Alter von ca. 30 Jahren wird Jesus von Johannes dem Täufer getauft.

Kapitel 4,14-9,50 **Jesu Dienst und seine Wunder in Galiläa**
Jesus beginnt seinen Dienst in seiner Heimatstadt Nazareth, die in der Region Galiläa liegt. Hauptsächlich lehrt und heilt er. In dieser Zeit beruft Jesus seine zwölf Jünger und wirkt den Großteil seiner Wunder. Dazu zählt die Auferweckung des toten Sohnes einer Witwe, die Stillung des Sturmes und der Wellen auf dem See Genezareth und die Austreibung von Dämonen in eine Schweineherde.

Kapitel 9,51-19,27 **Jesu Lehrdienst**
Während Jesus weiter Wunder wirkt, legt Lukas nun einen größeren Schwerpunkt auf den Teil von Jesu Dienst, in dem er seine Jünger lehrt. Er tut dies mithilfe vieler Gleichnisse, z. B. dem Gleichnis vom barmherzigen Samariter und vom verlorenen Schaf. Nebenbei erteilt er den Jüngern viele wichtige Lektionen, die für das Alltagsleben praktisch sind - Lektionen über Geld, Gebet und Treue.

Kapitel 19,28-23,56 **Die letzte Woche Jesu**
Lukas gibt einen Überblick über die »Passionswoche« Jesu - die letzte Woche seines Lebens vor seinem Tod am Kreuz. Er beschreibt seinen triumphalen Einzug in Jerusalem, seine Unterweisung der Menge, die zum Passafest gekommen ist, und seine letzten Momente mit seinen Jüngern. Nach dem Passamahl wird Jesus verhaftet und in Scheinprozessen verurteilt. Pilatus, der römische Statthalter, versucht, Jesus freizulassen. Doch die aufgewiegelte Menge will ihn kreuzigen. Anschließend wird Jesus begraben.

Kapitel 24 **Jesu letzter Akt - die Auferstehung!**
Der Tod setzt Jesus kein Ende. Es bleibt ein letzter Akt: die Auferstehung! Am Sonntagmorgen, dem dritten Tag nach der Kreuzigung, finden Besucher das Grab leer vor. Von zwei Engeln hören sie die Botschaft, dass er auferstanden ist. Der Herr besiegt das Grab, genau wie er es versprochen hatte. Und er erscheint seinen Jünger bei mehreren Gelegenheiten, bevor er in den Himmel zu seinem Vater zurückkehrt.

Auf den Punkt gebracht

Lukas hat großes Interesse an Menschen und daran, wie ihr Leben mit Jesu Dienst verknüpft ist. Möglicherweise lag das daran, dass Lukas als Arzt dafür ausgebildet war, sich um die physischen Bedürfnisse von Menschen zu kümmern. Lukas schenkt auch Frauen besondere Aufmerksamkeit und schreibt über Maria, Elisabeth und Hanna sowie ihre Rolle in Jesu frühem Leben. Maria und Marta, zwei Schwestern aus Betanien, lassen uns einen flüchtigen Blick auf das häusliche Leben in neutestamentlicher Zeit erhaschen. Die Geschichte von Zachäus und seiner Sehnsucht danach, Jesus zu sehen, zeigt, wie Jesus sich sogar um einen verachteten Zolleinnehmer kümmert. Das Evangelium nach Lukas macht klar, dass die christliche Botschaft jedem gilt. Lukas beschreibt Jesus, den Sohn des Menschen, auch als barmherzigen Retter für alle Menschen.

Konkret für dein Leben

Die Liebe und das Erbarmen Jesu sollten dir als ein starkes Vorbild dienen, während du dein alltägliches Leben lebst. Du sollst zum Beispiel wie der barmherzige Samariter sein, den Jesus in Kapitel 10 beschrieb. Er hielt an, um einem leidenden Menschen zu helfen. Und so wie Jesus keine Mühe scheute, um Maria und Marta nach dem Tod ihres Bruders Lazarus zu unterstützen, so sollst auch du keine Mühen scheuen, um deine Freunde und Familie in Zeiten der Not zu unterstützen. Nein, du bist nicht Jesus. Aber wenn du Liebe erweist und Erbarmen zeigst, dann weist du andere auf den Geist Jesu hin, der in dir lebt.

- Menschen fühlten sich angezogen von Jesu Liebe und von seiner Botschaft. Was zieht dich zu Jesus?
- Wenn du Jesus für einen Tag zu dir nach Hause einladen würdest, was würdest du planen? Was würdest du essen? Worüber würdest du reden?
- Wenn du über das leere Grab gestolpert wärst, was hättest du getan? Was unternimmst du jetzt, um die gute Nachricht weiterzusagen?

Wichtige Lektionen aus Lukas

- Jesus erweist den Verletzten und Verlorenen Erbarmen. Du solltest dasselbe tun.
- Jesus redet über die Einstellungen und Verhaltensweisen, die dein Alltagsleben kennzeichnen sollten - Vergebung, Treue, Dankbarkeit und Hingabe.
- Jesus zeigt ein tiefes Interesse an Menschen und ihren Bedürfnissen. Er interessiert sich nicht für ihren Status, ihre Rasse oder ihr Geschlecht. Du solltest ebenfalls dieselbe Art von Interesse an den Bedürfnissen anderer entwickeln - unabhängig davon, wer oder was sie sind.

Wo was zu finden ist

Die Ankündigung der Geburt Jesu für die Hirten durch Engel . . . . Lukas 2,8-14
Die Taufe Jesu . . . . Lukas 3,21-22
Die Versuchung Jesu . . . . Lukas 4,1-13
Die Speisung der 5000 mit Brot und Fisch . . . . . Lukas 9,12-17
Das Gleichnis vom barmherzigen Samariter . . . . . Lukas 10,29-37
Das Gleichnis vom verlorenen Schaf und der verlorenen Münze . . . . Lukas 15,3-10
Das Gleichnis vom verlorenen Sohn . . . . Lukas 15,11-32
Die Pfennige der Witwe . . . . Lukas 21,1-4
Petrus verleugnet Jesus dreimal . . . . Lukas 22,54-62

Johannes

1. Teil 2. Teil

www.dasbibelprojekt.de

Thema: Der Sohn Gottes
Datierung: 80-90 n. Chr.
Autor: Johannes, der Jünger, den Jesus liebte
Entstehungsort: Israel

»Diese aber sind geschrieben, damit ihr glaubt, dass Jesus der Christus ist, der Sohn Gottes, und damit ihr durch den Glauben Leben habt in seinem Namen.« (20,31)

Inzwischen ist es 50 Jahre her, dass Jesu Jünger Johannes ein Zeuge des irdischen Lebens Jesu geworden ist. Seither ist viel passiert. Der christliche Glaube hat sich in der gesamten römischen Welt ausgebreitet. Doch zusammen mit diesem Wachstum ist auch großes Leid durch die römische Regierung verursacht worden. Alle Apostel Christi sind gestorben oder getötet worden – alle außer Johannes. Nun ein alter Mann, fügt Johannes dem etwas hinzu, was in den ersten drei Evangelien über Jesus geschrieben worden ist. Sein Bericht über Jesus ist die stärkste und direkteste Argumentation dafür, dass der Sohn Gottes sowohl Gott als auch Mensch ist. In Verbindung mit den Evangelien von Matthäus, Markus und Lukas hat der Leser ein vollständiges Porträt von Jesus, dem Gottmenschen. In Jesus vereinigen sich vollkommene Menschlichkeit und Göttlichkeit. Das macht ihn zu dem einzigen möglichen Opfer für die Sünden der Menschheit.

Die Struktur des Buches

Kapitel 1,1-14 Das Wort wird Mensch
Die Einleitung zu Johannes' Evangelium offenbart, dass Jesus Christus der ewige Gott ist, der Mensch wurde. Er machte sich selbst seiner Schöpfung bekannt und bietet denen, die ihn annehmen, eine geistliche Wiedergeburt an.

Kapitel 1,15-11,57 Der öffentliche Dienst Jesu
Jesus wirkt Wunder. Er spricht mit Leuten wie Nikodemus, der Frau am Jakobsbrunnen, einer Sünderin, über die wahre Anbetung des wahren Gottes. Jesus lehrt die Menschen darüber, wer er ist.

Kapitel 12-17 Der Dienst Jesu an seinen Jüngern
In den Tagen vor seinem Tod und seiner Auferstehung konzentriert Jesus sich darauf, seine Jünger zu unterweisen: im Hinblick auf seine

göttliche Bestimmung und das Kommen des Heiligen Geistes. Er lehrt sie aber auch, wie wichtig es ist, mit ihm verbunden zu sein, und wie man in einer feindlichen Welt für ihn lebt. Dann betet Jesus für seine Nachfolger - dass sie seine Herrlichkeit sehen, vor der Welt bewahrt werden, ausgesondert und geeint würden, damit sie Zeugen sind, die andere zum Glauben an ihn ziehen.

Kapitel 17-21 Die letzten Stunden Jesu und seine Auferstehung
Jesus wird verhaftet, vor Gericht gestellt und gekreuzigt, alles in Erfüllung der Heiligen Schrift. Dann steht er nach drei Tagen von den Toten auf. Am Ende des Evangeliums gibt der Herr dem Petrus, der ihn zuvor verleugnet hat, einen Auftrag: Er soll die Verantwortung als Leiter der kleinen Gruppe derer übernehmen, die an Jesu glauben. Er soll Jesu Schafe bzw. seine Menschen weiden.

Auf den Punkt gebracht

Johannes liefert eine eindeutige Aussage darüber, mit welchem Ziel er schreibt: »Diese aber sind geschrieben, damit ihr glaubt, dass Jesus der Christus ist, der Sohn Gottes, und damit ihr durch den Glauben Leben habt in seinem Namen« (Joh 20,31). Johannes wünscht sich von ganzem Herzen, dass seine Leser an Jesus als Gott und Retter glauben. Tatsächlich verwendet er den Begriff glauben ca. 90 Mal, um diese Botschaft zu vermitteln. In 1. Mose beginnt die Bibel damit, dass der Mensch in dem Bild Gottes geschaffen wird, ihm ähnlich. Johannes hingegen beginnt damit, dass Gott zum Ebenbild des Menschen gemacht wird. Er beschreibt es folgendermaßen: »Und das Wort wurde Fleisch« (Joh 1,14). Jesus wird als »das Wort« dargestellt, als die sichtbare Form der Wahrheit, des Lebens und der Herrlichkeit des ewigen Gottes.

Später zeigt Johannes mit der folgenden Aussage den Grund dafür, dass Jesus zur Erde kam: »Denn so hat Gott die Welt geliebt, dass er seinen eingeborenen Sohn gab, damit jeder, der an ihn glaubt, nicht verloren geht, sondern ewiges Leben hat« (Joh 3,16). Um seine Leser zusätzlich von Jesu wahrer Identität zu überzeugen, beschreibt Johannes acht Wunder - also Zeichen oder Beweise. Nur Gott konnte diese Wunder bewirken. Und nur der Gottmensch konnte als das vollkommene Opfer anstelle von Sündern sterben.

Konkret für dein Leben

Nur ein Dummkopf würde Straßenschilder auf einer gefährlichen Bergstraße ignorieren. Ebenso würde auch nur jemand, der geistlich betrachtet ein Dummkopf ist, die Hinweise auf Rettung ignorieren. Sieh dir die Hinweise an, die dir etwas über Jesus sagen - Zeichen, die beweisen, dass er Gottes Sohn ist. Glaubst du schon? Wenn ja, dann hast du Leben - ewiges Leben. Verpasse nicht die Zeichen, die Gott für dich aufgestellt hat. Bete um Augen, die sehen!

- Warum ist Johannes 3,16 so mächtig und so wichtig?
- Wie hat Gott dich auf deinem Glaubensweg geführt?
- Falls du noch nach Zeichen Ausschau hältst: Gehe noch einmal zu den Evangelien zurück und sieh dir an, wie Jesus durch das lebendige Wort offenbart, wer er ist.

Wichtige Lektionen aus Johannes

- Jesus ist Gott in leiblicher Gestalt. Daher ist er der Weg, die Wahrheit und das Leben.
- Nur durch eine Beziehung zu Jesus wirst du Gott erfahren.
- Du wirst Gottes Kind, indem du Jesus annimmst.
- Jesus kann selbst deine schlimmsten Sünden vergeben.
- Manchmal versagst du zwar, aber Jesus bietet dir seine Vergebung an. Er ist bereit, dich wieder anzunehmen.
- Vergebung von Gott verwandelt Nutzlosigkeit in Nützlichkeit.

Wo was zu finden ist

Die sieben »Ich bin« von Jesus

Ich bin das Brot des Lebens . . . . Johannes 6,35.48
Ich bin das Licht der Welt . . . . .Johannes 8,12; 9,5
Ich bin die Tür . . . . .Johannes 10,7.9
Ich bin der gute Hirte . . . . Johannes 10,11.14
Ich bin die Auferstehung und das Leben . . . . . . Johannes 11,25
Ich bin der Weg, die Wahrheit und das Leben . . . . Johannes 14,6
Ich bin der wahre Weinstock . . . . .Johannes 15,1.5

Schon gewusst?

Die acht Zeichen für Jesu göttliches Wesen

Wasser in Wein verwandeln . . . . .Johannes 2,1-11
Den Sohn des königlichen Beamten heilen . . . . . Johannes 4,46-54
Den Kranken am Teich Bethesda heilen . . . . Johannes 5,1-9
5000 Menschen mit fünf Broten und zwei Fischen speisen .Johannes 6,1-14
Auf dem Wasser gehen . . . . Johannes 6,15-21
Einem Blinden das Augenlicht zurückgeben . . . . .Johannes 9,1-41
Lazarus von den Toten auferwecken . . . . Johannes 11,1-44
Den Jüngern einen großen Fischfang schenken . . . Johannes 21,1-14

Apostelgeschichte

1. Teil 2. Teil

www.dasbibelprojekt.de

Thema: Die Verbreitung des Evangeliums
Datierung: 60-62 n. Chr.
Autor: Lukas, ein griechischer Arzt
Entstehungsort: Jerusalem bis Rom

»Aber ihr werdet Kraft empfangen, wenn der Heilige Geist auf euch gekommen ist; und ihr werdet meine Zeugen sein, sowohl in Jerusalem als auch in ganz Judäa und Samaria und bis an das Ende der Erde.« (1,8)

Jesus sagt im Matthäusevangelium, dass er seine Gemeinde bauen und die Pforten der Hölle sie nicht überwältigen würden. Die Apostelgeschichte ist Lukas' Bericht über das Wachstum der frühen Gemeinde. Als Fortsetzung des Lebens Jesu im Lukasevangelium schreibt er die Ereignisse weiter, die sich nach Jesu Himmelfahrt zugetragen haben. Wieder richtet er seine Aufzeichnung an einen Griechen namens Theophilus.

In der Apostelgeschichte beginnt die Gemeinde mit nur 120 Leuten in dem Obersaal, wo Jesus das letzte Abendmahl mit seinen Jüngern eingenommen hatte. Doch als der versprochene Heilige Geist kommt, werden diese wenigen befähigt, mutig vor anderen die lebensverändernde Botschaft von Jesu Auferstehung zu bezeugen. Trotz heftigen Widerstands und Verfolgung erlebt die furchtlose Gemeinde ein gewaltiges Wachstum. Apostelgeschichte 1,8 liefert einen Abriss, anhand dessen man Lukas' 30 Jahre umfassenden Bericht über das Wachstum der Gemeinde nachverfolgen kann. Dieses beginnt in Jerusalem und weitet sich schließlich auf die Welt aus.

Die Struktur des Buches

Kapitel 1-7 Das Zeugnis in Jerusalem
Die gute Nachricht von der Auferstehung Jesu soll zuerst den Juden überbracht werden. Nachdem der Heilige Geist im Obersaal auf die Nachfolger gekommen ist, hält Petrus eine eindrucksvolle Predigt. 3000 Menschen antworten darauf. Später - nach der dramatischen Heilung eines Mannes, der von Geburt an gelähmt war - hält Petrus eine zweite Predigt. Tausende weitere Menschen kommen zum Glauben an Jesus. Die religiösen Anführer fühlen sich von diesen wunderbaren Ereignissen bedroht. Als abschreckendes Beispiel für andere Christen lassen sie sogar Stephanus - einen mächtigen Prediger der Wahrheit - umbringen. Sie hoffen, dadurch diese neue religiöse, christuszentrierte Bewegung aufzuhalten.

Kapitel 8-12 Das Zeugnis in Samarien
Stephanus' Tod und die weitere Verfolgung der Christen sorgt dafür, dass die Gläubigen zerstreut werden und sich die Botschaft von Christus bis nach Samarien, einer benachbarten Region, ausbreitet. Petrus und Johannes, zwei Jünger Jesu, kommen in die Region und bestätigen Gottes Wirken dort. Indem sie ihre Autorität als Apostel Christi ausüben, geben sie diesen neuen Gläubigen den Heiligen Geist weiter.

Kapitel 13-20 Das Zeugnis bis an die Enden der Erde
Nun verschiebt Lukas seinen Fokus von Petrus hin zu einem eifrigen Pharisäer namens Paulus. Dieser war zuvor auf seiner Reise nach Damaskus, wo er Christen verfolgen wollte, dem auferstandenen Herrn Jesus begegnet und bekehrt worden. Diese Begegnung mit Jesus, die Paulus erlebt hat, macht ihn wie die anderen Apostel zu einem Augenzeugen des auferstandenen Christus. Jesus beruft Paulus dazu, die Botschaft seiner Auferstehung zu den Heiden zu bringen. Im Verlauf von neun Jahren unternehmen Paulus und sein Team drei Missionsreisen. Sie gründen neue Gemeinden und bilden Leiter aus.

Kapitel 21-28 Das Zeugnis vor Führungspersonen
Über Paulus war Folgendes gesagt worden: »Denn dieser ist mir [Jesus] ein auserwähltes Werkzeug, meinen Namen zu tragen sowohl vor Nationen als auch vor Könige und Söhne Israels« (Apg 9,15). In diesen abschließenden Kapiteln spricht Paulus vor dem jüdischen Rat, der auch Sanhedrin genannt wird, über Christus. Als Nächstes verbringt er zwei Jahre im Gefängnis in Cäsarea. Dort predigt er das Evangelium zwei römischen Statthaltern und einem König. Schließlich fordert er, dass er sich vor dem Kaiser in Rom verteidigen kann. Die Apostelgeschichte endet mit Paulus' Reise nach Rom. Dort bezeugt er Jesus, während er auf seine Gerichtsverhandlung vor dem Kaiser, dem Herrscher des Römischen Reiches, wartet.

Auf den Punkt gebracht

Die Apostelgeschichte bildet die historische Verbindung zwischen den Evangelien und den Lehrbriefen, die den Rest des Neuen Testaments ausmachen. Sie ist die Geschichte der Gemeinde und ihrer antreibenden Kraft, des Heiligen Geistes. Man könnte sie als »die Taten des Heiligen Geistes« beschreiben. Er wirkt in und durch die Apostel. Lukas ist kein unbeteiligter Beobachter, der über historische Fakten berichtet. Er ist persönlich involviert in der Verbreitung des Evangeliums. Dennoch erwähnt er sich selbst nie namentlich in seinen Aufzeichnungen. Nur gelegentlich schließt Lukas sich beim Schreiben durch das Pronomen »wir« selbst mit in die Handlung ein.

Konkret für dein Leben

Betrachtest du dich selbst als Teil des »wir«, wenn es darum geht, das Evangelium weiterzusagen? Bist du Teil der Handlung oder nur Beobachter? Dir wurden derselbe Ruf und dieselbe Kraft zuteil wie Lukas und den frühen Jüngern. Sieh nicht tatenlos zu, wie andere ihren Glauben an den auferstandenen Christus weitergeben. Tritt hervor in der Kraft des Geistes und gib das weiter, was du gesehen und gehört hast. Dann tritt zurück und sieh zu, wie Gottes Geist durch dein Zeugnis wirkt.

- Wozu befähigt der Heilige Geist die Apostel? Denke dabei daran, dass diese Apostel gewöhnliche Menschen waren so wie wir, die einfach bereit waren, Gottes außergewöhnlichem Ruf zu folgen.
- Was kannst du durch die Kraft des Geistes tun, das du nicht tun konntest, bevor du dein Leben Christus gegeben hast?
- Wie kannst du wie Paulus ein Missionar sein, ohne in ein anderes Land oder eine andere Stadt zu gehen?

Wichtige Lektionen aus der Apostelgeschichte

- Jesus hat dich dazu berufen, sein Zeuge zu sein.
- Der Heilige Geist befähigt dich, dieses Zeugnis abzulegen.
- Alle Dienste in der Gemeinde sind wichtig.
- Du sollst die Auferstehung treu bezeugen und das Ergebnis Gott überlassen.
- Wenn du Zeugnis gibst, wirst du normalerweise eine von zwei Reaktionen auf das Evangelium bekommen – Annahme oder Ablehnung!

Wo was zu finden ist

Petrus' erste Predigt . . . . Apostelgeschichte 2,14-39
Petrus' zweite Predigt . . . . Apostelgeschichte 3,11-26
Hananias und Saphira betrügen . . . . . .Apostelgeschichte 5,1-11
Die ersten Diakone werden ausgewählt . . . . Apostelgeschichte 6,1-7
Paulus' Bekehrung . . . . .Apostelgeschichte 9,1-18
Die Bekehrung der Heiden . . . . Apostelgeschichte 10,1-48
Paulus wird gesteinigt, für tot gehalten und liegen gelassen. . . . . . Apostelgeschichte 14,19-20
Das Konzil in Jerusalem . . . . Apostelgeschichte 15,1-41
Paulus reist nach Rom . . . . Apostelgeschichte 27-28,16

Die drei Missionsreisen des Paulus

Die drei Reisen	Dauer	regionaler Schwerpunkt
Apostelgeschichte 13,2-14,28	ein Jahr	Zypern, Galatien
Apostelgeschichte 15,36-18,22	zwei Jahre	Korinth
Apostelgeschichte 18,23-21,16	vier Jahre	Ephesus

Die Lehrbücher

Mit dem Ende der Apostelgeschichte und der Geschichtsbücher des Neuen Testaments, wechselt die Bibel zu 22 Briefen. Dabei handelt es sich um Lehrbriefe - Lehre und Anweisungen in christlicher Wahrheit und Praxis.

Die ersten neun Briefe (Römer bis einschließlich 2. Thessalonicher) wurden von demselben Autor verfasst: dem Apostel Paulus. Diese Briefe enthalten viele Lehren oder Grundlagen des christlichen Glaubens. Sie sind alle an christliche Gemeinden gerichtet.

Die nächsten vier Briefe (1. Timotheus bis Philemon) wurden ebenfalls von Paulus geschrieben, richten sich aber an Einzelpersonen. Ihre Inhalte konzentrieren sich auf persönliche Beziehungen.

Die letzten neun Briefe des Neuen Testaments (Hebräer bis Offenbarung) richten sich an Gruppen, die in der Welt verstreut sind. Ihre Botschaften sprechen Themen wie Verfolgung, Irrlehrer, die Vorrangstellung Christi und seine baldige Wiederkunft an. Das Buch der Offenbarung konzentriert sich zwar vor allem auf Gottes prophetischen Plan für die Zukunft, ist jedoch gleichzeitig ein Brief von Jesus Christus. Er wurde durch den Apostel Johannes übermittelt und bestätigt die Autorität Christi sowie seine Sorge um seine Gemeinde. Die Offenbarung schließt mit einem wunderbaren Ausblick auf das künftige Zuhause der Gemeinde im Himmel.

Römer

1. Teil 2. Teil

www.dasbibelprojekt.de

Thema: Die Gerechtigkeit Gottes
Datierung: 56-57 n. Chr.
Autor: Paulus
Entstehungsort: Korinth

»Denn Gottes Gerechtigkeit wird darin offenbart aus Glauben zu Glauben, wie geschrieben steht: ›Der Gerechte aber wird aus Glauben leben.‹« (1,17)

Gegen Ende seiner dritten Missionsreise schreibt Paulus diesen Brief von der griechischen Stadt Korinth aus an die Gemeinde in Rom. Er ist aus Ephesus gekommen, einer Stadt in der heutigen Türkei. Dort hat er drei Jahre damit verbracht, eine Gemeinde zu gründen und zu stärken. Nun bereitet er sich darauf vor, mit einer Spende für die notleidenden Gläubigen nach Jerusalem zu reisen. Währenddessen macht er lange genug Pause, um einen Brief an eine Gemeinde zu schreiben, die er noch nie besucht hat. Er schreibt, um sich der Gemeinde in Rom vorzustellen. Dabei hofft er, dass die Gläubigen für ihn beten, ihn ermutigen und ihm mit seinen Zukunftsplänen für einen Dienst in Spanien helfen können. Doch als der Lehrer, der er nun einmal ist, kann Paulus nicht anders, als seine neuen Freunde über die Gerechtigkeit zu unterweisen, die von Gott kommt – über die großartigen Wahrheiten des Evangeliums der Gnade.

Die Struktur des Buches

Kapitel 1,1-3,20 Das Problem der Gerechtigkeit
Jeder Mensch auf der Welt ist der Sünde schuldig. Das trennt ihn von Gott und verurteilt alle zu einer ewigen Trennung von ihm. Sogar die, die sich moralisch gut verhalten, sind im Herzen Sünder, denn »[d]a ist kein Gerechter […] da ist keiner, der Gott sucht« (Röm 3,10-11). Daher verdienen alle Gericht und Strafe.

Kapitel 3,21-5,21 Die Bereitstellung von Gerechtigkeit
Gott stellt eine Lösung für das Problem des Menschen mit Sünde und Gericht bereit, indem er Jesus Christus auf die Erde schickt. Er trägt das Gericht, das Sünder verdienen. Jesus, der vollkommen gerecht und sündlos ist, wird am Kreuz zur Sünde. Er nimmt die Sünde und die Strafe des Menschen selbst auf sich. Das befreit alle, die ihm vertrauen, von ihrer Sünde und macht sie gerecht vor Gott.

Kapitel 6-8 Die Kraft der Gerechtigkeit
Christen - also die, die an Christus als Retter glauben - werden für gerecht erklärt. Sie besitzen neues Leben. Dennoch bleibt das tägliche Ringen mit der Sünde, die im Fleisch wohnt. Mit der Hilfe des Heiligen Geistes verfügen Gläubige über die Kraft, richtige Entscheidungen zu treffen und die Sünde zu meiden. Außerdem erwartet sie keine ewige Anklage. Nichts kann Gottes Kinder von seiner Liebe trennen.

Kapitel 9-11 Die Verheißung der Gerechtigkeit
Die Israeliten lehnten den Herrn Jesus Christus zwar ab. Doch Gottes Versprechen, Israel eines Tages zu erlösen und wiederherzustellen, steht noch immer. Gott ist noch nicht fertig mit seinem irdischen Volk. Es wird eine Zeit kommen, in der die Blindheit Israels enden wird, in der die Menschen gerettet und die Gerechtigkeit Gottes empfangen werden.

Kapitel 12-16 Das Muster der Gerechtigkeit
Christen sind von Gott für gerecht erklärt. Sie besitzen neues Leben, weil der Heilige Geist in ihnen lebt. Diese innere Verwandlung führt auch zu einer äußerlichen Verwandlung. Was im Herzen eines Menschen wahr ist, wird sich auch in seinem Leben zeigen. Manche der Zeichen eines neuen oder veränderten Lebens sind diese: sich Gott hingeben, sich Autoritäten unterordnen, seinen Nächsten lieben, dem Vorbild Christi folgen, die Lasten des anderen tragen und in der Gemeinde dienen.

Auf den Punkt gebracht

Paulus wollte die Gemeinde in Rom schon häufiger besuchen, aber das hatte sich verzögert. Er hatte viele andere Gemeinden gegründet und viele neue Leiter für diese Gemeinden aufgebaut. Nun ist es für ihn an der Zeit weiterzuziehen. Er will in einem neuen Gebiet, in Spanien, predigen. Die Gemeinde in Rom liegt auf dem Weg dorthin. Paulus empfindet ein Gefühl der Zusammengehörigkeit mit den Gläubigen in Rom. Er sehnt sich danach, sie persönlich zu treffen und ihnen weiterzugeben, was er über Gottes Rettung durch Jesus Christus gelernt hat. Wie ein erfahrener Strafverteidiger präsentiert Paulus die Fakten des Evangeliums. Er erklärt, dass alle ohne Gottes Hilfe verloren sind. Paulus erläutert, dass Gott Hilfe geschenkt hat, indem er seinen Sohn, den Herrn Jesus Christus, gesandt hat, um alle Glaubenden zu retten. Der Römerbrief ist die überzeugendste, logischste und prägnanteste Abhandlung über die Errettung, die je verfasst wurde. Der Römerbrief hat die Geschichte des Christentums mehr beeinflusst als jeder andere Brief.

Konkret für dein Leben

Alle Männer und Frauen sind Sünder; das schließt dich und mich ein. Sünde trennt jeden Menschen von Gott. Aber Gott hat aus Gnade all denen ein Rettungsangebot unterbreitet, die ihren Glauben und ihr Vertrauen auf Christus setzen. Hast du Gottes Rettungsangebot angenommen? Wenn ja, dann besitzt du die Gerechtigkeit Gottes in Christus. Nun erwartet Gott von dir, dass du ein gerechtes Leben führst, das ihn ehrt.

Formuliere mithilfe des Römerbriefes eine kurze Beschreibung der Errettung, die du verwenden könntest, um sie einem Freund oder einer Freundin zu erklären.

- Wie kannst du das Gebot: »[i]n der Bruderliebe seid herzlich zueinander« (siehe Röm 12,10-13), in die Tat umsetzen?
- Verpflichte dich diese Woche, für ein paar Leute zu beten. Entwickle diese großartige Gewohnheit, andere im Gebet vor Gott zu bringen.
- Inwiefern spiegelt dein äußeres Leben eine innere Verwandlung der Gerechtigkeit wider?

Wichtige Lektionen aus dem Römerbrief

- Alles, was du als Christ empfängst – deine Errettung, dein geistliches Wachstum und eines Tages deine Verherrlichung –, ist ein Werk der Gnade Gottes.
- Innerliche Veränderung wird äußerliche Frucht hervorbringen. Was auch immer im Hinblick auf dein Herz wahr ist, wird sich in deinem Handeln zeigen.
- Die Gerechtigkeit Gottes ist ein Geschenk, das man nur durch Glauben empfangen, nicht aber durch Werke verdienen kann.
- Treue in kleinen Dingen wird dich auf größere Aufgaben von Gott vorbereiten.

Wo was zu finden ist

Alle sind ohne Entschuldigung und schulden Gott Rechenschaft . . Römer 1,18-23
Alle haben gesündigt . . . . Römer 3,23
Die durch Glauben gerechtfertigt sind, haben Frieden mit Gott Römer 5,1
Der Lohn der Sünde ist der Tod . . . . Römer 6,23
Es gibt keine Verdammnis für die, die in Christus sind . . .Römer 8,1
Der Heilige Geist betet für die Gläubigen . . . . Römer 8,26
Gott hat einen Plan für Israel . . . . Römer 9-11
Bringe dich Gott als lebendiges Opfer dar . . . . Römer 12,1
Alle sollen sich der Regierung unterordnen . . . . . . .Römer 13,1-7

Der Heilige Geist

Sein Personsein

- Die Verwendung von er und ihn (Joh 14,17)
- Seine Intelligenz (1Kor 2,11)
- Sein Wille (1Kor 12,11)
- Seine Emotionen (Eph 4,30)
- Sein Feuer ausgelöscht (1Thes 5,19)

Sein Dienst

- Er sorgt für die Gläubigen (Joh 14,16-26).
- Er überführt von Sünde (Joh 16,8-11).
- Er leitet (Joh 16,13).
- Er verherrlicht Christus (Joh 16,14).
- Er beruft (Apg 13,2).
- Er führt (Apg 16,6-7).
- Er tritt für uns ein (Röm 8,26-27).
- Er versiegelt Gläubige (Eph 4,30).

Schon gewusst?

Paulus wollte, dass der Römerbrief der Gemeinde in Rom überbracht wird. Was meinst du, wen er auswählte, um dieses wichtige Dokument zu überbringen? Welcher der Leiter sollte verantwortlich sein? Wie viele Männer sollten gehen – zwei, vier oder mehr? Vielleicht überrascht es dich zu hören, dass die Aufgabe einer Frau namens Phoebe übertragen wurde. Sie wird von Paulus gebeten, dieses großartige Dokument hunderte Kilometer bis nach Rom zu tragen. Worin bestehen ihre Qualifikationen? Nur darin, dass sie eine Dienerin der Gemeinde und eine treue Helferin vieler ist – inklusive Paulus'.

1. Korinther

www.dasbibelprojekt.de

Thema: Christlicher Lebenswandel
Datierung: 55 n. Chr.
Autor: Paulus
Entstehungsort: Ephesus

»Ob ihr nun esst oder trinkt oder sonst etwas tut, tut alles zur Ehre Gottes!« (10,31)

Während der Apostel Paulus in Ephesus (eine Stadt in der heutigen Türkei) lehrt, kommen Besucher aus der Gemeinde in Korinth an. Paulus hatte diese Gemeinde in Griechenland etwa drei Jahre zuvor gegründet. Die Besucher erzählen beunruhigende Neuigkeiten: Spaltung, Unmoral und Rechtsstreitigkeiten innerhalb der Gemeinde. Die Gläubigen beschäftigen schwierige Fragen im Hinblick auf Ehe und Scheidung, auf das Essen von Speisen, die Götzen geopfert wurden, auf den öffentlichen Gottesdienst und die Auferstehung des Leibes. Daher schreibt Paulus diesen ersten von zwei Briefen an die Gemeinde in Korinth. Er spricht ihr schlechtes Verhalten entschieden an und beantwortet ihre Fragen.

Die Struktur des Buches

Kapitel 1-2 Die Notwendigkeit wahrer Einheit
Paulus ist angesichts der Spaltungen und der Feindseligkeit innerhalb der korinthischen Gemeinde besorgt. Er erinnert die Gläubigen daran, dass die Botschaft vom Kreuz in der Kraft des Heiligen Geistes die Grundlage für wahre Einheit ist.

Kapitel 3 Das Wesen wahrer Geistlichkeit
Paulus weist darauf hin, dass wir als geistliche Menschen nicht weltlich leben sollen. Gott will, dass alle Christen sich daran erinnern, zu wem sie gehören. Das sollte die Art und Weise beeinflussen, wie sie ihr Leben führen. Denn alle Gläubigen werden für ihre Taten beurteilt und für ihren Dienst belohnt werden.

Kapitel 4-11 Die Probleme in der Gemeinde
Viele Gläubige in der Gemeinde in Korinth führen kein wirklich geistliches Leben. Daher hat die Gemeinde viele Probleme. Paulus warnt die Gläubigen davor, sich an irgendeinen einzelnen Leiter (inklusive ihm selbst) zu hängen. Er verurteilt sie dafür, dass sie sexuelle Unmoral nicht angehen, sich gegenseitig verklagen, Gottes Lehre im Hinblick auf die Ehe vernachlässigen und das Abendmahl auf die leichte Schulter nehmen.

Kapitel 12-16 Ressourcen, um Problemen zu begegnen
Dann gibt Paulus Lehre weiter, die diese Gemeinde wieder auf den richtigen Kurs bringen soll. Zuerst erinnert er die Gläubigen daran, dass sie alle Glieder des Leibes Christi sind. Als solche verfügen sie über eine Vielzahl von Gaben, mit denen sie einander dienen können. Die Liebe sollte die Hauptmotivation dafür sein, diese Gaben einzusetzen. Paulus betont die Wichtigkeit der Auferstehung Christi. Als Christus von den Toten auferstand, besiegte er den Tod und ermöglichte ihre Rettung. Das ist die Kraft, durch die sie ein christliches Leben führen können.

Auf den Punkt gebracht

Paulus' Brief an die Korinther steckt voller Ermahnungen an die Gläubigen, sich wie Christen zu verhalten. Ihr dringendstes Problem besteht in Weltlichkeit. Sie sind nicht bereit, die Kultur um sie herum loszulassen. Sie trennen sich nicht von ihren früheren bösen Wegen. Ihre alten Überzeugungen beeinflussen immer noch ihr gegenwärtiges Verhalten.

Die verdorbene korinthische Kultur zur Zeit von Paulus ist der unseren sehr ähnlich. Leider zeigen viele Gemeinden heute dieselbe geistliche Unreife, die Paulus bei den korinthischen Gläubigen sah.

Konkret für dein Leben

Es ist dieselbe Botschaft für uns heute wie damals. Ebenso wie Paulus versucht, die Korinther durch Lehre zu korrigieren, müssen du und ich unser Verhalten mithilfe eines korrekten Verständnisses von Gottes Wort korrigieren. Ganz gleich, ob es dir bewusst ist oder nicht: Dein Verhalten wird durch die Welt beeinflusst, in der du lebst. Diese Welt ist voll von falschen Denkweisen. Und ein falscher Lebensstil steht in direktem Bezug zu falschem Denken. Bringe dein Verhalten mit Gottes Hilfe wieder in Einklang mit Gottes Maßstäben. Das kannst du tun, indem du Gottes Wort liest, es studierst und ihm gehorchst.

- In welchen Punkten wird dein Leben zu weltlich? Wie willst du es gottesfürchtiger machen?
- Was denkst du: Wie würde Paulus' Botschaft an die heutigen Gemeinden und Gläubigen lauten?
- Schreibe einen kurzen Antwortbrief an Paulus. Lass ihn wissen, was du gerade tust und was du tun möchtest, um seinem Rat zu folgen.

Wichtige Lektionen aus 1. Korinther

- Gott hat dir einzigartige »Geistesgaben« geschenkt. Du sollst sie zur Unterstützung und für das Wachstum des Leibes Christi einsetzen.
- Eine Geistesgabe auszuüben ohne wahre Liebe zu beweisen, ist bedeutungslos.
- Gott nimmt sexuelle Sünde sehr ernst.
- Das Abendmahl ist wichtig. Es sollte nicht auf die leichte Schulter genommen werden.
- Christliche Leiter sollen mit Respekt und Ehre behandelt werden.
- Christen sollen sich nicht gegenseitig verklagen.

Wo was zu finden ist

Zucht für Christen, die sündigen . . . . 1. Korinther 5,9-13
Rechtsstreitigkeiten innerhalb der Gemeinde . . .1. Korinther 6,1-7
Sex in der Ehe . . . . .1. Korinther 7,3-5
Scheidung . . . . 1. Korinther 7,10-16
Ehe und Singlesein . . . . 1. Korinther 7,25-40
Das Abendmahl . . . . .1. Korinther 11,17-34
Anweisung im Hinblick auf Geistesgaben . . . . 1. Korinther 12,4-31

Worin besteht Liebe?

1. Korinther 13,4-8

Die Liebe ist langmütig.
Die Liebe ist gütig.
Die Liebe neidet nicht.
Die Liebe tut nicht groß.
Die Liebe bläht sich nicht auf.
Die Liebe benimmt sich nicht unanständig.
Die Liebe sucht nicht das Ihre.
Die Liebe lässt sich nicht erbittern.
Die Liebe rechnet Böses nicht zu.
Die Liebe freut sich nicht über die Ungerechtigkeit.
Die Liebe freut sich mit der Wahrheit.
Die Liebe erträgt alles.
Die Liebe glaubt alles.
Die Liebe hofft alles.
Die Liebe erduldet alles.
Die Liebe vergeht niemals.

2. Korinther

Thema: Paulus verteidigt sein Apostelamt
Datierung: 56 n. Chr.
Autor: Paulus
Entstehungsort: Philippi (auf dem Weg nach Korinth)

www.dasbibelprojekt.de

»Denn wir predigen nicht uns selbst, sondern Christus Jesus als Herrn, uns aber als eure Sklaven um Jesu willen.« (4,5)

Nachdem Paulus den ersten Korintherbrief geschrieben hat, plant er, noch eine kleine Weile in Ephesus zu bleiben, bevor er nach Korinth weiterreist. Doch sein Aufenthalt wird vorzeitig beendet. Die Kunsthandwerker zetteln einen Aufstand an, weil sie durch die Ausbreitung des Christentums weniger Götzenfiguren verkaufen. Paulus schickt seine jungen Mitarbeiter Titus und Timotheus voraus. Sie sollen herausfinden, wie sich sein erster Brief auf die korinthischen Gläubigen ausgewirkt hat. Während Paulus nach Korinth reist, findet Titus ihn. Er berichtet, dass die Korinther im Hinblick auf ihren Widerstand gegen Paulus und seine Lehre Buße getan haben. Mit großer Freude, aber auch besorgt wegen einiger neuer Probleme und Einstellungen, verfasst Paulus diesen zweiten Brief.

Die Struktur des Buches

Kapitel 1-2 Paulus' persönliches Zeugnis

Paulus' Folgebrief an die Korinther verteidigt sein Leben und seinen Dienst, die manche hinterfragt haben. Er dankt Gott dafür, dass dieser ihn durch harte Zeiten geholfen und ihm große Freude geschenkt hat. Er reflektiert die wunderbare Möglichkeit, die Christen haben, ihren Herrn in dieser Welt zu vertreten.

Kapitel 3-7 Das Wesen des christlichen Dienstes

Paulus beginnt, seinen Dienst zu verteidigen, indem er auf seine vielen Bekehrten verweist. Sie dienen als Beweis und Beleg dafür, dass Gott ihn berufen hat. Paulus ermutigt Gläubige: Sie werden zwar wegen des Evangeliums leiden, doch können sie im Angesicht des Todes furchtlos sein, weil dieser nicht das Ende ist. Er bezeugt, dass wahrer Dienst durch die Liebe Christi motiviert ist, tadellos handelt und ein reines Leben führt

Kapitel 8-13 Die Herrlichkeit des christlichen Dienstes

Von seinem Mitarbeiter Titus hat Paulus gehört, dass die Korinther ihre negative Haltung geändert haben. Nun setzt er zu der längsten Abhandlung über die Prinzipien und die Praxis des Gebens zur Unterstützung von Gemeindediensten im Neuen Testament an. Paulus gebraucht auch seine von Gott gegebene Autorität, sein Wissen, seine Leiden, Visionen und Wunder als zusätzliche Belege für seine Autorität. Dabei drängt er die rebellische Minderheit in Korinth, Buße zu tun, damit er sich ihnen gegenüber nicht streng verhalten muss, wenn er persönlich kommt.

Auf den Punkt gebracht

Titus ist überglücklich, Paulus über die Buße der korinthischen Gemeinde informieren zu können. Doch er erzählt Paulus ebenfalls, dass Lehrer eingetroffen sind, die Paulus' Stellung als Apostel offen ablehnen und beginnen, Falsches zu predigen. Paulus handelt schnell. Er schickt einen zweiten Brief an die Korinther. In diesem warnt er die Gemeinde vor Irrlehren und verteidigt sich als echten Apostel. Dieser Brief enthält mehr Informationen über Paulus' persönliche Geschichte als jeder andere seiner Briefe. Er steckt voller Details über seine Leiden und Sorgen und behandelt sogar seinen »Dorn für das Fleisch« (2Kor 12,7-10). Er erläutert, wie Gott diese Prüfung verwendet, um ihn demütig zu halten und ihm beizubringen, dass Gott genügt. In allen seinen Leiden lobt Paulus Gottes Treue, die ihm Trost spendet, sodass er nun andere trösten kann.

Konkret für dein Leben

Während du danach strebst, für Christus zu leben, wirst du vermutlich beschimpft, missverstanden, hintergangen und zu Unrecht beschuldigt werden. Wenn das passiert, verhalte dich so, wie Paulus es getan hat. Sieh auf Christus. Erinnere dich daran, wer du in ihm bist. Erinnere dich daran, was Gott in dir und durch dich getan hat. Fürchte dich nicht vor den Prüfungen, die auf dich zukommen. Fasse stattdessen Mut aufgrund der Tatsache, dass Gott treu ist. Seine Kraft genügt für jede Prüfung, der du gerade begegnest oder der du in Zukunft begegnen wirst. Er ist der »Gott allen Trostes« (2Kor 1,3). Er verspricht, dich in allen deinen Nöten zu trösten. Doch Trost von Gott ist kein Selbstzweck. Gott tröstet dich, damit du dich dann umwenden und andere trösten kannst.

- Welche Prüfung in deinem Leben willst du an Gottes Kraft abgeben?
- Wie viele Sorgen machst du dir über die Zukunft? Schreibe ein Gebet an Gott und bitte ihn darum, die Kontrolle über deine Zukunft zu übernehmen.
- Wie kannst du andere trösten? Wann hat dich schon einmal jemand getröstet?

Wichtige Lektionen aus 2. Korinther

- Gott hat Gemeindeleiter eingesetzt, damit sie seine Herde oder sein Volk hüten. Diese Leiter sollen tadellos, rein und dem Dienst hingegeben sein. Solche Leiter verdienen deine Ehrerbietung und deinen Respekt.
- Kein Christ - inklusive dir - ist immun gegen Leid. In vielen Fällen leiden Gottes Arbeiter mehr als Nicht-Christen.
- Prüfungen werden von Gott verwendet, um dich Demut zu lehren und dir beizubringen, dich auf seine Gnade anstatt auf deine eigene Stärke zu verlassen.
- Du solltest dich finanziell an Gottes Werk beteiligen - aufopferungsvoll, mit großer Freude und mit Verantwortungsbewusstsein.

Wo was zu finden ist

Gottes Trost . . . . .2. Korinther 1,3-7
Christliches Spenden . . . . 2. Korinther 8-9
Geistlicher Kampf . . . . 2. Korinther 10,3-6
Paulus' Vision des Himmels . . . . 2. Korinther 12,1-6
Paulus' Dorn im Fleisch . . . . 2. Korinther 12,7-10

Kerninhalte in …

1. Korinther
Praktische Hilfe für Christen
Das unwürdige Verhalten der Adressaten
Beantwortet Fragen zu Themen
Ratschläge gegen Weltlichkeit
Fügt Informationen über das Abendmahl hinzu
Versichert Leute im Hinblick auf die Auferstehung

2. Korinther
Paulus' Privatleben
Teilt sein Herz und seine Liebe
Antwortet denen, die ihn anklagen
Warnt vor Irrlehrern
Liefert Gründe, zu spenden
Teilt persönliche Erfahrung mit Leid

Schon gewusst?

Die Reisen zu unternehmen, die Paulus unternahm, bedeutete nicht, online zu buchen und loszufahren. Er sah sich vielen Schwierigkeiten und Risiken gegenüber. Er erlitt dreimal Schiffbruch während seiner Reisen! Lies 2. Korinther 11,25-27, um mehr über die vielen Gefahren zu erfahren, denen er begegnete.

Galater

www.dasbibelprojekt.de

Thema: Freiheit in Christus
Datierung: 49 n. Chr.
Autor: Paulus
Entstehungsort: Antiochia

»Steht nun fest und lasst euch nicht wieder durch ein Joch der Sklaverei belasten!« (5,1)

Paulus ist eben erst aus Jerusalem in seine Heimatgemeinde in Antiochia zurückgekehrt. Dort erreicht ihn eine erschütternde Nachricht: Viele Galater, die während seiner ersten Missionsreise zum Glauben an Christus gekommen sind, glauben einer Irrlehre. Diese besagt, dass heidnische Gläubige sich dem gesamten jüdischen Gesetz unterwerfen müssen, bevor sie Christen werden können. Paulus verfasst unverzüglich diesen Brief, um die Rechtfertigung allein durch Glauben zu verteidigen. Er warnt außerdem die Gemeinden vor den fürchterlichen Folgen, wenn man dem reinen Evangelium Christi zur Errettung nicht glaubt.

Die Struktur des Buches

Kapitel 1-2 Sorge um das reine Evangelium

Paulus beginnt mit einer Warnung an die Gläubigen in den Gemeinden in Südgalatien (den Städten Antiochia, Ikonium, Lystra und Derbe – Apostelgeschichte 13,14-14,23). Er warnt sie vor denen, die nicht ein Evangelium des Glaubens an Christus allein lehren. Diese Lehrer fügen dem Evangelium religiöse Werke hinzu. Sie sagen, diese »guten Werke« seien notwendig für einen Menschen, um Gott zu gefallen. Doch das ist Gesetzlichkeit. Gesetzlichkeit versucht, Gottes Anerkennung durch das zu verdienen, was ein Mensch tut. Christus, so erläutert Paulus, hat bereits alles für uns getan, was zu unserer Errettung notwendig ist.

Kapitel 3-4 Verteidigung des reinen Evangeliums

Paulus weist auf Abraham, den großen alttestamentlichen Führer hin. Er sagt: »Abraham wurde nicht gerettet, weil er religiöse Anforderungen erfüllt hätte, sondern weil er Gott glaubte.« Aufgrund seines Glaubens rechnete Gott Abraham Gerechtigkeit zu. Paulus erklärt, dass niemand dadurch gerettet werden kann, dass er das Gesetz hält. Tatsächlich verurteilt es den Menschen nur wegen seiner Sündhaftigkeit. Christen werden mit Gott versöhnt, nicht durch das Gesetz, sondern aufgrund von Gottes Gnade.

Kapitel 5-6 Freiheit im reinen Evangelium
Paulus weist die galatischen Christen an, dass sie sich ihrer Freiheit in Christus freuen sollen. Sie sollen nicht versuchen, Gottes Wohlwollen durch religiöse Werke oder gute Taten zu verdienen. Wahre Tugend entsteht nicht daraus, dass man sich selbst anstrengt, sondern indem man sich dem Heiligen Geist unterwirft. So kann er die Frucht der Gerechtigkeit hervorbringen. Im Hinblick auf einen erfolgreichen christlichen Lebenswandel kann sich niemand mit seinen eigenen Taten schmücken, sondern nur mit dem Kreuz Christi. Christus machte all das erst möglich.

Auf den Punkt gebracht

Im Galaterbrief geht es um die Rechtfertigung aus Glauben – also darum, vor Gott für heilig erklärt zu werden. Paulus schreibt diesbezüglich an seine Freunde. Er unterteilt seine Argumentation in drei Abschnitte mit drei Zielen: 1) Er verteidigt seine Autorität als Apostel, was die Botschaft des Evangeliums bekräftigt. 2) Er verwendet das Alte Testament, um die Prinzipien der Rechtfertigung aus Glauben allein zu lehren. Und 3) zeigt er, dass Freiheit vom Gesetz keine Gesetzlosigkeit bedeutet. Vielmehr bedeutet sie, dass Gläubige durch Gottes Gnade frei dazu sind, Gott zu gehorchen, ihn zu lieben und ihm zu dienen.

Konkret für dein Leben

Wenn du Christ bist, stehst du nicht länger unter den Regeln und Urteilen des Gesetzes. Christus hat dich von religiösen Werken befreit. Nichts ist so ergreifend wie das Wissen, dass dir deine Vergangenheit vergeben wurde und du frei bist, durch die Kraft des Heiligen Geistes ein heiliges Leben zu führen. Mit Freiheit kommt aber auch Verantwortung. Du bist verantwortlich dafür, deinem Retter zu dienen und seinen Willen zu tun. Du bist nicht frei, Christus ungehorsam zu werden. Gebrauche deshalb deine Freiheit, um zu lieben und zu dienen – nicht um Unrecht zu tun.

- Beschreibe mit eigenen Worten den Unterschied zwischen der Rechtfertigung aus dem Gesetz und der Rechtfertigung aus Glauben allein.
- Freiheit ist ein großartiges Wort! Und ein noch großartigeres Geschenk. Was fängst du mit diesem Geschenk des Glaubens an?
- Wie würdest du Gottes Gnade jemandem erklären, der Christus nicht kennt?

Wichtige Lektionen aus Galater

- Rettung und Gottes Liebe werden dir durch Gottes Gnade geschenkt.
- Du kannst nichts tun, um Gottes Gunst zu verdienen.
- Aus dir selbst heraus kannst du keine guten Werke hervorbringen. Das ist nur mithilfe des Heiligen Geistes möglich.
- Wenn du dich Gott hingibst, bringt er die Frucht des Geistes in deinem Leben hervor.
- Christus allein ermöglicht alles, was du als Christ bist.

Wo was zu finden ist

Paulus' drei Jahre in Damaskus . . . . .Galater 1,17-18
Paulus besucht das Jerusalemer Konzil . . . . Galater 2,1-10
Paulus konfrontiert Petrus . . . . .Galater 2,11-21
»Ich bin mit Christus gekreuzigt« . . . . .Galater 2,19
»Ihr alle seid einer in Christus Jesus« . . . . .Galater 3,28
Der Befehl, im Geist zu wandeln . . . . .Galater 5,16-18
Die Frucht des Geistes . . . . .Galater 5,22-23
Das Prinzip von Saat und Ernte . . . . Galater 6,7

Die Werke des Fleisches
Galater 5,19-21

sexuelle Unmoral,
Schamlosigkeit,
Ausschweifung,
Götzendienst,
okkulte Praktiken,
Feindseligkeiten,
Streit,
Eifersucht,
Wutausbrüche,
Rechthaberei,
Zerwürfnisse,
Spaltungen,
Neid,
Trunkenheit,
Fressgier

Die Frucht des Geistes
Galater 5,22-23

Liebe,
Freude,
Frieden,
Geduld,
Freundlichkeit,
Güte,
Treue,
Rücksichtnahme
Selbstbeherrschung

Epheser

www.dasbibelprojekt.de

Thema: Segnungen in Christus
Datierung: 60-62 n. Chr.
Autor: Paulus
Entstehungsort: Ein römisches Gefängnis

»Gepriesen sei der Gott und Vater unseres Herrn Jesus Christus! Er hat uns gesegnet mit jeder geistlichen Segnung in der Himmelswelt in Christus.« (1,3)

Eine der bedeutendsten frühen Gemeinden war die Gemeinde in Ephesus. Paulus gründete sie und verbrachte drei Jahre damit, die Gläubigen dort zu unterweisen. Etwa fünf oder sechs Jahre später befindet sich Paulus als Gefangener in Rom. Dort wartet er auf seine Gerichtsverhandlung vor dem Kaiser. Während er wartet, verfasst er diesen Brief. Im Gegensatz zu einigen seiner anderen Briefe beschäftigt er sich hier nicht mit Problemen in der Gemeinde. Stattdessen ist der Epheserbrief ein Ermutigungsbrief. Darin beschreibt Paulus das Wesen der Gemeinde. Sie ist keine Organisation, sondern ein lebendiger Organismus, nämlich der Leib Christi. Dann fordert er seine Leser heraus, sich wie der lebendige Leib Christi auf der Erde zu verhalten.

Die Struktur des Buches

Kapitel 1-3 Die großen Segnungen in Christus

Paulus eröffnet seinen Brief mit einer wunderbaren Auflistung der geistlichen Segnungen, die jedem Gläubigen zuteilgeworden sind. Diejenigen, die an Christus glauben, sind von Gott erwählt. Sie sind von Christus erlöst und in ihm angenommen. Ihnen wird durch Christus ein himmlisches Erbe gegeben. Ihnen sind Gnade und Bürgerrecht eingeräumt worden. Durch die Kraft des Heiligen Geistes können sie die Fülle des Lebens in Christus erfahren. Jeder Gläubige ist ein Teil des Leibes Christi, der Gemeinde. Gott baut die Gläubigen zu einem Tempel auf, in dem er lebt. Paulus betet, dass seine Leser ihre großen Segnungen in Christus begreifen.

Kapitel 4,1-5,20 Kraft zu leben

Nun wendet Paulus sich von der Betonung der Lehre hin zu der Verpflichtung, diese auch praktisch zu leben. Paulus erklärt: Durch die Kraft des Heiligen Geistes sollen Gläubige das alte Ich ablegen und nach einem neuen Ich leben. Dieser würdige Wandel führt zu einem heiligen Lebensstil, bei dem Christen Gott nachahmen. Darum dreht sich das vom Geist erfüllte Leben.

Kapitel 5,21-6,9 Kraft zu lieben und zu arbeiten

Ebenso wie Christus seine Gemeinde geliebt hat, sollen Männer ihre Ehefrauen lieben. Ehefrauen sollen bereitwillig der gottesfürchtigen Leitung ihrer Ehemänner folgen. Leben in Christus bedeutet auch, dass Kinder ihren Eltern gehorchen. Und Eltern sollen ihre Kinder mit Liebe leiten. Schließlich sollen Sklaven (oder in unserer heutigen Gesellschaft Angestellte) ihren Herren (oder Arbeitgebern) gehorchen, indem sie ihre Arbeit so erledigen, als arbeiteten sie für Christus. Paulus fordert Herren oder Chefs heraus, angemessen zu leiten in dem Wissen, dass ihr höchster Herr der Herr Jesus Christus ist.

Kapitel 6,10-24 Kraft für den Kampf

Während Gläubige mit Christus unterwegs sind, werden sie auf Probleme mit dem Feind ihrer Seele - dem Teufel - stoßen. Sie verfügen jedoch über Waffen, mit denen Gott sie ausgerüstet hat. Diese sollen sie gegen die Versuchungen und Angriffe des Teufels einsetzen. Diese Waffen sind geistlicher Natur, nicht körperlicher. Sie beruhen auf Glauben, Gebet und Gottes Wort. Mit diesen geistlichen Waffen können Christen die Kämpfe des Lebens austragen und den Sieg erringen!

Auf den Punkt gebracht

Paulus schreibt diesen Brief an die ephesische Gemeinde, um deren Gliedern ihre geistlichen Ressourcen ins Bewusstsein zu rufen. Zunächst beschreibt er, woher diese Ressourcen stammen: aus ihrer Beziehung zu Christus und ihrer Stellung in ihm. Dann ermutigt Paulus seine Leser, aus diesen Mitteln zu schöpfen, sie anzuwenden, damit sie ihr christliches Leben im Sieg führen können. Anders ausgedrückt: In der ersten Hälfte des Briefes beschreibt er den Reichtum des Gläubigen in Christus, und in der zweiten Hälfte fordert er den Gläubigen zum Wandel in Christus heraus.

Konkret für dein Leben

Jeder, der auf Christus vertraut, besitzt einen unendlichen Reichtum an geistlichen Segnungen. Leider verhalten sich die meisten Gläubigen, als seien sie geistliche Bettler, die in der Niederlage leben. Woran liegt das? Viele sind sich all der Dinge nicht bewusst, die ihnen in Christus gehören. Sie rechnen nicht mit ihnen. Begreifst du, was dir in Christus zur Verfügung steht? Falls nicht, wird der Epheserbrief dir dabei helfen, es herauszufinden. Und dann »wand[le] würdig der Berufung, mit der [du] berufen worden [bist]« (Eph 4,1).

- Beschreibe dein altes und dein neues Ich in Form eines Vorher-Nachher-Erfahrungsberichts wie in einem Werbespot. Vergiss nicht, die Vorteile des neuen Ichs aufzuzählen.
- Was heißt es, deinen Eltern zu gehorchen (Eph 6,1)? Inwiefern erfüllst du dieses Gebot – oder eher nicht?
- Worin bestehen einige deiner geistlichen Segnungen? In welchem Maß führst du ein Leben, das deinen Zugang zu solch mächtigen Ressourcen widerspiegelt?

Wichtige Lektionen aus Epheser

- Denke daran, dass du nur in Christus geistlich wachsen und reifen kannst.
- Gott hat dir die Werkzeuge gegeben, die du brauchst, um gegen den Feind zu kämpfen.
- Du musst Gottes Mittel anwenden, um den geistlichen Sieg zu erlangen.
- Du sollst all deine Arbeit als für den Herrn tun.
- Gott gibt Anweisungen für Erfolg in deinem Familienleben.

Wo was zu finden ist

Den Geist betrüben . . . . .Epheser 4,30
Die Zeit auskaufen . . . . .Epheser 5,15-16
Rollen und Verpflichtungen in der Ehe . . . . . .Epheser 5,21-33
Rollen von Kindern und Eltern . . . . Epheser 6,1-4
Rollen von Vorgesetzten und Angestellten . . . . . Epheser 6,5-9
Die geistliche Waffenrüstung des Gläubigen . . . . .Epheser 6,10-17

Gottes Waffenrüstung

Epheser 6,14-17

Der Gürtel der Wahrheit
Der Brustpanzer der Gerechtigkeit
Die Schuhe des Evangeliums des Friedens
Der Schild des Glaubens
Der Helm des Heils
Das Schwert des Geistes, Gottes Wort

Schofar

Den Juden wird die Erfindung vieler Musikinstrumente zugeschrieben. Hier folgen ein paar der Instrumente, die in der Bibel erwähnt werden.

Schofar – Dieses Horn wurde natürlich aus einem Horn hergestellt. Ein Widderhorn wurde so lange mit Dampf bearbeitet, bis es biegsam war. Dann wurde das breite Ende nach oben gebogen, um es in eine Trompetenform zu bringen. Der Schofar erzeugt einen sehr schwermütigen Klang.

Rohrflöte – Dieses kleine Instrument wurde ebenfalls verwendet, um Klage und Trauer zum Ausdruck zu bringen. Seine wehklagende Musik spielte man in Zeiten der Trauer.

Harfen, Lauten und Leiern – Ein Fest war nicht vollständig ohne den Klang eines Saiteninstruments. Die Harfen aus biblischen Zeiten waren kleinere, transportierbarere Versionen der Harfen, die wir heute kennen. Die Lauten und Leiern waren ebenfalls festlich klingende Instrumente. Die Leier wurde üblicherweise mit einem Plektrum gespielt. Die Laute hingegen zupfte man mit den Fingern.

Tamburine – Wo getanzt wurde, da spielte vermutlich ein Tamburin. Auf Hochzeiten und Festen wurden Tamburine gespielt und häufig tanzten und sangen Frauen dazu.

Philipper

Thema: Das freudvolle Leben
Datierung: 62 n. Chr.
Autor: Paulus
Entstehungsort: Im Gefängnis

www.dasbibelprojekt.de

»Freut euch im Herrn allezeit! Wiederum will ich sagen: Freut euch!« (4,4)

Es ist nun vier oder fünf Jahre her, dass Paulus Philippi zuletzt besucht hat. Dort hatte er während einer seiner Missionsreisen eine Gemeindearbeit begonnen. Die Gemeinde in Philippi hat immer Geld gespendet, um Paulus in seinem Dienst zu unterstützen. So auch dieses Mal. Als sie gehört hatten, dass Paulus im Gefängnis saß, schickten sie ihm eine weitere Gabe, die durch einen Mann namens Epaphroditus überbracht wurde. Dieser sollte sich persönlich um Paulus' Bedürfnisse kümmern. Leider erkrankt Epaphroditus, und fast stirbt er. Paulus wird bewusst, dass sein eigener Tod nahe bevorstehen könnte, und er schreibt diesen Brief. Er dankt den Philippern für ihr Geschenk. In Sorge um Epaphroditus und damit die Philipper sich seinetwegen nicht sorgen, schickt Paulus ihn mit diesem Brief nach Hause. Er beschreibt darin seine Umstände im Gefängnis, ermutigt die Gläubigen in Philippi zu größerer Einheit und warnt sie vor Irrlehrern.

Die Struktur des Buches

Kapitel 1 **Paulus' schwierige Umstände**
Paulus liegt zwar in Ketten. Doch er ist deswegen nicht entmutigt, denn seine Umstände sind »mehr zur Förderung des Evangeliums ausgeschlagen« (Phil 1,12), wie er sagt. Paulus ist zuversichtlich, dass Christus verherrlicht wird, selbst wenn er für seinen Glauben an Christus stirbt. Er bestätigt, dass Gutes aus dem Leiden um Christi willen entstehen kann.

Kapitel 2,1-18 Paulus' liebevolle Ermutigung
Paulus beginnt seinen Lehrabschnitt des Philipperbriefes, indem er Gläubige dazu ermutigt, in Einheit miteinander zu leben. Der Schlüssel zu Einheit besteht darin, gleichgesinnt zu sein und einander zu dienen. Christen sollen in die Fußstapfen Christi treten. Er ist das großartigste Vorbild für Demut - er war nämlich bereit, zu unserem Wohl am Kreuz zu sterben.

Kapitel 2,19-30 Paulus' treue Freunde
Als Nächstes bringt Paulus seine Wertschätzung für Timotheus zum Ausdruck. Dieser hat seinen Charakter bewiesen und fleißig mit Paulus gedient. Paulus hofft, Timotheus bald zu den Philippern zu schicken. Aber Paulus vergisst nicht, auch Epaphroditus zu loben. Dieser diente Paulus bis zur Erschöpfung und wurde krank. Diese beiden Freunde, Timotheus und Epaphroditus, sind Vorbilder für die Selbstaufopferung, die das Leben aller Christen kennzeichnen sollte.

Kapitel 3,1-4,1 Paulus warnt ernstlich
Das christliche Leben ist nicht leicht. Die Philipper müssen mit Feinden und Problemen rechnen. Halten sie durch, dann sind geistliches Wachstum und geistliche Reife das Ergebnis. Wenn das Leben hier auf der Erde entmutigend wird, müssen sie sich daran erinnern, dass sie Bürger des Himmels sind. Das ist ihre wahre Heimat.

Kapitel 4,2-23 Paulus' abschließende Ermahnungen
Das Leben ist zwar schwierig, doch Paulus sagt, dass Gläubige nicht ängstlich sein sollten. Sie sollten nicht zulassen, dass negative Gedanken sie herunterziehen. Vielmehr werden sie ermutigt, sich am Herrn zu freuen und ihm alles im Gebet zu geben. Wenn sie das tun, wird Gottes Friede ihre Herzen bewahren.

Auf den Punkt gebracht

Der Schlüsselbegriff in diesem Brief lautet Freude. In der einen oder anderen Form wird der Begriff 19 Mal verwendet. Als Paulus schrieb: »Freut euch im Herrn allezeit!« (Phil 4,4), saß er nicht bequem im Sessel oder war in einer angenehmen Umgebung. Stattdessen befand er sich als Gefangener in einem römischen Gefängnis. Doch Paulus konnte sich sogar im Gefängnis freuen wegen seiner Leidenschaft dafür, Christus mehr und mehr kennenzulernen. Darin besteht das Geheimnis eines frohen christlichen Lebens. Freude beruht nicht auf Umständen, sondern auf der Zuversicht, die einer Beziehung zu Jesus Christus entspringt.

Konkret für dein Leben

Jeder möchte glücklich sein. Daher jagen viele Menschen ihr Leben lang nach Glück, indem sie Geld ausgeben, weite Reisen machen und neue aufregende Erlebnisse suchen. Doch diese Art von Glück hängt von positiven Umständen ab. Was geschieht, wenn deine Umstände nicht so positiv oder erfreulich aussehen? Oftmals verschwindet dein Glück, und die Verzweiflung setzt ein. Aber Freude ist anders. Du empfindest Freude, weil du weißt, dass Gott in deinem Leben wirkt – trotz deiner Umstände. Wahre Freude entsteht dadurch, dass du Christus persönlich kennst und dich auf seine Kraft anstatt auf die deine verlässt. Erlebst du wahre Freude und Zufriedenheit? Kennst du Christus persönlich? Und wie sehr verlässt du dich auf seine Kraft anstatt auf deine eigene?

- Inwiefern ist Freude ein Bestandteil deines Lebens? Als Christ solltedeine Freude offenkundig sein. Wie kannst du deinen Glauben fröhlicher leben und dich mehr freuen?
- Paulus befand sich im Gefängnis. Dennoch brachte er seine Hingabe Gott gegenüber zum Ausdruck. Wodurch fühlst du dich zurzeit in deinem Leben »gefangen«? Druck in der Schule? Zu Hause? Versuchungen? Müdigkeit? Traurigkeit? Den Vertrauensbruch eines Freundes? Finde einen Weg, deine Hingabe Gott gegenüber zum Ausdruck zu bringen – trotz deiner Umstände. Möglicherweise sieht deine Situation ganz anders aus, nachdem du das getan hast.
- Woran kannst du einen Irrlehrer erkennen? Was solltest du tun, wenn du Irrlehre hörst?

Wichtige Lektionen aus Philipper

- Schwierige Umstände sollten dich nicht davon abhalten, das Evangelium weiterzusagen.
- Christus hat sich selbst demütig für das Wohl anderer geopfert. Du bist dazu berufen, seinem Beispiel zu folgen.
- Einheit entsteht, wenn du andere höher achtest als dich selbst und dich um ihre Bedürfnisse kümmerst.
- Du wirst angewiesen, dir keine Sorgen zu machen. Vielmehr sollst du all deine Sorgen an Gott abgeben und zulassen, dass er sich darum kümmert.
- Sogar deine schwierigsten Umstände können Vorteile mit sich bringen und Anlass zur Freude geben.

Wo was zu finden ist

Gott wird zu Ende bringen, was er in dir anfängt . . . Philipper 1,6
Das Leben ist Christus und das Sterben Gewinn . . . . Philipper 1,21
Christus ist dein Vorbild in Demut . . . . Philipper 2,5-11
Jeder wird Jesus als Herrn bekennen . . . . Philipper 2,10-11
Du kannst Christus und seine Kraft erkennen . . . . Philipper 3,10
Dein Bürgerrecht ist im Himmel . . . . Philipper 3,20
Du sollst dich allezeit freuen . . . . Philipper 4,4
Durch Christus vermagst du alles . . . . Philipper 4,13
Gott wird alle deine Bedürfnisse erfüllen . . . . . Philipper 4,19

Christus im Philipperbrief

Christus ist unser Leben (1,21)
Christus ist unser Vorbild in Demut (2,5)
Christus ist unsere Hoffnung (3,21)
Christus ist unsere Kraft (4,13)

Kolosser

www.dasbibelprojekt.de

Thema: Die Bedeutung Christi
Datierung: 60-61 n. Chr.
Autor: Paulus
Entstehungsort: In einem römischen Gefängnis

»Denn in ihm wohnt die ganze Fülle der Gottheit leibhaftig; und ihr seid in ihm zur Fülle gebracht. Er ist das Haupt jeder Gewalt und jeder Macht.« (2,9-10)

Kolossä war eine kleine Stadt ca. 160 Kilometer östlich von Ephesus. Der Gründer der Gemeinde in Kolossä war ein Mann namens Epaphras. Er war während eines Besuchs in Ephesus durch Paulus zum Glauben gekommen. Paulus hatte drei Jahre in Ephesus gedient, die Gemeinde in Kolossä aber nie besucht. Aber Epaphras ist nun nach Rom gekommen, um Paulus zu besuchen und von seinen Sorgen wegen einer falschen Lehre zu berichten, die in Kolossä umgeht. Paulus verfasst sofort diesen Brief. Er warnt die Kolosser vor dieser Lehre, die den Wert Christi herabsetzt. Er schreibt, um ihnen ein angemessenes Verständnis von Christi Eigenschaften und Errungenschaften zu vermitteln.

Die Struktur des Buches

Kapitel 1,1-14 Paulus' Herz
Paulus grüßt die Christen in Kolossä. Er dankt Gott für die geistliche Frucht, die er in ihrem Leben sieht. Er betet, dass sie mit der Erkenntnis von Gottes Willen für ihr Leben erfüllt werden. Wenn Gläubige Gottes Wünsche für sie kennen und verstehen, sind sie in der Lage, geistlich produktiv zu sein.

Kapitel 1,15-2,7 Die Wahrheit über Christus

Anscheinend behaupteten einige Irrlehrer in Kolossä, das christliche Leben sei wichtiger als Christus. Sie lehrten, es wäre notwendig, auch eine Art von »tieferer Erkenntnis« zu gewinnen und besondere religiöse Traditionen einzuhalten. Paulus warnt vor diesen schwerwiegenden Irrtümern. Er sagt, dass Christus alles ist, was man braucht. Allein Christus ist das Haupt der Gemeinde, die Hoffnung auf eine zukünftige Herrlichkeit und die Quelle wahrer Weisheit und wahrer Erkenntnis.

Kapitel 2,8-23 In Christus hat der Gläubige alles

Die Irrlehrer in Kolossä ermutigen die Christen, nach einer Art höherer Erkenntnis zu streben und bestimmte Regeln zu befolgen. Paulus hält dagegen, dass Gläubige durch Christus bereits in jeglicher Hinsicht alles haben. Das umschließt auch ihre Rettung. Es besteht für sie keinerlei Notwendigkeit, sich an Regeln und Vorschriften zu binden.

Kapitel 3-4 Der Charakter des Gläubigen in Christus

Anstatt menschengemachte Regeln zu befolgen, lehrt Paulus Folgendes: Christen sind dazu berufen, ihre alten Gewohnheiten (Zorn, beleidigendes Reden, Lügen und so weiter) abzulegen. Sie sollen den Charakter des neuen Menschen anziehen - Erbarmen, Freundlichkeit, Demut, Sanftmut, Langmut, Geduld und Vergebung. In ihrem Leben, Zuhause, auf der Arbeit, in der Schule und bei ihren Freunden sollen Gläubige so leben, dass sie Gott - nicht Menschen - gefallen.

Auf den Punkt gebracht

Paulus will, dass die Kolosser die Souveränität Christi verstehen. Zunächst erklärt er, dass eine angemessene Perspektive auf Christus das Heilmittel gegen Irrlehre ist: Christus ist genug. Es muss nichts anderes hinzugefügt werden, wenn jemand Christus zum Retter hat. Zweitens gilt: Da Christus souverän ist, sollen die Gläubigen in Kolossä sowohl im Hinblick auf ihr Verhalten als auch auf ihre Haltung im Gehorsam gegenüber Christus leben. Sie sollen barmherzig, freundlich, demütig, sanftmütig, geduldig, vergebungsbereit und liebevoll sein.

Konkret für dein Leben

Weil Christus Herr ist, ist Unterordnung nicht optional. Wenn du seinen Anweisungen gehorchst, verleiht er dir die Kraft, jeden deiner Lebensbereiche zu verwandeln. Das schließt dein Privatleben und deine Zeit in der Schule ein. Ist Christus in deinem Leben Herr? Lies den kurzen Kolosserbrief. Gewinne ein besseres Verständnis davon, dass dein Retter in jedem Bereich, in dem du Not hast, genügt.

- Christus ist alles, was du brauchst. Wo siehst du mit diesem Wissen Dinge in deinem Leben, denen du zu viel Bedeutung oder Wert beimisst?
- In Christus bist du vollendet. Auf welche Weisen versucht die Welt, dir zu vermitteln, du wärst unvollständig und nicht gut genug?
- Welche Frucht bringt dein Leben infolge deines Glaubens und Gehorsams?

Wichtige Lektionen aus Kolosser

- Im Hinblick auf Rettung und christliche Lebensführung hat der Herr Jesus Christus schon alles für dich vollbracht.
- In Christus hast du alles. Du brauchst keine besonderen Erkenntnisse, Erfahrungen oder religiöse Regeln.
- Christus ist Herr. Deine Hingabe ihm gegenüber sollte uneingeschränkt sein.
- Ein christliches Leben zu führen bedeutet, dass du die Eigenschaften der Welt ab- und den Charakter Christi anlegst.

Wo was zu finden ist

Belügt einander nicht . . . . .Kolosser 3,9
Ertragt einander . . . . Kolosser 3,13
Vergebt euch gegenseitig . . . . Kolosser 3,13
Ermahnt euch gegenseitig . . . . Kolosser 3,16

Christus im Kolosserbrief

Christus ist unsere Erlösung (1,14)
Christus ist das Bild Gottes (1,15)
Christus ist der Schöpfer und Erhalter aller Dinge (1,16-17)
Christus ist das Haupt der Gemeinde (1,18)
Christus ist der Urheber der Versöhnung (1,20)
Christus ist die Grundlage unserer Hoffnung (1,27)
Christus ist die Kraftquelle zum Leben (1,29)

1. Thessalonicher

www.dasbibelprojekt.de

Thema: Sorge um die Gemeinde
Datierung: 51 n. Chr.
Autor: Paulus
Entstehungsort: Korinth

»Denn wenn wir glauben, dass Jesus gestorben und auferstanden ist, wird auch Gott ebenso die Entschlafenen durch Jesus mit ihm bringen.« (4,14)

Es ist nicht ganz klar, wie lange sich Paulus in Thessalonich aufhielt, einer Stadt in Nordgriechenland. Es könnten sogar nur drei Wochen gewesen sein. Doch aufgrund der Reaktion, die Paulus' Botschaft der Rettung durch Christus von vielen Heiden bekam, brachten neidische Juden die Stadtbewohner gegen ihn auf. Um der Meute auszuweichen, musste Paulus im Schutz der Dunkelheit fliehen. Noch immer besorgt um diese neuen Gläubigen schickt er seinen Gefährten Timotheus. Er soll auf seiner Reise nach Athen und Korinth nachsehen, wie es ihnen geht. Timotheus trifft Paulus in Korinth. Dieser Brief ist das Ergebnis von Timotheus' positivem Bericht über diese neue Gemeinde.

Die Struktur des Buches

Kapitel 1 Paulus' Einschätzung der Gemeinde
Das Zeugnis der Gemeinde in Thessalonich hatte sich schnell in der gesamten Region ausgebreitet – in solchem Maße, dass Paulus auf seiner Reise unterwegs gar nicht erst von der Gemeinde zu erzählen brauchte. Paulus ist sehr stolz auf die geistliche Gesundheit der Gläubigen dort. Ihr missionarischer Eifer, ihr Einsatz für die Wahrheit, ihr Verhalten angesichts von Verfolgung, ihre selbstlose Liebe und ihre Hingabe im Hinblick auf den geistlichen Dienst sind für alle offensichtlich.

Kapitel 2-3 Paulus' Verhalten und seine Sorge
Paulus wiederholt, wie er und seine Begleiter, Silas und Timotheus, das Evangelium den Menschen in Thessalonich brachten; wie diese die Botschaft annahmen; und wie sehr er sich nun danach sehnt, bei ihnen zu sein. Wegen seiner Besorgnis schickt er Timotheus zurück, um sie in ihrem christlichen Glauben zu ermutigen. Paulus schließt dann mit einem Gebet um noch größeres Wachstum in Christus unter den Thessalonichern.

Kapitel 4,1-12 Paulus' Ermahnung
Dieses Kapitel beginnt mit einer zentralen Botschaft von Paulus. Er erinnert die Thessalonicher daran, Gott weiterhin in ihrem Alltagsleben zu gefallen, indem sie sexuelle Sünde meiden, einander lieben und in einer nichtchristlichen Welt für Christus leben.

Kapitel 4,13-5,28 Paulus erinnert an die Hoffnung des Gläubigen
Paulus' Dienst in Thessalonich dauerte zwar nur kurz. Doch die neue Gemeinde hatte bereits angefangen, auf die Wiederkunft ihres Retters zu hoffen. Paulus erinnert sie an die Hoffnung, dass Jesus wiederkommt. Daher kann das Kommen des Herrn ein Freudentag anstatt eines Gerichtstages sein. Paulus ermahnt die Gläubigen, ihre Ältesten zu ehren und weise im Umgang miteinander zu sein. Er endet mit einem Segen: Gott wird sie untadelig bewahren bis zu Christi Wiederkunft.

Auf den Punkt gebracht

Die Christen in Thessalonich leben in der Hoffnung auf die baldige Wiederkunft Christi. Paulus hat sie gelehrt, dass dieses Ereignis die Heilsgeschichte abschließt. Timotheus überbringt Paulus die Neuigkeit, dass die Gläubigen besorgt sind, weil manche unter ihnen bereits gestorben sind. Sie fragen sich: »Werden diese entschlafenen Seelen die Wiederkunft Christi verpassen?« In seinem ersten Brief informiert Paulus sie darüber, dass die verstorbenen Gläubigen nicht benachteiligt sind, sondern an Christi Wiederkunft teilhaben werden.

Konkret für dein Leben

Niemand kennt den Zeitpunkt der Wiederkunft Christi. Eines Tages jedoch werden alle Gläubigen, die lebenden und die toten, mit Christus vereint werden. Dich täglich auf seine Wiederkunft zu freuen, sollte dir Trost spenden, während du dich mit deinen Alltagsproblemen auseinandersetzt. Das Wissen, dass Christus wiederkommt, sollte dich dazu motivieren, ein heiliges und fruchtbringendes Leben zu führen. Lebe daher jeden Moment in der Erwartung seiner Wiederkunft. Lass dich nicht unvorbereitet überraschen!

- Wie machen deine Mitschüler den Gläubigen das Leben schwer?
- Wie könnte eine gute und gottesfürchtige Antwort aussehen, die du denen geben kannst, die dich verfolgen?
- Wie kannst du dich auf Christi Wiederkunft vorbereiten? Warum ist es wichtig, darüber nachzudenken?

Wichtige Lektionen aus 1. Thessalonicher

- Du sollst deine Gemeindeleiter ehren.
- Deine persönliche Erfahrung ist ein mächtiges Werkzeug, um den Glauben zu bezeugen.
- Ein Gottesfürchtiger Lebensstil ruft möglicherweise Verfolgung hervor.
- Die versprochene Wiederkunft Christi sollte dich zu einem geheiligten Lebensstil motivieren.

Wo was zu finden ist

Darstellung einer Mustergemeinde . . . . . .1. Thessalonicher 1,8-10
Eine Darstellung von Paulus' geistlichem Dienst . . . . .1. Thessalonicher 2,1-12
Timotheus' Bericht über die Gemeinde . . . .1. Thessalonicher 3,6-10
Die Wiederkunft Christi . . . . 1. Thessalonicher 4,13-18
Der Tag des Herrn . . . . 1. Thessalonicher 5,1-4
Die Häufigkeit des Gebets . . . . 1. Thessalonicher 5,17
Das Auslöschen des Geistes . . . . 1. Thessalonicher 5,19

Die Einzelheiten der Wiederkunft Christi

Christus bereitet einen Platz im Himmel vor (Joh 14,1-3).
Die Wiederkunft Christi wird sehr schnell ablaufen (1Kor 15,51-52).
Christus wird vom Himmel herabsteigen … (1Thess 4,16)

- mit einem Ruf.
- mit der Stimme eines Erzengels.
- mit dem Klang der Posaune Gottes.

Christi Wiederkunft wird dafür sorgen, dass … (1Thess 4,16-18)

- die in Christus Entschlafenen zuerst auferweckt werden.
- die noch lebenden Gläubigen »mit ihnen entrückt« werden.
- sowohl die Toten als auch die Lebenden dem Herrn in der Luft begegnen.
- sie alle für immer beim Herrn sein werden.

2. Thessalonicher

www.dasbibelprojekt.de

Thema: Hoffnungsvoll leben
Datierung: 52 n. Chr.
Autor: Paulus
Entstehungsort: Korinth

»Treu ist aber der Herr, der euch stärken und vor dem Bösen bewahren wird.« (3,3)

Das ist der zweite Brief, den Paulus den Gläubigen in Thessalonich sendet. Er wurde nur wenige Monate nach dem ersten Brief verfasst, während Paulus sich in Korinth aufhielt. Paulus erreichte die Nachricht aus Thessalonich, dass manche Gläubige die Lehre über die Wiederkunft Christi missverstanden. Seine Aussage, dass Christus jeden Augenblick wiederkommen könne, hatte manche dazu veranlasst, ihren Beruf aufzugeben, untätig herumzusitzen und auf Christi Rückkehr zu warten. Andere sahen ihre anhaltende Verfolgung als Zeichen, dass dies bereits »der Tag des Herrn« oder die letzten Tage sein müssten. Paulus reagiert schnell. Er schickt diesen zweiten Brief an die junge Gemeinde.

Die Struktur des Buches

Kapitel 1 Paulus tröstet die Entmutigten
Wie in seinem ersten Brief lobt Paulus die Thessalonicher für ihren Glauben an Christus. Dann tröstet er die Opfer von Leid und Verfolgung mit folgendem Wissen: Wenn Christus wiederkommt, wird er die Gläubigen belohnen und die Gottlosen bestrafen. Er betet auch dafür, dass Gott durch ihren treuen Dienst verherrlicht wird.

Kapitel 2 Paulus korrigiert ein Missverständnis
Paulus sagt denen, die glauben, »der Tag des Herrn« sei bereits gekommen, dass sie falsch liegen. Dieser Tag, so schreibt Paulus, wird gekennzeichnet sein vom Aufstieg des »Mensch[en] der Gesetzlosigkeit« und anderer, die Böses treiben und die Wahrheit ablehnen. Anschließend betet Paulus, dass die Gläubigen fest in ihrem Glauben stehen.

Kapitel 3 Paulus verurteilt Untätigkeit
Paulus beginnt diesen letzten Abschnitt seines Briefes mit dem Gebetsanliegen, dass sich das Evangelium zügig ausbreitet und dass Gott, der treu ist, sie weiterhin vor dem Bösen bewahre.

Dann endet er mit einer Warnung an die Gläubigen, die aufgehört hatten zu arbeiten und die ihr Leben mit dem Warten auf die Wiederkunft des Herrn verbrachten. Paulus macht sehr deutlich, dass die Vorfreude auf die Wiederkunft Jesu die Gläubigen nicht davon abhalten soll, sich um die grundlegenden Verpflichtungen des Lebens zu kümmern. Dazu gehört auch die Arbeit. Er nimmt sich selbst als Beispiel. Während er sich bei den Thessalonichern aufhielt, arbeitete er für seinen Lebensunterhalt, anstatt darauf angewiesen zu sein, dass andere für seine alltäglichen Bedürfnisse aufkamen.

Auf den Punkt gebracht

Selbst wenn Menschen ihr Bestes geben, um sich beim Reden und Schreiben klar auszudrücken, können Missverständnisse auftreten. Das passierte mit Paulus' erstem Brief an die Thessalonicher. Manche Menschen waren entmutigt worden, weil sie dachten, ihre gegenwärtige Verfolgung würde bedeuten, dass sie die Wiederkunft des Herrn verpasst hatten. Sie dachten, sie befänden sich tatsächlich am »Tag des Herrn«. Sie meinten, die furchtbare Drangsal zu erleben, die an diesem Tag eintreten würde. Sie begriffen nicht, dass Verfolgung etwas ist, womit die, die ihren Glauben an den Herrn leben, immer rechnen müssen. Anderen hingegen hatte die Hoffnung auf die baldige Wiederkunft Christi eine Ausrede für Faulheit geliefert.

Konkret für dein Leben

Paulus' Brief sollte dich davon abhalten, entmutigt oder verängstigt zu werden, wenn du verfolgt wirst oder siehst, wie das Böse sich ausbreitet. Gott hat noch immer die Kontrolle, ganz gleich wie schlimm die Lage aussieht oder wird. Er verfolgt einen Plan für deine Zukunft. Diese Hoffnung sollte dir Kraft verleihen, um nach vorne zu gehen, anstatt stehen zu bleiben und nichts zu tun. Paulus ermutigt dich standzuhalten, weiterzuarbeiten, weiter Gutes zu tun und auf Christus zu warten.

- Welcher deiner Lebensbereiche scheint außer Kontrolle geraten? Bete zu Gott und übergib ihm die volle Kontrolle über diesen Bereich.
- Wie gibt dir dein Glaube Hoffnung für die Zukunft?
- Auf welche Weise verhältst du dich in deinem Leben standhaft?

Wichtige Lektionen aus 2. Thessalonicher

- Deine Erwartung der Wiederkunft Christi sollte dich nicht davon abhalten, ein verantwortungsvolles Leben zu führen.
- Gott ist bei dir in deinem Leid. Er wird es gebrauchen, um dich wachsen zu lassen und sich selbst zu verherrlichen.
- Achte darauf, dass du korrekt verstehst, was die Heilige Schrift sagt. Es wird sich darauf auswirken, wie du lebst.
- Gott erwartet, dass du deine Pflicht zu Hause, in der Schule oder auf der Arbeit – falls du einen Beruf hast – tust. Du sollst nicht erwarten, dass andere deine Verantwortungslosigkeit ausgleichen.

Wo was zu finden ist

Trost in Verfolgung . . . . .2. Thessalonicher 1,5-12
Die Wiederkunft Christi . . . . .2. Thessalonicher 2,1-12
Das Profil eines Christen . . . . 2. Thessalonicher 2,13-17
Paulus' Gebetsanliegen . . . . 2. Thessalonicher 3,1-2
Warnung vor Faulheit . . . . .2. Thessalonicher 3,6-15

Profil des »Mann[es] der Gesetzlosigkeit«

▸ Wird »der Sohn des Verderbens« genannt	2. Thessalonicher 2,3
▸ Wird »kleines Horn« genannt	Daniel 7,8
▸ Wird der »kommende Fürst« genannt	Daniel 9,26
▸ Wird »der Antichrist« genannt	1. Johannes 2,18
▸ Wird »das Tier« genannt	Offenbarung 13,2-10

Einzelheiten aus 2. Thessalonicher 2,3-12 über den »Mensch der Gesetzlosigkeit«

- Er kommt mit einem großen Abfall vom Glauben.
- Er wird in Schach gehalten, bis »der, welcher jetzt zurückhält« – der Heilige Geist – aus dem Weg genommen wird.
- Er weist sich selbst als Gott aus.
- Er sitzt im Tempel Gottes.
- Sein Kommen ist das Werk Satans.
- Er kommt mit Macht, Zeichen, Wundern der Lüge und Betrug.
- Er wird durch Christi Atem vernichtet werden.

1. Timotheus

www.dasbibelprojekt.de

Thema: Anweisungen für einen jungen Nachfolger
Datierung: 64 n. Chr.
Autor: Paulus
Entstehungsort: Mazedonien/Philippi

»Wenn ich aber zögere, damit du weißt, wie man sich verhalten muss im Hause Gottes, das die Gemeinde des lebendigen Gottes ist, die Säule und Grundfeste der Wahrheit.« (3,15)

Timotheus ist einer von Paulus' engsten Mitarbeitern geworden, seit Paulus ihn ca. 15 Jahre zuvor in den Dienst berufen hat. Paulus ist eben aus seiner ersten Haft in Rom entlassen worden. Nun besucht er nochmals einige der Städte, in denen er seinen geistlichen Dienst getan hat, darunter auch Ephesus. Als Paulus Ephesus wieder verlässt, bittet er Timotheus, als sein persönlicher Vertreter dort zurückzubleiben. Dann zieht Paulus nach Mazedonien weiter. Währenddessen dient Timotheus in der Gemeinde in Ephesus. Paulus hofft, irgendwann zu ihm zurückzukehren. Doch in der Zwischenzeit schreibt er diesen Brief, um Timotheus praktische Ratschläge für dessen Dienst zu geben.

Die Struktur des Buches

Kapitel 1 Anweisung im Hinblick auf Irrlehre
Paulus beginnt diesen Brief direkt mit einer Warnung vor dem wachsenden Problem von Irrlehren über das Gesetz des Mose. Er schreibt, dass das Gesetz gut ist, weil es Gottes heiligen und gerechten Maßstab widerspiegelt. Sein Zweck besteht darin, Menschen ihre Sünde zu offenbaren und ihnen zu zeigen, dass sie das rettende Evangelium Jesu Christi brauchen. An diesem Punkt erzählt der älter werdende Apostel seine dramatische Bekehrung und seine Berufung in den geistlichen Dienst. Er erinnert Timotheus außerdem an dessen eigene göttliche Berufung, als dieser vermutlich ein Teenager war. Er beauftragt Timotheus, diese Berufung zu erfüllen, ohne in seiner Lehre oder seinem Verhalten zu wanken.

Kapitel 2-3 Anweisung im Hinblick auf die Gemeinde
Nachdem er Timotheus seinen Marschbefehl erteilt hat, spricht Paulus nun einige Fragen bezüglich der Anbetung in der Gemeinde an. Öffentliches Gebet sollte einen Bestandteil des Gottesdienstes bilden und im Verantwortungsbereich der Männer in der Gemeinde liegen. Die Frauen hingegen sollten sich darauf konzentrieren, die innerliche Eigenschaft der Gottesfurcht zu entwickeln. Als Nächstes thematisiert Paulus die Qualifikationen von zwei Gruppen von Leitern: den Ältesten (oder Aufsehern) und den Diakonen.

Kapitel 4 Anweisung im Hinblick auf Irrlehrer
Nachdem Paulus bereits vor Irrlehrern gewarnt hat, erläutert er nun, wie man sie erkennt und auf sie reagiert. Er führt aus, dass ein guter Diener Jesu im Gegensatz dazu seine Gläubigen beschützt, indem er Gottes Wahrheit verkündigt. Paulus ermahnt Timotheus, das ebenfalls zu tun.

Kapitel 5 Anweisung im Hinblick auf den Hirtendienst
Als Nächstes gibt Paulus praktischen Rat zum Umgang mit Jungen, Alten und Witwen. Er erklärt, wie man mit Ältesten umgehen soll, die ihren Dienst gut bzw. nicht so gut ausüben.

Kapitel 6 Anweisung im Hinblick auf Weltlichkeit
Paulus beschreibt abschließend die Motivation von Irrlehrern. Sie arbeiten im geistlichen Dienst für persönlichen Gewinn und sind gierig. Im Gegensatz dazu wird Timotheus angewiesen, sich vor dem Streben nach Geld zu hüten. Er soll fest im Glauben stehen, gottesfürchtig leben, sodass niemand ihn irgendeines Fehlers anklagen kann. Außerdem soll er die Reichen ermahnen, ihren Reichtum zu teilen.

Auf den Punkt gebracht

Kassierer werden geschult, gefälschte Banknoten zu erkennen, indem sie sich sehr vertraut mit echten Scheinen machen. Dieselbe Technik gilt auch für das Erkennen von Irrlehrern und ihren falschen Lehren. Wir müssen die Wahrheit kennen, um den Fehler zu finden. Timotheus kannte die Wahrheit. Er hatte fünfzehn Jahre lang zugehört, während Paulus sie predigte und lehrte. Daher war es für Paulus nur allzu natürlich, Timotheus die Verantwortung dafür zu übertragen, den Glauben zu verteidigen, indem er die Wahrheit lehrte. Bewaffnet mit gesunder Lehre würden die Epheser sich selbst gegen Irrlehrer verteidigen können.

Konkret für dein Leben

Kennst du die Wahrheiten in Gottes Wort gut genug, um einen Irrlehrer oder eine Irrlehre zu entdecken? Bist du mit deinem aktuellen Level von Bibelkenntnis darauf vorbereitet, den christlichen Glauben zu verteidigen? Falls ja, dann folge Paulus' Beispiel und finde Christen, die jünger sind im Glauben als du, und werde ihr Mentor. Falls du dich noch nicht so reif fühlst, wie du gerne wärst, folge Timotheus' Beispiel und erwirb Weisheit, indem du von einem reiferen Christen lernst.

Es steht so viel auf dem Spiel! Irrlehre richtet mehr Schaden an als eine falsche Banknote. Eine falsche Banknote schadet dir nur physisch. Doch Irrlehre schadet der Seele. Paulus bezeichnet Irrlehre als »Lehren von Dämonen« (1Tim 4,1). Lerne deine Bibel kennen - sowohl allein als auch mithilfe eines Mentors. So kannst du deinen Glauben verteidigen und andere vor dem schlimmsten aller Irrtümer - vor geistlichem Irrtum - bewahren.

- Paulus war für Timotheus ein großartiger Mentor und Lehrer. Welcher Rat von Paulus ist auch für dein Glaubenswachstum hilfreich?
- Was hast du beim Bibelstudium gelernt, das dir helfen wird, Irrlehren zu erkennen?
- Paulus verwendet Zeit darauf, über Rollen innerhalb der Gemeinde zu sprechen. Wo investierst du dich in das Wachstum und den Dienst deiner Gemeinde? Ja, du bist jung … aber du bist ein wichtiger Teil deiner Gemeindefamilie.

Wichtige Lektionen aus 1. Timotheus

- Orientiere dich als junger Mensch an den geistlichen Qualifikationen für Leiter. Sie sind eine Anleitung für dein eigenes Wachstum hin zur Reife.
- Achte als junger Mensch auf die Beziehung, die Paulus zu seinem jüngeren Nachfolger pflegte. Finde jemanden wie Paulus, der dir Anleitung und Rat geben kann - nicht nur ein paar Wochen oder Monate lang, sondern wenn nötig auch über Jahre.
- Folge als junger Mensch dem Beispiel von Timotheus. Ahme das Leben reiferer Gläubiger nach.
- Denke als junger Mensch an den tiefgreifenden Einfluss, den du auf deine Brüder und Schwestern und die Leute in der Schule nehmen kannst.

Wo was zu finden ist

Die Titel und Qualifikationen von Leitern im Neuen Testament

Aufseher	1. Timotheus 3,1-7
Ältester	Titus 1,5-9
Pastor/Hirte	1. Petrus 5,2

(Beachte: Die obengenannten Begriffe für Leiter bezeichnen diejenigen in der Gemeinde, die Gottes Volk nähren, leiten, beaufsichtigen und ermahnen - siehe Apostelgeschichte 20,28-32. Diese Begriffe werden im Neuen Testament synonym, also austauschbar, verwendet.)

Diakon oder Tischdiener Apostelgeschichte 6,1-6; 1. Timotheus 3,8-13

Teenager der Bibel im Spotlight

Timotheus begann, die Heilige Schrift kennenzulernen, als er noch ein kleiner Junge war. Er wuchs in seinem Wissen, während er älter wurde. Schließlich trug er Verantwortung in der Gemeinde in Ephesus.

2. Timotheus

www.dasbibelprojekt.de

Thema: Ein Auftrag zum treuen geistlichen Dienst
Datierung: 67 n. Chr.
Autor: Paulus
Entstehungsort: Rom

»Strebe danach, dich Gott bewährt zur Verfügung zu stellen als einen Arbeiter, der sich nicht zu schämen hat, der das Wort der Wahrheit in gerader Richtung schneidet!« (2,15)

Paulus sitzt im Gefängnis. Er ist allein. Nur Lukas ist bei ihm, der viele Jahre lang sein treuer Freund und Arzt gewesen ist. Paulus ist sich außerdem darüber im Klaren, dass sein Ende bevorsteht. Doch bevor er stirbt, will er den Staffelstab seines Dienstes an Timotheus, seinen zuverlässigen Mitarbeiter, weitergeben. Er ist besorgt, dass Timotheus in der Gefahr stehen könnte, geistlich auszubrennen. Deshalb schreibt Paulus, um ihn zu ermutigen, seinen geistlichen Pflichten treu zu bleiben. Timotheus soll an der gesunden Lehre festhalten, Fehler vermeiden, mit Verfolgung um des Evangeliums willen rechnen, und vor allen Dingen sein Vertrauen auf Gottes Wort setzen, während er es predigt.

Die Struktur des Buches

Kapitel 1 Die Voraussetzungen für einen treuen geistlichen Dienst
Paulus beginnt seinen Brief an »meinen geliebten Sohn« (2Tim 1,2) mit Zärtlichkeit und Liebe. Er erinnert Timotheus an seine Mittel für den Dienst - einen echten Glauben, der ihm von seiner Mutter und seiner Großmutter vorgelebt worden war, seine Berufung und Begabung, den Wunsch, an der Wahrheit von Gottes Wort festzuhalten und eine Loyalität, die sogar die schwersten Zeiten überdauert.

Kapitel 2 Das Vorbild für treue Diener
Nun fordert Paulus Timotheus heraus, andere darauf vorzubereiten, ihm im geistlichen Dienst zu folgen. Timotheus soll sich selbst disziplinieren wie ein Soldat, ein Athlet und ein Bauer. Er soll Paulus' Vorbild im Durchhalten nachahmen. In seinem Umgang mit anderen darf Timotheus sich nicht in nutzlosen Diskussionen verfangen. Was ihn selbst betrifft, muss er den jugendlichen Trieben entfliehen und sein Leben reinhalten.

Kapitel 3 Die Gefahren eines treuen Dienstes
Paulus, der stets wachsame Leiter, sieht schwierige Zeiten wachsenden Unglaubens und zunehmender Gottlosigkeit voraus. In diesen Zeiten werden Männer und Frauen offener für Irrlehre sein. Paulus ermahnt Timotheus, niemals in seiner Verwendung der Heiligen Schrift im Kampf gegen dieses wachsende Problem zu wanken. Tatsächlich hatte Gott eben diese Heiligen Schriften in der Kindheit des Timotheus dazu verwendet, um ihn »weise zu machen zur Rettung« (2Tim 3,15). Diese Heilige Schrift ist gottgehaucht (von Gott eingegeben). Sie wird Timotheus nun dazu ausrüsten, Irrlehre und Häresie (Abweichen von der gesunden Lehre) zu bekämpfen.

Kapitel 4 Die Verkündigung treuer Pastoren
Paulus' letzter Rat an Timotheus lautet folgendermaßen: Ein Mann Gottes muss jederzeit und überall bereit sein, das Wort Gottes zu predigen. Er muss es auf jede Weise tun, die notwendig ist, um Menschen mit der Wahrheit zu erreichen. Paulus schließt diesen sehr persönlichen Brief ab mit einem Update zu seiner Situation in Rom. Er spricht von seiner Sehnsucht danach, Timotheus vor seinem Ende zu sehen. Darum bittet er ihn, nach Rom zu kommen und bestimmte Gegenstände mitzubringen, insbesondere etwas, das er als »die Pergamente« bezeichnet (1Tim 4,13), vermutlich Teile des Alten Testaments.

Auf den Punkt gebracht

Wenn du wüsstest, dass du in naher Zukunft sterben wirst, welche Informationen würdest du weitergeben wollen - und an wen? So sah Paulus' Situation aus: Er saß in der »Todeszelle« und wartete darauf, hingerichtet zu werden, weil er das Evangelium von Christus gepredigt hatte. Der zweite Timotheusbrief stellt sein geistliches Testament und seinen letzten Willen dar. Unter all den Menschen, die Paulus im Verlauf der Jahre kennengelernt hat, schreibt er einen letzten Brief an seinen geistlichen Sohn im Glauben, an Timotheus. Anstatt zu versuchen, Mitleid für sich selbst zu erwecken oder ein Vorgehen gegen eine ungerechte, gottlose Regierung anzuheizen, schreibt Paulus, um Timotheus zu trösten, ihn zu ermutigen und zu motivieren.

Paulus' Botschaft an Timotheus ist im Laufe der Jahrhunderte auch anderen verzweifelten christlichen Mitarbeitern zur Rettung gekommen. Er erinnert alle christlichen Mitarbeiter daran, was wirklich wichtig ist und letztendlich Stärke und Kraft verleiht: Gottes Wort. Bis ganz zum Ende denkt Paulus mehr an die persönlichen und geistlichen Bedürfnisse anderer als an sich selbst.

Konkret für dein Leben

Wie wirkt es auf dich, dass Paulus sich selbst keinerlei Beachtung schenkt? Wo bist du so damit beschäftigt, dich auf dich selbst und auf deine empfundenen Bedürfnisse zu konzentrieren, dass du die wirklich bedürftigen Menschen um dich herum gar nicht bemerkst? Sieh einmal um dich herum. Du wirst mit Sicherheit viele unglückliche Menschen finden, die eine helfende Hand gebrauchen können - oder ein ermutigendes Wort, insbesondere eine Botschaft aus Gottes Wort, die ihnen überbracht wird … von dir!

- Stell dir einmal vor, Paulus hätte dir geschrieben. Welche Möglichkeiten oder Glaubensvorteile hätte er in deinem Leben gesehen?
- Brennst du manchmal aus? Welche Ermutigung kannst du aus diesem Brief ziehen?
- Paulus entschloss sich, Menschen sogar im Angesicht des Todes zu ermutigen. Welche schweren Dinge erlebst du? Wie kannst du trotzdem anderen während dieser schwierigen Zeit eine helfende Hand reichen?

Wichtige Lektionen aus 2. Timotheus

- Dein Leben als Christ soll ein diszipliniertes Leben sein.
- Dein aufrichtiger Glaube kann sich positiv auf deine Familie und andere auswirken.
- Im Gegensatz dazu kann sich unechter Glaube negativ auswirken.
- Die Heilige Schrift in der Vollmacht des Heiligen Geistes ist das Werkzeug, das Menschen zur Rettung bringt.
- Die Heilige Schrift ist unerlässlich, um zu einem gottesfürchtigen Leben zu ermutigen.
- Mentoring, wie es von Paulus vorgelebt wird, ist eine lebenslange Aufgabe.

Wo was zu finden ist

»Gott hat uns nicht einen Geist der Furchtsamkeit gegeben« . . . . 2. Timotheus 1,7
»Ich weiß, wem ich geglaubt habe« . . . . 2. Timotheus 1,12
Das Mandat zur Jüngerschaft . . . . 2. Timotheus 2,2
Ein fleißiger Arbeiter für Gott hat sich nicht zu schämen . . . . 2. Timotheus 2,15
Die Inspiration der Heiligen Schrift . . . . . . 2. Timotheus 3,16-17
»Ich habe den guten Kampf gekämpft« . . . . . . .2. Timotheus 4,6-8

Schon gewusst?

Gottes Wort ist wichtig

2. Timotheus 3,16-17

Denn es ist …

- von Gott eingegeben – es ist gottgehaucht.
- nützlich zur Lehre – es unterweist in göttlicher Wahrheit.
- unerlässlich zur Überführung – es weist Fehlverhalten zurecht.
- notwendig zur Zurechtweisung – es weist den Weg zurück zu einem gottesfürchtigen Lebensstil.
- hilfreich zur Unterweisung in Gerechtigkeit – es trainiert richtiges Verhalten.
- fähig, dich zuzubereiten – es ist in der Lage, dich in allem, das du tust, kompetent zu machen.
- immer da, um dich auszurüsten – es bereitet dich auf die Anforderungen eines gerechten Lebensstils vor.

Titus

www.dasbibelprojekt.de

Thema: Ein Verhaltensleitfaden
Datierung: 62-64 n. Chr.
Autor: Paulus
Entstehungsort: Mazedonien

»Du aber rede, was der gesunden Lehre ziemt.« (2,1)

Auf seinem Weg nach Rom zu seiner ersten Inhaftierung hatte Paulus kurz Kreta, eine Insel im Mittelmeer, besucht. Nach seiner Entlassung hält Paulus sich einige Zeit zum geistlichen Dienst auf Kreta auf und lässt Titus bei seiner Abreise dort zurück. Er soll die Arbeit, die Paulus begonnen hat, fortführen, während Paulus selbst nach Mazedonien weiterreist. Titus ist ein zuverlässiger und langjähriger Gefährte von Paulus. Er hat mit ihm auf dessen zweiter und dritter Missionsreise zusammengearbeitet. Nun schreibt Paulus Titus als Antwort auf einen Brief oder auf einen Bericht, der ihn von Kreta erreicht. Paulus gibt dem jungen Mitarbeiter, dem sich gottlose Männer innerhalb der neuen Gemeinde widersetzen, Ermutigung und Rat. Er gibt Anweisungen im Hinblick darauf, wie diese Gläubigen, die noch jung im Glauben sind, sich vor den Augen einer heidnischen Gesellschaft verhalten sollen, die sich nur zu gern gegen diese neue Religion und ihre Anhänger wendet.

Die Struktur des Buches

Kapitel 1 Das Verhalten von Gemeindeleitern

Paulus beginnt mit einem kurzen Gruß. Dann macht er die erste von drei zentralen Aussagen: Gott beabsichtigt, die von ihm Erwählten durch sein Wort zu retten und wachsen zu lassen und sie zur ewigen Herrlichkeit zu bringen (Tit 1,1-4).

Weiter informiert Paulus Titus über eine seiner Hauptaufgaben: qualifizierte Leiter in den Gemeinden auf Kreta einzusetzen. Diese Leiter sollen Irrlehrer widerlegen. Sie sollen die Gläubigen in der Gemeinde ermutigen, vor ihren sündhaften Nachbarn ein gottesfürchtiges Leben zu führen.

Kapitel 2 Das Verhalten von Gemeindegliedern
Paulus weist Titus an, zuverlässige Worte der Wahrheit zu Männern und Frauen, verschiedenen Altersgruppen und Sklaven zu reden. Sie sollen ein Vorbild in guten Werken sein und einen guten Ruf in den Augen einer ungläubigen Welt erwerben. Dann macht Paulus seine zweite zentrale Aussage. Darin geht es um die Grundlage für einen gottesfürchtigen Lebensstil: Jesus Christus, durch den wir Gottes gnädiges Geschenk der Rettung empfangen, erlöst uns. Dadurch sollen wir sein besonderes Volk sein – ein Volk, das eifrig ist, gute Werke zu tun (Tit 2,11-14). Anschließend drängt Paulus Titus, diese Wahrheiten mutig zu lehren.

Kapitel 3 Das Verhalten von Gläubigen im Allgemeinen
Titus soll die Gemeindeglieder an ihre Verpflichtungen in der Gesellschaft erinnern – sie sollen sich der Obrigkeit unterordnen, Gott gehorchen und bereit sein zu jedem guten Werk. Sie sollen nichts Böses reden und sich allen Menschen gegenüber friedliebend, sanft und demütig verhalten. Dann macht Paulus seine dritte zentrale Aussage: Er erinnert daran, dass alle Gläubigen früher töricht und ungehorsam waren. Dennoch hat Gott ihnen Rettung gebracht – nicht auf der Grundlage ihrer Werke, sondern aufgrund seines Erbarmens. Sie sind Erben des ewigen Lebens, nun da sie durch seine Gnade gerechtfertigt worden sind (Tit 3,4-7).

Als Nächstes ermahnt Paulus Titus, streng mit Nörglern umzugehen, die Spaltung und Konflikte verursachen. Er schließt seinen Brief, indem er Titus bittet, zu ihm zu kommen. Dann stellt Paulus den Gläubigen eine letzte Herausforderung: Sie sollen weiter gute Werke zeigen und nicht unfruchtbar leben.

Auf den Punkt gebracht

Der Titusbrief ist wichtig. Er betont die Notwendigkeit für Christen, gerecht zu leben. Das ist ein Zeugnis für die gottlose Welt um sie herum. Das Problem mit sexueller Sünde unter den Kretern unterschied sich nicht sehr davon, wie es sich auch in anderen Städten verhielt, wo das Christentum Fuß fasste. Paulus schreibt Titus darüber, wie man die Gläubigen in den Gemeinden darauf vorbereitet, als gute Zeugen für Jesus Christus zu leben.

Konkret für dein Leben

Ganz gleich, ob es sich um das Jahr 62 n. Chr. oder um heute handelt – das Gesamtzeugnis aller Gemeindeglieder muss dieselbe Botschaft vermitteln. Streit und Konflikte darf es nicht geben. Und außerhalb der Gemeinde muss gottesfürchtiges Verhalten sichtbar sein, wenn du mit

Ungläubigen in Kontakt kommst. Hast du dir schon einmal Gedanken über dein Verhalten sowohl innerhalb der Gemeinde als auch außerhalb gemacht? Bitte Gott darum, dir Einblick in dein Verhalten in der Gemeinde und in der Öffentlichkeit zu geben. Möge dein gottesfürchtiges Verhalten dabei helfen, Einheit innerhalb deiner Jugendgruppe zu fördern. Mögen deine guten Werke außerhalb der Gemeinde ein helles Licht sein, das andere zum Retter führt.

- Wie bist du für andere in der Schule, zu Hause und sogar in der Gemeinde ein Zeugnis?
- Wann hast du dich schon einmal dabei ertappt, dass du dich in der Gemeinde anders verhalten hast als in der Schule? An welchen Verhaltensweisen musst du arbeiten, damit du beständig Gottes Lehren treu bist?
- Denke einmal an eine Zeit zurück, in der du anderen authentischen Glauben vorgelebt hast. Wie hat sich das angefühlt? Wie haben andere reagiert?

Wichtige Lektionen aus Titus

- Geistliche Leiterschaft beginnt mit dem, was du bist, bevor sie sich dem zuwendet, was du tun sollst.
- Dein Verhalten offenbart deinen wahren geistlichen Zustand.
- Dein Verhalten ist unerlässlich für dein Glaubenszeugnis.
- Jede Altersgruppe und jedes Geschlecht in der Gemeinde hat bestimmte Rollen und Aufgaben, die ein gutes Licht auf Gott und sein Wort werfen, wenn sie erfüllt werden.

Wo was zu finden ist

Gottes Erwählung der Gläubigen . . . . Titus 1,1-2
Christi Göttlichkeit . . . . Titus 2,13
Christi Tod für Sünder . . . . Titus 2,14
Die Pflicht eines Christen, der Regierung zu gehorchen . . .Titus 3,1
Der Dienst des Heiligen Geistes . . . . .Titus 3,5

Der geistliche Dienst guter Werke

Christen sollen ein Vorbild in guten Werken sein. . . . .Titus 2,7
Christen sollen begeistert davon sein, gute Werke zu tun. . Titus 2,14
Christen sollen zu jedem guten Werk bereit sein. . . . . .Titus 3,1
Christen sollen darauf bedacht sein,
beständig gute Werke zu tun.. . . . . .Titus 3,8

Philemon

www.dasbibelprojekt.de

Thema: Vergebung
Datierung: 60-62 n. Chr.
Autor: Paulus
Entstehungsort: Im Gefängnis

»Denn vielleicht ist er [Onesimus] deswegen für eine Zeit von dir getrennt gewesen, damit du ihn für immer besitzen sollst, nicht länger als einen Sklaven, sondern mehr als einen Sklaven, als einen geliebten Bruder […].« (V. 15-16)

Ein entlaufener Sklave aus Kolossä mit Namen Onesimus kommt nach Rom. Entsprechend Gottes großem Plan wird er unter Paulus' geistlichem Dienst dort Christ. Erstaunlicherweise war auch sein Herr und Besitzer, Philemon, einige Jahre zuvor unter Paulus' Dienst errettet worden. Nun will Paulus, ein Gefangener, das Richtige tun. Er sendet Onesimus, seinen neuen Freund und Mitgläubigen, zurück zu dessen Herrn, Philemon. Paulus verfasst diesen Brief, um seinen »Geliebten und unsere[n] Mitarbeiter« (Phim 1) Philemon zu bitten, seinem entlaufenen Sklaven zu vergeben und ihn als neuen Bruder in Christus wieder aufzunehmen.

Die Struktur des Buches

Verse 1-3 Ein Gruß von einem guten Freund
Normalerweise diktierte Paulus seine Briefe. Doch dieser Brief war so anders, dass er sich entschloss, ihn persönlich zu schreiben. Er richtet ihn an Philemon, einen christlichen Leiter in Kolossä. Aber er erwähnt auch Philemons Frau Aphia und ihren Sohn Archippus in dem Brief. Er spricht sogar die gesamte Gemeinde an, die sich in ihrem Haus trifft. Sie alle sind seine geliebten Freunde.

Verse 4-7 Der Charakter eines Vergebenden
Paulus dankt Gott für Philemons Liebe und Treue gegenüber Jesus Christus und allen Gläubigen in Kolossä. Sie sind durch Philemons geistlichen Dienst erfrischt worden. Paulus lobt Philemon aufrichtig und von Herzen.

Verse 8-18 Das Tun eines Vergebenden
Paulus gründet die Bitte, die er gleich äußern wird, auf Philemons Charakter. Er befiehlt Philemon nicht, Onesimus zu begnadigen und anzunehmen. Paulus erwähnt Onesimus' Namen nicht, bis er die dramatische Veränderung beschreibt, die in dessen Leben stattgefunden hat. Er sagt Philemon, dass Onesimus früher einen gewissen Nutzen für Philemon hatte. Doch nun nützt er dadurch, dass er Paulus dient. Er kann auch auf ähnliche Weise wieder für Philemon von Nutzen werden. Paulus fleht Philemon an, Onesimus wieder aufzunehmen, so wie er Paulus selbst aufnehmen würde. Offenbar hatte Onesimus seinen Herrn bestohlen. Deshalb weist Paulus Philemon an, Onesimus' Schulden seinem (Paulus') Konto anzulasten.

Verse 19-25 Die Motivation eines Vergebenden
Nachdem Paulus darum gebeten hat, dass Onesimus' Schulden seinem Konto angelastet werden, erinnert er Philemon: Als einer, der sich bei Paulus bekehrt hat, schuldet Philemon ihm geistlich betrachtet weit mehr als das. Paulus erläutert, dass diese Gelegenheit ein echter Test für Philemons Fähigkeit ist, zu vergeben. Paulus bringt seine Zuversicht im Hinblick auf das Ergebnis zum Ausdruck - dass Onesimus aus der Sklaverei befreit wird oder die Erlaubnis erhält, sich am geistlichen Dienst zu beteiligen - oder beides! Paulus hofft, bald aus dem Gefängnis entlassen zu werden. Er bittet darum, dass ein Zimmer für seine Ankunft vorbereitet wird.

Auf den Punkt gebracht

Der Philemonbrief wurde gemeinsam mit dem Epheser-, Philipper- und Kolosserbrief geschrieben, als Paulus einige Jahre in Rom im Gefängnis saß. In diesem kürzesten der vier Gefangenschaftsbriefe appelliert Paulus taktvoll an seinen Freund, dass dieser seinen entlaufenen Sklaven Onesimus nicht bestraft. Stattdessen soll er ihm vergeben und ihn als neuen Bruder in Christus aufnehmen. Diese Forderung wäre unter normalen Umständen vermutlich unmöglich zu erfüllen gewesen. Sklaven hatten ein hartes Leben. Diejenigen unter ihnen, die entlaufen waren oder ihre Herren bestohlen hatten - oder beides wie Onesimus-, steckten in ernsthaften Schwierigkeiten. Philemon hatte unter dem römischen Gesetz jedes Recht, Onesimus zu bestrafen oder ihn sogar zu töten. Aber Christi Tod macht Vergebung möglich. In Christus können Philemon und alle, die den Namen Jesu anrufen, die Vergebung ihrer Sünden erfahren. Vergebung ist ein sehr grundlegender Aspekt des Christentums.

Konkret für dein Leben

Weil dir in Christus vergeben ist, kannst und solltest du bereit sein, anderen zu vergeben. Deine Fähigkeit, anderen zu vergeben, ist ein Beweis dafür, dass du von Gott Vergebung empfangen hast. Wer hat dir solches Unrecht getan, dass du bis jetzt nicht bereit warst, ihm zu vergeben? Prüfe dein Herz. Ein Christ, dem vergeben wurde, ist ein vergebender Christ.

- Wann wurde dir das letzte Mal von jemandem vergeben?
- Wann hast du das letzte Mal jemandem vergeben?
- Wie oft bittest du Gott um Vergebung, wenn du betest? Mache es zu einer Priorität, deine Sünden im Gebet vor Gott zu bringen.

Wichtige Lektionen aus Philemon

- Zu Christus zu kommen, entbindet dich nicht deiner Verantwortung für Sünden, die du in der Vergangenheit begangen hast.
- Du musst dem Gesetz gehorchen, auch wenn du ihm möglicherweise nicht zustimmst.
- Vergebung ist christusähnlich, wenn sie jemandem geschenkt wird, der sie nicht verdient.
- Zwischen anderen zu vermitteln, ist ein wichtiger Bestandteil deines Lebens als Christ.

Wo was zu finden ist

Paulus lobt Philemon . . . . .Philemon 4-7
Paulus appelliert an Philemon . . . . Philemon 8-14
Paulus' Vision für Onesimus . . . . Philemon 15-17
Paulus' Vertrauen in Philemon . . . . Philemon 18-21

Bibel-Biografie im Profil

Der Apostel Paulus

- Er begegnete dem auferstandenen Herrn Jesus Christus.
- Er war ein Pioniermissionar und Gemeindegründer.
- Er machte Männer zu Nachfolgern.
- Er arbeitete als Zeltmacher, um seinen geistlichen Dienst zu finanzieren.
- Er begann seinen offiziellen geistlichen Dienst im Alter von über 40 Jahren.
- Er unternahm seine erste Missionsreise im Alter von über 45 Jahren.
- Er verfasste seinen ersten Brief im Alter von ca. 49 Jahren.
- Er predigte das Evangelium, bis er im Alter von ca. 65 Jahren hingerichtet wurde.
- Er verfasste 13 von Gott inspirierte Bücher im Neuen Testament.
- Abgesehen von Jesus Christus war er der einflussreichste Mensch im Neuen Testament.

Hebräer

www.dasbibelprojekt.de

Thema: Die Überlegenheit Christi
Datierung: 67-69 n. Chr.
Autor: Unbekannt
Handlungsort: Eine Gemeinschaft von Judenchristen

»Da wir nun einen großen Hohenpriester haben, der durch die Himmel gegangen ist, Jesus, den Sohn Gottes, so lasst uns das Bekenntnis festhalten!« (4,14)

Verfolgung stellt eine echte Bedrohung für die Judenchristen in den neuen Gemeinden des ersten Jahrhunderts dar. Viele werden verfolgt, als sie versuchen, ihren Glauben an Christus auszuleben, während sie in jüdischen Gemeinschaften weiterleben. Dort steht das Alte Testament im Zentrum der Religion. Der unbekannte Autor des Buches Hebräer glaubt, dass viele Judenchristen in der Gefahr stehen, wegen des wachsenden Widerstands dem Judaismus (der Praxis des alttestamentlichen Gesetzes) nachzugeben. Sie müssen wachsen und fest in ihrem Glauben werden. Der Verfasser zeigt die Überlegenheit Christi über alle alttestamentlichen Gesetze und Opfer. Dadurch ermahnt er diese frühen Gläubigen, dem Evangelium Jesu Christi treu zu bleiben.

Die Struktur des Buches

Kapitel 1-4,13 Christus ist als Person überlegen

Der Hebräerbrief beginnt damit, dass der Autor die Überlegenheit Christi über die Propheten zeigt. Der Verfasser erklärt: Obwohl Engel besondere Wesen sind, ist Christus den Engeln überlegen, weil er Gottes Sohn ist. Christus ist auch Mose, dem großen Gesetzgeber, überlegen, der nämlich lediglich Gottes Diener war. Christus hingegen ist Gottes Sohn. Im Unterschied zu Mose kann Christus sein Volk an einen Ort der Ruhe bringen, damit die Gläubigen dort leben. Obgleich Josua die Israeliten in ihr Erbe hineinführte, gibt es in der Zukunft ein besseres Zuhause für Gottes Volk. Christus wird aus seiner überlegenen Stellung heraus dieses vollkommene Zuhause bereitstellen.

Kapitel 4,14-10,18 Der überlegene Priesterdienst Christi

In diesem Abschnitt erwähnt der Autor immer wieder einen Priester namens Melchisedek (der lebte, bevor das jüdische Priestertum eingerichtet wurde) zur Veranschaulichung des Priesterdienstes von Christus. Das alttestamentliche Priestertum war den Juden sehr wichtig. Aber der Priesterdienst Christi ist dem alttestamentlichen Priestertum überlegen. Der Verfasser bezeichnet ihn als viel besser, überlegener, am besten - vollkommen! Wieder und wieder macht der Autor deutlich, dass Christus der einzige Priester ist, der von Dauer und sündlos ist. Damit ist er der vollkommene Priester - unser großer Hohepriester. Mit anderen Worten: Mit Jesus als Hohepriester hat sich das alttestamentliche Priestertum überlebt. Christus brachte sich selbst ein für alle Mal als ein sündloses und freiwilliges Opfer dar. Das bedeutet, dass sein Werk am Kreuz es ermöglicht, dass unsere Sünden von uns genommen werden - für immer! Im Gegensatz dazu musste die alte Priesterschaft beständig Tieropfer darbringen. Diese Opfer konnten niemals die Vergebung und Wegnahme der Sünden von Menschen bewirken.

Kapitel 10,19-12,29 Der überlegene Glaube Christi

Der Autor fasst alles zusammen, was er bisher über Christus gesagt hat. Dabei warnt er seine Leser vor der Gefahr, ihren überragenden Glauben, der sich auf einen überragenden Retter gründet, wegzuwerfen. Gottvertrauen wird anhand des Lebens vieler alttestamentlicher Gläubiger wie Abraham, Sara, David, Samuel und anderer vorgestellt und veranschaulicht. Die Leser müssen ihren Blick auf Jesus, den Anfänger und Vollender des echten Glaubens, richten. Er erduldete große Feindschaft und großes Leid am Kreuz. Diejenigen, die an ihn glauben, werden manchmal ebenfalls erdulden müssen, dass die Welt ihnen Schwierigkeiten bereitet. Sie müssen damit rechnen, von Gott gezüchtigt zu werden, wenn es notwendig ist, um persönliche Heiligkeit zu entwickeln.

Kapitel 13 Außergewöhnliches christliches Verhalten

Dieses letzte Kapitel konzentriert sich auf einige grundlegende Verhaltensweisen des christlichen Lebens. Diese Verhaltensweisen folgen aus der Hingabe der Leser an Christus. Dieses außergewöhnliche Verhalten wird sich in liebevollen Beziehungen zeigen, im Nichtbegehren des Eigentums anderer sowie in Zufriedenheit und Gehorsam. Diese Art von christusähnlichem Verhalten hilft, das wahre Evangelium für die Welt vorzuleben. Es ermutigt andere, an Christus zu glauben. Das wiederum ehrt Gott.

Auf den Punkt gebracht

Die jüdische Religion entsprang einem göttlichen Plan. Sie brachte echte Anbetung und Hingabe an Gott zum Ausdruck. Die Gebote, Rituale und Propheten beschrieben Gottes Verheißung eines Messias. Sie offenbarten den Weg zu Vergebung und Rettung. Doch dann kam Jesus Christus, der Messias. Er erfüllte das Gesetz und die Propheten. Er schaffte die Notwendigkeit von Opfern ab. Er besiegte die Sünde und stellte durch seinen Tod am Kreuz ewiges Leben bereit.

Die Botschaft von Jesus war für Juden schwierig anzunehmen. Viele waren dem Evangelium von Christus zutiefst feindlich gesinnt. Diejenigen, die Jesus als Messias annahmen, ertappten sich oftmals dabei, wieder in ihre alten religiösen Gewohnheiten abzugleiten, insbesondere als die Verfolgung zunahm. Der Hebräerbrief wurde an diese Leute mit folgender Kernbotschaft geschrieben: Das Christentum ist der jüdischen und jeder anderen Religion überlegen, weil Christus überlegen ist. Er allein genügt vollständig zur Rettung.

Konkret für dein Leben

Glaube ist ein zuversichtliches Vertrauen auf Gott und auf die Rettung, die er durch seinen Sohn Jesus bereitstellt. Jesus ist der Einzige, der dich von der Sünde retten kann. Wenn du Jesus Christus für deine völlige Errettung vertraust, wird er dich völlig verändern. Diese Veränderung und dein Wachstum werden dich dazu befähigen, in Prüfungen standhaft zu sein, Gott im Leiden treu zu bleiben und deinen Charakter zu bilden. Lass nicht zu, dass Verfolgung, Versuchung oder andere religiöse Systeme dich dazu bringen, in deiner Hingabe an Jesus zu zögern. Dein Retter ist überlegen. Dein Glaube, den du auf deinen Retter setzt, ist überlegen. Und dein endgültiger Sieg durch deinen Retter ist garantiert.

- Wie hast du schon Veränderung erlebt?
- Welchen Dingen siehst du dich gerade gegenüber, die deinen Charakter formen? Wie hilft dir echter Glaube dabei?
- Schreibe einen Brief, in dem du andere Teenager dazu ermutigst, Gott treu zu bleiben. Wende in dem Brief das an, was du in Hebräer gelernt hast.

Wichtige Lektionen aus Hebräer

- Die Überlegenheit des Christentums basiert auf der Überlegenheit Christi.
- Rettung in Christus und Freiheit von der Sünde sind Geschenke von Gott. Du bekommst allerdings die Verantwortung, zu wachsen, deinen Glauben zu festigen und auf Gott zu vertrauen.

- Der Prozess, in deinem Glauben an Gott zu wachsen, erfordert Zeit.
- Reife hält dich davon ab, leicht in deinen Glaubensüberzeugungen zu schwanken.
- Du kannst in deinen Prüfungen den Sieg erringen, wenn du deinen Blick auf Christus gerichtet hältst.

Wo was zu finden ist

Ein Vergleich der beiden Opfer

Die Opfer unter dem Gesetz waren:	Das Opfer Christi war:
Eine Erinnerung an Sünde	Eine Beseitigung von Sünde
Immer wieder nötig	Einmal ausreichend
Das Blut von Tieren	Das Blut Christi
Eine Bedeckung für Sünde	Eine Reinigung von Sünde
Unfreiwillig	Freiwillig

Hast du da eine Grille zwischen den Zähnen?

Verbreitete Nahrungsmittel zu biblischen Zeiten waren Gerste, Mandeln, Gurken, Feigen, Brot, Bohnen, Fisch, Hirschfleisch, Hühner, Weintrauben, Olivenöl, Nüsse, Äpfel, Käse, Eier und Honig. Oh, und wie wäre es mit ein wenig Wildziege oder ein paar Grillen als Nachmittagssnack?

Zu biblischen Zeiten aßen die Leute häufig Mahlzeiten, die auf Tierhäuten serviert wurden, während sie auf dem Boden saßen oder auf Polstern lagen (Joh 12,2). Und Brot wurde oft als Besteck verwendet, sodass sie sich keine Gedanken darum machen mussten, welche Gabel für den Salat war. Die Leute tunkten ihr Brot in die Bohnen oder die Suppe oder was auch immer im Haupttopf serviert wurde.

Jakobus

Thema: Echter Glaube
Datierung: 44-49 n. Chr.
Autor: Jakobus
Entstehungsort: Jerusalem

www.dasbibelprojekt.de

»So ist auch der Glaube, wenn er keine Werke hat, in sich selbst tot.« (2,17)

Der Jakobusbrief ist die früheste neutestamentliche Schrift. Er wurde von Jakobus, einem Leiter der Gemeinde in Jerusalem, verfasst. Die Gläubigen in der Jerusalemer Gemeinde – der ersten Gemeinde – waren durch Verfolgung über eine Reihe von römischen Provinzen zerstreut worden. Jakobus will sie in ihren Kämpfen unterweisen und ermutigen. Er erklärt, dass echter Glaube wirkliche Veränderungen im Verhalten und Charakter einer Person hervorbringen wird. Er zeigt eine Reihe von Kennzeichen, anhand derer der Glaube eines Menschen an Christus erkannt wird. Wenn wirkliche Veränderung ausbleibt, dann sollten die Leser des Briefes sich selbst prüfen, ob sie Anzeichen eines toten Glaubens aufweisen – denn das ist eigentlich gar kein Glaube!

Die Struktur des Buches

Kapitel 1-2 Taten des Glaubens

Jakobus, der Halbbruder Jesu, grüßt zunächst die Judenchristen, die überall verstreut sind. Dann beginnt er darzulegen, wie echter Glaube durch äußere schlechte Umstände bewiesen und gefestigt wird. Jakobus erklärt, dass Widrigkeiten dazu gedacht sind, Wachstum, Ausdauer und Vertrauen auf Gott zu bewirken, indem Gläubige sich auf der Suche nach Weisheit und Hilfe an Gott wenden. Im Hinblick auf Versuchung erklärt Jakobus:

- Versuchungen sind innere Glaubensprüfungen.
- Versuchungen kommen nicht von Gott.
- Mit Versuchungen geht man um, indem man auf Gottes Wort reagiert – man muss es tun und nicht einfach nur hören.

Jakobus sieht sich jetzt den christlichen Glauben näher an. Er erläutert, dass wahrer Glaube nicht die Reichen den Armen vorzieht. Wahrer Glaube wird den »Nächsten lieben wie dich selbst« (Jak 2,8). Dann weist Jakobus auf Abraham und Rahab aus dem Alten Testament hin. Sie sind gute Beispiele für Menschen, deren Glaube sich in ihren Taten zeigte.

Kapitel 3 Beurteilung des Glaubens

Jakobus verweist auf den Gebrauch der Zunge als einen weiteren Test dafür, wie wahrer Glaube handelt – Glaube zähmt die Zunge bzw. das Reden. Daraufhin sagt er, dass Weisheit ein weiterer Glaubensbeweis ist. Ebenso wie du einen Baum an seinen Früchten erkennst, kannst du anhand der Taten erkennen, welche Art von Weisheit eine Person besitzt. Jakobus zeigt auch den Unterschied zwischen menschlicher Weisheit, die zu Verwirrung und Durcheinander führt, und Gottes Weisheit, die zu Frieden und Güte führt.

Kapitel 4,1-5,6 Glaubenskonflikte

Weltlichkeit bedeutet, physisches Vergnügen und physische Dinge über Gott zu stellen. Sie schadet dem Glauben und bringt Gier, Neid, Streit und Stolz hervor. Weltlichkeit kann nur durch ein demütiges Herz überwunden werden, das sich Gott unterordnet. Ein echter Christ wird sich nicht beschweren oder Gottes Güte für selbstverständlich nehmen. Stattdessen wird er sein Leben und seine Pläne in Gottes Hände legen. Das wird einen Gläubigen davon abhalten, nach Reichtum zu streben … was wiederum zu Stolz und Selbstsucht führen würde.

Kapitel 5,7-20 Langmut des Glaubens
Jakobus endet damit, dass er seine Leser auffordert, geduldig zu warten, während sie Leid ertragen. Sie können Trost finden in dem Wissen, dass der Herr eines Tages wiederkehren wird. Sie sollen dem Vorbild der Propheten und Männern wie Hiob folgen, die geduldig litten. In all diesen Fällen erwies sich der Herr als barmherzig. Daher sollen Jakobus' Leser inmitten ihres Leids und ihrer Krankheit beten. Sie können zuversichtlich sein, dass Gebet einen Unterschied macht. Zum Schluss drängt Jakobus seine Leser, diejenigen zu erreichen, die von der Wahrheit abirren und Gottes Wege verlassen. Er sagt, dass ihre Seelen in Gefahr stehen, großen Schaden zu erleiden.

Auf den Punkt gebracht

Oftmals schaden Christen ihrem Glaubenszeugnis vor anderen durch ihre Taten. Sie sagen, dass sie Gott vertrauen und zu ihm gehören. Doch sie leben weiterhin weltlich. Wenn wir behaupten, wahren Glauben zu haben, wenn wir alle richtigen Antworten geben, aber immer noch weltliche Ziele verfolgen, hat das seine Auswirkung auf Ungläubige und ihre Haltung gegenüber dem Evangelium.

Konkret für dein Leben

Jakobus erinnert dich daran, dass echter Glaube Leben verändert. Du musst deinen Glauben an Christus in die Tat umsetzen. Es ist leicht zu sagen, dass du Glauben hast. Aber wahrer Glaube bringt liebende Taten gegenüber anderen hervor. Dein Glaube darf nicht ausschließlich Kopfwissen sein. Er muss durch Taten des Herzens ausgelebt werden. Der Beweis dafür, dass dein Glaube echt ist, besteht in einem veränderten Leben, das sich durch einen praktischen christlichen Lebensstil zeigt. Jakobus 1,19 sagt, Gläubige sollen »schnell zum Hören, langsam zum Reden, langsam zum Zorn« sein. Viel praktischer kann es nicht werden!

- Wann hat dich deine Zunge schon einmal in Schwierigkeiten gebracht? Wie kannst du deine Worte für gerechte Ziele einsetzen?
- Würde jemand, der dich gerade erst kennengelernt hat und ein paar Stunden mit dir verbringt, wissen, dass du Christ bist? Warum bzw. warum nicht?
- Worin besteht deine größte Versuchung, weltlich zu sein? Wie kannst du dieser Versuchung mit Gottes Weisheit entgegentreten?

Wichtige Lektionen aus Jakobus

- Echter Glaube wird echte Veränderungen in deinem Leben hervorbringen.
- Versuchung ist keine Sünde. Aber wenn man sie nicht bekämpft, kann sie zu Sünde führen.
- Wohlhabend zu sein, ist keine Sünde, Selbstsucht allerdings schon. Gott gibt dir Geld, damit du hilfst, die Bedürfnisse anderer zu stillen.
- Das Gebet spielt eine Schlüsselrolle im Dienst der Ortsgemeinde.
- Gott bevorzugt nicht manche Menschen mehr als andere. Du solltest das auch nicht tun.

Wo was zu finden ist

Der Nutzen von Prüfungen . . . . Jakobus 1,2-4
Die Lösung für mangelnde Weisheit . . . . Jakobus 1,5-8
Das Wesen von Versuchung . . . . .Jakobus 1,12-15
Die Tatsache, dass Glaube ohne Werke tot ist . . . . . .Jakobus 2,17
Die unzähmbare Zunge . . . . Jakobus 3,1-12
Die Geduld Hiobs . . . . .Jakobus 5,11

Das göttliche Wesen Gottes: Gott ist …

der, der Weisheit gibt (Jak 1,5).
nicht vom Bösen versucht (Jak 1,13).
der Geber aller guten Gaben (Jak 1,17).
unveränderlich (Jak 1,17).
der Vater der Lichter – der Schöpfer (Jak 1,17-18).
der Gerechte (Jak 1,20).
unser Vater (Jak 3,9).
der, der den Demütigen Gnade gibt (Jak 4,6).
der Gesetzgeber (Jak 4,12).
der souveräne Herr (Jak 4,15).

1. Petrus

www.dasbibelprojekt.de

Thema: Wie man auf Leid reagiert
Datierung: 64-65 n. Chr.
Autor: Petrus
Entstehungsort: Rom

»Denn hierzu seid ihr berufen worden; denn auch Christus hat für euch gelitten und euch ein Beispiel hinterlassen, damit ihr seinen Fußspuren nachfolgt […].« (2,21)

Der erste Petrusbrief wird um die Zeit geschrieben, als Rom durch einen Brand zerstört wird, den Kaiser Nero gelegt hat. Die Christenverfolgung nimmt zu und wird immer schlimmer, als Nero das Gerücht verbreitet, die Christen seien für das Feuer verantwortlich! Petrus schreibt diesen Brief an Christen im ganzen Römischen Reich. Er will ihnen zeigen, wie sie inmitten von Feindseligkeit den Sieg erringen können, ohne die Hoffnung zu verlieren. Sie sollen nicht verbittert werden, sondern dem Herrn vertrauen und seine Wiederkunft erwarten. Petrus glaubt, dass seine Leser ein gutes Zeugnis für Gott sein können, wenn sie gehorsam inmitten einer feindseligen Gesellschaft leben.

Die Struktur des Buches

Kapitel 1,1-2,10 Erinnerung an Gottes große Rettung

Petrus richtet sich an Gläubige in verschiedenen römischen Provinzen. Zu Beginn dankt er Gott für das Geschenk der Rettung. Dann erklärt Petrus den Gläubigen, dass Prüfungen ihren Glauben läutern werden. Trotz ihrer Schwierigkeiten sollten sie Gottes Heilsplan vertrauen, so wie viele es in der Vergangenheit auch getan haben. Sogar die Propheten früherer Tage, die über diesen Heilsplan schrieben, glaubten an ihn, obwohl sie ihn nicht verstanden. Doch nun ist das Heil in Christus gezeigt worden. Petrus ermahnt seine Leser, als Antwort auf eine solch großartige Rettung ein geheiligtes Leben zu führen, Gott zu achten und zu vertrauen sowie ehrlich und liebevoll in den Beziehungen zu anderen zu sein. Sie sollen wie lebendige Bausteine sein mit Christus, dem »auserwählten, kostbaren Eckstein« (1Petr 2,6), auf den die Gemeinde gebaut werden soll.

Kapitel 2,11-4,6 Denken an das Vorbild Christi

Als Nächstes erklärt Petrus, wie Gläubige in schwierigen Zeiten in der Welt leben sollen. Gläubige sollen gottesfürchtig sein, in allen ihren gesellschaftlichen Rollen wie Christus leben, egal ob als Arbeitgeber oder Angestellte, als Ehemänner oder -frauen, als Junge oder Alte, als Gemeindeglieder oder Nachbarn. Petrus wünscht sich, dass alles Leid, das über sie kommt, nicht darauf zurückzuführen ist, dass sie falsche Dinge getan haben, sondern gottesfürchtige! Er verweist seine Leser auf Jesus Christus als ihr Vorbild im Gehorsam gegenüber Gott inmitten von großem Leid.

Kapitel 4,7-19 Freude über die Wiederkunft des Herrn

Petrus macht darauf aufmerksam, dass das Ende der Welt bevorsteht und die Wiederkunft des Herrn nahe ist. Daher müssen Christen ernst und wachsam in ihren Gebeten sein und einander lieben. Sie sollen gastfreundlich sein, ihre geistlichen Gaben gebrauchen, um einander zu dienen, und sich in ihrem Leiden freuen – denn all das verherrlicht Gott.

Kapitel 5 Einige besondere Anweisungen

Petrus gibt einige letzte Anweisungen: Älteste sollen über die Gläubigen wachen; jüngere Gläubige sollen sich älteren unterordnen; alle sollen im Umgang miteinander demütig sein. In Demut sollen Gläubige ihre Schwierigkeiten in Gottes Hand legen. Er sorgt für sie. Gläubige sollen dem Teufel widerstehen, der wie ein brüllender Löwe umhergeht. Dann schließt Petrus mit einer großen Hoffnung: Gott wirkt durch alles, was im Leben seiner Leser geschieht – sogar durch ihre Kämpfe –, um Charakterstärke hervorzubringen. Das wiederum wird Gott verherrlichen.

Auf den Punkt gebracht

Petrus schrieb diesen Brief an Christen, die wegen ihres Glaubens an Christus Verfolgung durchlebten. Er schrieb, um sie zu ermutigen und an ihre Rettung und ihre Hoffnung auf ewiges Leben zu erinnern. Er drängte sie, ein geheiligtes Leben zu führen und sich bewusst zu werden, dass sie das Leiden für ihren Glauben zu Genossen Christi in seinem Leid macht.

Konkret für dein Leben

Heutzutage leiden viele Christen auf der ganzen Welt für ihren Glauben. Vielleicht ist das deine Situation, vielleicht nicht. Aber alle Christen sollten mit Verfolgung rechnen. Jesus sagte: »In der Welt habt ihr Bedrängnis […]« (Joh 16,33). Wenn andere deinen Glauben sehen, dann kannst du damit rechnen, dass manche sich über dich lustig machen oder nicht mit dir befreundet sein wollen. Doch Petrus sagt, dass du keine Angst davor haben musst, so behandelt zu werden. Du lebst zwar in dieser Welt zusammen mit denen, die dich schikanieren. Aber du bist auch ein Bürger des Himmels. Du wirst in Ewigkeit bei Christus leben. Das sollte dir Kraft und Hoffnung geben, um standhaft zu sein, wenn dein Glaube an Christus geprüft wird. Du musst jede Prüfung deines Glaubens als eine Gelegenheit betrachten, deinen Glauben festigen zu lassen. Wenn du für Jesus leiden musst, denke an Petrus' Worte: »Denn hierzu seid ihr berufen worden; denn auch Christus hat für euch gelitten und euch ein Beispiel hinterlassen, damit ihr seinen Fußspuren nachfolgt […]« (1Petr 2,21).

- Warum ist es deiner Meinung nach so schwierig, anderen zu folgen und zu gehorchen? Wem oder was musst du dich unterordnen, obwohl du es bisher vermieden hast?
- Worin bestanden deine bisher größten Glaubensprüfungen? Was hat dir hindurchgeholfen?
- Stelle dir einmal vor, du würdest andere ermutigen, Bürger des Himmels zu werden. Wie würdest du dafür Werbung machen?

Wichtige Lektionen aus 1. Petrus

- Es wird von dir erwartet, dass du dich deinen Lehrern und anderen Verantwortlichen unterordnest.
- Dein Lebenswandel sollte Ungläubige auf Christus hinweisen, insbesondere die in deiner Familie.
- Du solltest dich nicht wundern, wenn Leute sich über deinen Glauben lustig machen.
- Du kannst Verfolgung siegreich ins Auge sehen, wie Christus es tat, wenn du dich auf die Kraft Christi verlässt.

Wo was zu finden ist

Sehnsucht nach der unverfälschten Milch von Gottes Wort . . . . .1. Petrus 2,1-2
Unterordnung unter die Regierung . . . . 1. Petrus 2,13-17
Unterordnung von Ehefrauen . . . . .1. Petrus 3,1-6
Verantwortung von Ehemännern . . . . 1. Petrus 3,7
Lehre über Geistesgaben . . . . 1. Petrus 4,10-11
Verantwortung geistlicher Leiter . . . . .1. Petrus 5,1-4
Der Teufel als brüllender Löwe . . . . 1. Petrus 5,8

Bibel-Biografie im Profil

Der Mann namens Petrus …

- war Fischer.
- war einer der Ersten, die berufen wurden, mit Jesus zu dienen.
- war einer der zwölf Jünger.
- gehörte zusammen mit Jakobus und Johannes zum inneren Kreis der Jünger.
- war in Wort und Tat hitzköpfig.
- verleugnete Christus dreimal.
- wurde von Christus wiedereingesetzt, seine Schafe - seine Nachfolger - zu weiden.
- hielt die erste Predigt nach der Gründung der Gemeinde.
- hatte Schwierigkeiten damit, Heiden in die Gemeinde aufzunehmen.
- versorgte Johannes Markus mit Augenzeugenberichten über des Leben Jesu.
- schrieb den ersten und zweiten Petrusbrief.
- wurde historischer Überlieferung zufolge in Rom kopfüber gekreuzigt.

2. Petrus

www.dasbibelprojekt.de

Thema: Warnung vor Irrlehrern
Datierung: 67-68 n. Chr.
Autor: Petrus
Entstehungsort: In einem römischen Gefängnis

»Und so besitzen wir das prophetische Wort umso fester, und ihr tut gut, darauf zu achten als auf eine Lampe, die an einem dunklen Ort leuchtet, bis der Tag anbricht und der Morgenstern in euren Herzen aufgeht […].« (1,19)

Etwa drei Jahre nachdem Petrus seinen ersten Brief geschrieben hat, verfasst er einen zweiten. Darin bringt er Besorgnis angesichts der Irrlehrer zum Ausdruck, die in die Gemeinden in der Region Kleinasien (heutige Türkei) eingedrungen sind. Diese bösen Menschen haben bereits viele Probleme verursacht. Petrus weiß, dass ihre Irrlehren und ihr sündiger Lebensstil sich weiterhin negativ auf die Gemeinden auswirken werden, denen sie sich angeschlossen haben. Daher schreibt Petrus diesen Brief aus einer Gefängniszelle. Er will Gläubige vor den Gefahren von Irrlehrern warnen. Um vorbereitet zu sein auf das, was kommt, müssen seine Leser ein paar Dinge wissen …

Die Struktur des Buches

Kapitel 1 Kenne die Bibel
Nach einem kurzen Anfang sagt Petrus, dass das Heilmittel für mangelndes Wachstum im Leben als Christ in der Kenntnis der Wahrheit besteht. Seine Leser müssen stetig ihren christlichen Charakter entwickeln. Das wird ihnen Heilsgewissheit geben. Er erklärt, dass seine Tage gezählt sind. Sie müssen seine Warnung ernst nehmen und auf seine Botschaft sowie auf die Worte der Bibel hören.

Kapitel 2 **Kenne den Feind**
Als Nächstes zeichnet Petrus ein sehr klares Bild der Irrlehrer, die in diesen letzten Tagen weitverbreitet sind. Für Geld würden sie alles tun oder sagen. Sie verhöhnen die Dinge Gottes. Sie tun, wozu sie Lust haben. Sie sind stolz und überheblich. Ihre listigen Worte sind in der Lage, Christen irrezuführen. Aber Gott wird sein Volk befreien und diejenigen bestrafen, die versuchen, ihren Glauben zu zerstören.

Kapitel 3 **Kenne die Zukunft**
Wieder weist Petrus seine Leser darauf hin, was sie von Irrlehrern erwarten können. Sie spotten über den Gedanken an Christi Wiederkunft. Sie behaupten, Gott würde sich nicht in weltliche Angelegenheiten einmischen. Doch Petrus weist auf drei Zeitpunkte hin, zu denen Gott eingeschritten ist oder einschreiten wird: die Schöpfung, die Sintflut und die künftige Zerstörung der Himmel und der Erde. Er klärt: Was wie eine unerfüllte Verheißung aussieht, ist seinem geduldigen Warten darauf geschuldet, dass mehr Menschen zur Rettung durch Christus gelangen. Der Tag des Herrn wird also kommen. Und Gott wird einen neuen Himmel und eine neue Erde aufrichten. Im Lichte dieses bevorstehenden Tages des Herrn ermahnt Petrus seine Leser, auf Heiligkeit, Standhaftigkeit und Wachstum zu achten.

Auf den Punkt gebracht

Seinen ersten Brief schrieb Petrus, um Gläubige inmitten von Verfolgung zu trösten und zu ermutigen, als sie von außerhalb Angriffe des Feindes ihrer Seelen erlitten. Nun, drei Jahre später, schreibt er, um die Gemeinden vor Angriffen von innen aufgrund von mangelndem geistlichem Wachstum und aufkommenden Irrlehren zu warnen. Petrus nennt das Heilmittel für diese beiden Probleme: Wachstum in der Gnade und Erkenntnis Christi. Dieses Wachstum entsteht aus dem Wort Gottes, das alles enthält, was ein Gläubiger zum »Leben und zur Gottseligkeit« (2Petr 1,3) benötigt.

Konkret für dein Leben

Warnungen kann man auf viele Weise ausdrücken: Lichter, Hinweisschilder, Geräusche, Gerüche und das geschriebene Wort. Niemand, dem sein Leben lieb ist, würde eine oder alle dieser Arten von Warnungen ignorieren. Liest du Gottes Warnungen vor geistlicher Gefahr, wie sie in der Bibel zu finden sind? Reagierst du darauf? Kehre Gottes Warnungen nicht den

Rücken zu. Tue, was 2. Petrus 3,18 sagt: Wachse in der Gnade und Erkenntnis Jesu. Geistliches Wachstum wird dir helfen, treu zu sein. Es wird dir die Weisheit schenken, um dich gegen die Wege Satans und seiner Irrlehrer zu wehren.

- Hast du schon einmal Selbstverteidigungsunterricht genommen? Der zweite Petrusbrief bietet dir geistliche Selbstverteidigungslektionen. Welche Lektionen wirst du zuerst anwenden?
- In anderen Teilen der Erde gibt es Christen, die wegen ihres Glaubens verfolgt werden. Recherchiere diese Gebiete einmal und verpflichte dich, für deine Brüder und Schwestern in Christus zu beten.
- An welchen drei Bereichen von geistlichem Wachstum musst du am dringendsten arbeiten? Wie wirst du darangehen, göttliche Weisheit zu erlangen?

Wichtige Lektionen aus 2. Petrus

- Du wirst angewiesen, in deiner Gotteserkenntnis zu wachsen.
- Dein Wachstum bekämpft geistliche Faulheit und Täuschung durch den Feind.
- Versäume nicht, die Warnungen der Heiligen Schrift ernst zu nehmen.
- Jeder Tag, an dem der Herr seine Wiederkunft hinauszögert, soll ein Tag sein, der einem geheiligten Lebenswandel und treuem Dienst gewidmet ist.

Wo was zu finden ist

In Christus haben und sind wir alles . . . . 2. Petrus 1,2-3
Der Ursprung der Heiligen Schrift . . . . 2. Petrus 1,20-21
Eine kurze Geschichte von Gottes Gericht . . . . . 2. Petrus 2,4-11
Gottes Perspektive auf Zeit . . . . 2. Petrus 3,8

Der Tag des Herrn

2. Petrus 3,10-13

Er wird ein Tag der Strafe für gottlose Menschen sein.
Er wird wie ein Dieb in der Nacht kommen.
Die Himmel werden aufgelöst werden.
Die Erde wird mit Feuer verbrennen.
Ein neuer Himmel und eine neue Erde werden erschaffen werden.

1. Johannes

www.dasbibelprojekt.de

Thema: Gemeinschaft mit Gott
Datierung: 90 n. Chr.
Autor: Johannes
Entstehungsort: Ephesus

»[…] was wir gesehen und gehört haben, verkündigen wir auch euch, damit auch ihr mit uns Gemeinschaft habt; und zwar ist unsere Gemeinschaft mit dem Vater und mit seinem Sohn Jesus Christus.« (1,3)

Johannes befindet sich nun im vorgerückten Alter. Vermutlich ist er der einzige Apostel und ursprüngliche Jünger Christi, der noch am Leben ist. Aber Johannes ist weiterhin aktiv im geistlichen Dienst. Als letzter verbleibender Apostel sind seine Worte in den Gemeinden Kleinasiens hochgeachtet. In seinem ersten Brief (ebenso wie in 2. und 3. Johannes) schreibt er mit dem Herzen eines Hirten an diese Gemeinden.

Es sind ca. 50 Jahre vergangen, seit Jesus leiblich auf der Erde lebte. Die meisten Augenzeugen des Wirkens Christi sind inzwischen gestorben. Doch Johannes lebt noch, um von Jesus zu reden. Er war mit Jesus unterwegs gewesen und hatte mit ihm geredet. Er hatte gesehen, wie er Kranke heilte und Tote auferweckte. Er hatte ihn sterben sehen und war Zeuge seiner Auferstehung und Himmelfahrt geworden. Johannes kannte Gott – er hatte Gemeinschaft mit ihm gehabt und zugeschaut, wie er lehrte, diente und sich um andere kümmerte. Nun will Johannes aus Sorge um eine neue Gruppe von Gläubigen erklären, was Gemeinschaft mit Gott bedeutet. Gleichzeitig warnt er, dass Irrlehrer in die Gemeinden eingedrungen sind. Diese leugnen, dass Jesus tatsächlich als Mensch gekommen war. Sie lehnen offen die leibliche Geburt Christi ab. Johannes schreibt aus seiner persönlichen Erfahrung, um diesen Irrtum zu korrigieren.

Die Struktur des Buches

Kapitel 1,1-2,2 Die Grundlage von Gemeinschaft
Johannes beginnt seinen Brief, indem er seine Legitimation als Augenzeuge der Person Christi ausweist. Jesus ist nicht nur ein Geist, sondern jemand, den man physisch berühren konnte. Johannes' Ziel ist es, sein persönliches Wissen über Christi Leben und Wirken an seine Leser weiterzugeben. Dadurch sollen sie dieselbe Gemeinschaft erleben können, die Johannes mit Jesus genoss. Diese Gemeinschaft wird durch das Blut Jesu ermöglicht. Es reinigt Gläubige und tut den gerechten Forderungen des Vaters gegen Sünde Genüge. Deswegen können Gläubige in diesem Licht von Gottes Gemeinschaft wandeln. Sie werden bereitwillig Sünde bekennen, weil sie wissen, dass sie einen Fürsprecher beim Vater haben, Jesus Christus.

Kapitel 2,3-27 Die Begleiter der Gemeinschaft
Mit der Gemeinschaft mit Gott sind Taten verknüpft. Diese Taten sind stetige Begleiter eines Gläubigen. Jemand, der bei Gott bleibt, wird im Gehorsam leben und in Christusähnlichkeit wandeln. Er wird Mitgläubigen Liebe erweisen, sich von der Welt absondern, Jesus als den Sohn Gottes bekennen und die Salbung des Heiligen Geistes haben.

Kapitel 2,28-3,23 Das Zeichen der Gemeinschaft
Das grundlegende Thema von 1. Johannes lässt sich folgendermaßen zusammenfassen: Gemeinschaft mit Christus entsteht durch eine enge Beziehung zu ihm. Das geschieht, wenn ein Mensch erneuert oder wiedergeboren wird. Der Mensch, der in Gemeinschaft mit Christus lebt, führt ein geheiligtes Leben. Er freut sich auf das Erscheinen Christi. Er empfindet eine Abneigung gegenüber Sünde. Er liebt Gottes Familie (im Unterschied zu Kain, der seinen Bruder Abel ermordete). Die Liebe eines Gläubigen zeigt sich in Aufopferung. Das wiederum gibt einem die Gewissheit, ein Kind Gottes zu sein.

Kapitel 3,24-4,21 Der Beweis der Gemeinschaft
Nun stellt Johannes einen wichtigen Gedanken vor: Gott wohnt durch den Heiligen Geist in den Gläubigen. Wenn der Geist Gottes in einem Menschen lebt, bringt der Heilige Geist bestimmte Glaubensüberzeugungen und Verhaltensweisen hervor: 1) die Überzeugung, dass Jesus tatsächlich leiblich geboren wurde; dass er Gott in einem menschlichen Körper war und dass es eines Tages ewiges Leben in Gemeinschaft mit Jesus geben wird; und 2) ein Verhalten, das von christusähnlicher Liebe zu anderen geprägt ist.

Kapitel 5 Die Gewissheit der Gemeinschaft
Johannes endet, indem er eine Reihe von Möglichkeiten aufzählt, wie Gläubige sich ihrer Gemeinschaft mit Gott sicher sein können: 1) Sie glauben an Jesus Christus. 2) Sie lieben sowohl den Vater, als auch den Sohn. 3) Sie halten Gottes Gebote. 4) Sie erleben den Sieg über die Welt. 5) Sie erleben das Zeugnis des Heiligen Geistes. 6) Sie besitzen ewiges Leben und 7) sie sind gewiss, dass ihre Gebete beantwortet werden.

Auf den Punkt gebracht

Viele fragen sich nach der wahren Identität Jesu. War er nur ein guter Mensch - vielleicht einer der besten, die je gelebt haben? War er ein Mann mit Größenwahnsinn - ein Mann mit einem Messiaskomplex? War er wirklich der Gottmensch, 100 Prozent Gott und 100 Prozent Mensch? Solches Spekulieren über Jesus zu hören, konnte einen Menschen ins Fragen oder Zweifeln bringen. Es ist eine Grundlage des christlichen Glaubens, dass Jesus allein qualifiziert war, das vollkommene Opfer für unsere Sünden darzubringen - seinen Leib. Er und er allein ist in der Lage, die Forderung des Vaters zu erfüllen, dass die Schuld von Sünde bezahlt wird.

Konkret für dein Leben

Johannes schreibt diesen Brief, um jeden Zweifel auszuräumen, den Gläubige vielleicht haben. Er will die Gewissheit vermitteln, dass du ewiges Leben besitzt, wenn du an den Sohn Gottes glaubst. Johannes tut das, indem er ein klares Bild von Jesus, dem Christus, dem Sohn Gottes, Gott in einem Leib, zeichnet. Glaubst du bereits an den Sohn Gottes? Wenn ja, dann sagt Johannes: »Und dies ist das Zeugnis: dass Gott uns ewiges Leben gegeben hat, und dieses Leben ist in seinem Sohn« (1Jo 5,11). Ausgestattet mit diesem Zeugnis deiner Gemeinschaft mit Gott sollst du in Heiligkeit leben, deine Mitgläubigen lieben und dich nach seiner Wiederkunft sehnen.

- Wie eng lebst du in Gemeinschaft mit anderen Gläubigen? Wie förderst du Gemeinschaft in deinem Leben?
- Was würdest du zu jemandem sagen, der seine Zweifel darüber zum Ausdruck bringt, dass Jesus Gott war?
- Johannes war ein Augenzeuge des Lebens Jesu. Du bist ein Zeuge davon, wie Jesus in deinem Leben wirkt. Schreibe einen kurzen Text, in dem du die Macht dieser Erfahrung beschreibst. Nur du kannst dein persönliches Zeugnis in Worte fassen!

Wichtige Lektionen aus 1. Johannes

- Liebe ist ein Zeichen deiner Gemeinschaft mit Gott.
- Du bist angewiesen, andere so zu lieben, wie Jesus es tat.
- Du musst Sünde widerstehen. Und wenn du doch sündigst, musst du deine Schuld vor Gott bekennen.
- Gemeinschaft mit Gott ist eine Verheißung. Aber sie ist auch eine Verpflichtung dafür, wie du dein Leben führen sollst.

Wo was zu finden ist

Der Geist des Antichrists (oder falschen Jesus) . . 1. Johannes 4,1-3
»Vollkommene Liebe treibt die Furcht aus« . . . . . 1. Johannes 4,18
Die Grundlagen für ewiges Leben . . . . 1. Johannes 5,12

Bibel-Biografie im Profil

Fakten über Johannes, den Jünger, den Jesus liebte

Johannes 21,20

- Beruf: Fischer.
- Einer von den Nachfolgern Johannes des Täufers, bevor er Jesus nachfolgte.
- Zusammen mit seinem Bruder Jakobus und Petrus einer der drei Jünger, die Jesus am nächsten standen (Mt 17,1; 26,37).
- Erhielt zusammen mit seinem Bruder Jakobus von Jesus den Spitznamen »Söhne des Donners« (Mk 3,17).
- Bat um eine besondere Stellung in Jesu Königreich.
- Lehnte sich während des letzten Abendmahls an Jesu Brust.
- Diente gemeinsam mit Petrus (Apg 3,1; 4,13; 8,14).
- Wurde eine Säule der Jerusalemer Gemeinde (Gal 2,9).
- Verbannt auf die Insel Patmos (Offb 1,9).
- Der Jünger, der am längsten lebte.
- Schrieb fünf neutestamentliche Bücher (das Johannesevangelium; 1., 2. und 3. Johannesbrief; die Offenbarung).

2. Johannes

www.dasbibelprojekt.de

Thema: Christliche Weisheit
Datierung: 90-95 n. Chr.
Autor: Johannes
Entstehungsort: Ephesus

»Wenn jemand zu euch kommt und diese Lehre [von Christus] nicht bringt, so nehmt ihn nicht ins Haus auf und grüßt ihn nicht! Denn wer ihn grüßt, nimmt teil an seinen bösen Werken.« (V. 10-11)

Der Apostel Johannes setzt sich noch immer mit demselben Problem auseinander, das er in seinem ersten Brief angesprochen hatte – das Problem von Irrlehrern. In diesem zweiten Brief beschäftigt er sich mit Irrlehrern, die umherziehen und versuchen, in den Gemeinden, die unter Johannes' Obhut stehen, Menschen für ihre Lehren zu gewinnen. Johannes schreibt an eine Frau, die diesen Irrlehrern möglicherweise geholfen hat, und befürchtet, dass diese ihre Freundlichkeit ausnutzen. Er warnt sie, sich mit jemandem anzufreunden, der nicht die Wahrheit sagt.

Die Struktur des Buches

Verse 1-3 Der Gruß
Johannes bezeichnet sich selbst als »der Älteste«, als er einer unbekannten »auserwählten Herrin« und ihren Kindern seine Grüße sendet. Er beschreibt die Beziehung eines Christen zu Gott als ein Leben in der Wahrheit und in der Liebe.

Verse 4-6 Die Empfehlung
Der Apostel lobt seine Leser dafür, dass sie in Gehorsam gegenüber Gott wandeln. Er erinnert sie: Das Gebot, Freunde zu sein, beinhaltet auch, einander zu lieben.

Verse 7-11 Die Warnung

Nun drängt Johannes seine Leser, sich vor Betrügern vorzusehen, die leugnen, dass Jesus Christus tatsächlich als Mensch geboren wurde. Sie sind Antichristen, so erläutert er. Deshalb sollte man ihnen in keiner Weise Freundschaft erweisen, sie nicht einmal grüßen. Denn das wäre so, als würde man an ihren bösen Taten teilhaben.

Verse 12-13 Der Segen

Johannes schließt diesen kurzen Brief mit dem Hinweis, dass er mehr zu sagen hätte, aber damit warten wird, bis er kommt.

Auf den Punkt gebracht

Johannes hat die Wahrheit und die Liebe mit eigenen Augen gesehen - er war mit Jesus zusammen gewesen! Er ist so beeindruckt von diesen Idealen, dass alle seine Schriften - das Johannesevangelium, 1. Johannes und nun 2. Johannes - voll davon sind. Wahrheit und Liebe sind so lebensnotwendig für Christen. Sie sind Teil des Lebens eines Christen. In diesem kurzen Brief an eine Freundin, rät Johannes ihr, der Wahrheit zu folgen, Gott zu lieben und in ihr Haus nur solche einzuladen, die diesen grundlegenden Lehren des Glaubens folgen. Gleichzeitig soll sie solche Menschen meiden, die versuchen, diese grundlegenden Glaubensüberzeugungen zu zerstören.

Konkret für dein Leben

Johannes' Besorgnis gilt auch für heute. Du sollst Christen in Weisheit dienen. Du bist nicht dazu berufen, blind jeden anzunehmen, der behauptet, gläubig zu sein. Stelle sicher, dass es sich nicht um Irrlehrer handelt. Wie kannst du die Wahrheit von Irrtum unterscheiden? Lies und studiere zunächst Gottes Wort. Vergleiche als Nächstes das, was andere lehren, mit dem, was die Bibel sagt. Und dann meide Leute, die nicht den Lehren Christi folgen.

- Wie kannst du Irrlehren entgegentreten?
- Einander zu lieben klingt gut. Doch es kann schwierig sein, das in die Tat umzusetzen. Wie kannst du jemandem Liebe erweisen, der nicht leicht zu mögen ist?
- Du bist vielleicht jung, aber Gottes Weisheit ist auf deiner Seite. Notiere ein paar Fragen, die du im Hinblick auf den Glauben, Gott oder Jesus hast. Dann forsche in der Bibel, um dort Antworten zu finden. Bitte einen Leiter oder Lehrer, dem du vertraust, dir zu helfen.

Wichtige Lektionen aus 2. Johannes

- Der Wahrheit gehorsam zu wandeln, sollte eine dauerhafte Gewohnheit in deinem Leben sein.
- Sei vorsichtig! Irrlehrer sind schlau. Schaue ihr Leben und ihre Botschaft an. Überprüfe, ob sie im Einklang mit der Heiligen Schrift sind.
- Es ist richtig, Menschen zu meiden, die die Wahrheit Christi zerstören möchten.
- Uneinigkeit im Hinblick auf kleinere Fragen ist kein Grund, christliche Freundschaften zu meiden.

Wo was zu finden ist

Grüße an die »auserwählte Herrin« . . . . .Vers 1
In der Wahrheit wandeln . . . . .Vers 4
Nach Gottes Geboten wandeln . . . . .Vers 6
Definition eines Betrügers und eines Antichristen . . . . .Vers 7
Warnung, jemanden in seinem Haus
zu empfangen, der Christus leugnet. . . . . Vers 10

Einige Personen, die in der Bibel Freundlichkeit bewiesen

Abraham gegenüber drei Engeln . . . . 1. Mose 18,1-8
Lot gegenüber zwei Engeln . . . . .1. Mose 19,1-11
Laban gegenüber Abrahams Knecht . . . . 1. Mose 24,11-61
Eine Schunemiterin gegenüber Elia . . . . 2. Könige 4,8-10
Maria und Marta gegenüber Jesus und seinen Jüngern . . Lukas 10,38-42
Priszilla und Aquila gegenüber Paulus . . .Apostelgeschichte 18,2-3
Die neutestamentlichen Witwen . . . . 1. Timotheus 5,9-10

3. Johannes

www.dasbibelprojekt.de

Thema: Christliche Gastfreundschaft
Datierung: 90-95 n. Chr.
Autor: Johannes
Entstehungsort: Ephesus

»Geliebter, treu handelst du in dem, was du an den Brüdern, sogar an fremden, tust […].« (V. 5)

Das ist der dritte Brief, den Johannes an die schreibt, die sich in seiner Obhut befinden und unter seiner Leitung stehen. Dieser Brief setzt sich mit christlicher Gastfreundschaft und Freundschaften auseinander. Zur Zeit von Johannes reisten Gemeindeleiter von Stadt zu Stadt. Dort halfen sie, neue Gemeinden zu gründen und existierende zu stärken. Diese Gemeindemitarbeiter waren abhängig davon, dass Mitgläubige ihnen eine Unterkunft boten. Dieser Brief enthält drei Botschaften über drei Männer: Johannes lobt Gajus für seinen Dienst der Gastfreundschaft; er verurteilt den eigennützigen Dienst von Diotrephes; und er gratuliert Demetrius zu seinem guten Zeugnis.

Die Struktur des Buches

Verse 1-8 Gajus' Gastfreundschaft

Wieder bezeichnet Johannes sich als »der Älteste«, als er voller Freude auf einen Bericht darüber reagiert, dass sein »geliebter Gajus« in der Wahrheit wandelt. Johannes würdigt, was Gajus für reisende Lehrer und Missionare getan hat. Diese Reisenden verdienen kein Geld an Ungläubigen. Sie sind vollkommen abhängig von der Gastfreundschaft und Güte treuer Christen wie Gajus. Johannes ermutigt Gajus dazu, weiterhin ihre geistlichen Dienste zu unterstützen.

Verse 9-10 Diotrephes' mangelnde Gastfreundschaft

Nun wendet sich Johannes einem Negativbeispiel zu – einem Mann namens Diotrephes. Sein Stolz ließ nicht zu, dass er diesen reisenden Lehrern half, die der Apostel ausgesandt hatte. Wenn irgendjemand in der Ortsgemeinde versuchte, einem dieser Lehrer zu helfen, sorgte Diotrephes dafür, dass diese Person aus der Gemeinde entfernt wurde. Johannes glaubt, dass er seine Autorität ausüben muss. Er plant, Diotrephes mit seinem unchristlichen Gebaren zu konfrontieren.

Verse 11-13 Demetrius' gutes Zeugnis
Johannes warnt seine Leser davor, Böses nachzuahmen, etwa das Verhalten von Diotrephes in den Versen 9-10. Diotrephes' böse Taten widersprechen dem, worüber Johannes so leidenschaftlich in seinen ersten beiden Briefen geschrieben hat - wir sollen einander lieben. Demetrius' Leben auf der anderen Seite ist ein Zeugnis dessen, was gut ist. Er wird von allen, inklusive Johannes, in den höchsten Tönen gelobt. Gerade sein Leben ist ein lebendiges Beispiel der Wahrheit.

Auf den Punkt gebracht

Liebe, Demut und die Wahrheit zu kennen, ist der Schlüssel zu christlicher Gastfreundschaft und zu Freundschaften. Gajus demonstrierte vollkommene Gastfreundschaft. Er hieß die willkommen, die die Wahrheit glaubten und lehrten. Diotrephes' Stolz erlaubte es ihm nicht, denen Gastfreundschaft zu erweisen, die sie brauchten und verdienten. Demetrius war ein weiterer Bruder, der im Bereich der »Liebe gegenüber Fremden« das Richtige tat - er erwies Gläubigen in Not Gastfreundschaft.

Konkret für dein Leben

Der dritte Johannesbrief stellt eine großartige Erinnerung dar. Er erinnert an die positive Rolle, anderen innerhalb und außerhalb der Gemeinde zu helfen … und an die negative Macht von Stolz bei einem Gemeindeleiter. Wenn deine Eltern einen Missionar einladen, bei euch zu Hause unterzukommen, und du gebeten wirst, dein Zimmer abzugeben, dann folge dem Rat der Bibel und »[s]ei gastfrei gegeneinander ohne Murren!« (1Petr 4,9). Biete treu Gastfreundschaft an, wenn du kannst. Lass nicht zu, dass Stolz dich davon abhält, Gottes Gebot zu gehorchen, andere aufzunehmen und für sie zu sorgen. Achte darauf, dass du anderen Liebe erweist.

- Warum stellt Demut in Aktion einen solchen Gegensatz zu unserer heutigen Kultur dar?
- Wo wurde dir schon einmal große Gastfreundschaft erwiesen? Wie hat sich das angefühlt?
- Überlege dir ein paar Möglichkeiten, wie du diese Woche anderen eine helfende Hand reichen kannst. Nun geh und tue diese Dinge!

Wichtige Lektionen aus 3. Johannes

- Versuche, in der Wahrheit zu wandeln. Das wird dir einen Sinn für liebevolle Gastfreundschaft geben.
- Mache dir bewusst, dass christliche Lehrer, Leiter und Missionare deine Hilfe benötigen.
- Hilf deinen Jugendmitarbeitern, unterstütze sie und ihre Dienste für deine Jugendgruppe.
- Ermutige deine Jugendmitarbeiter, damit sie nicht entmutigt werden.
- Wenn du ein Jugendleiter bist, dann verhalte dich wie Gajus und Demetrius.

Wo was zu finden ist

Segen der Gesundheit und des seelischen Wohlergehens . . . . Vers 2
Freude angesichts der Wahrheit in anderen . . . . Vers 3
Freude in dem Wissen, dass deine »Kinder« in der Wahrheit wandeln . . . . Vers 4
Gründe dafür, christlichen Mitarbeitern zu helfen . . . . Vers 5-8
Warnung davor, eine Vorrangstellung zu begehren . . . . . . Vers 9
Gebot, das Gute und nicht das Schlechte nachzuahmen . . . . Vers 11

Geschwister im Spotlight:

Die Apostel Jakobus und Johannes

- Jakobus und Johannes waren Brüder.
- Jakobus war der Ältere.
- Jakobus und Johannes waren Fischer aus Galiläa.
- Jakobus und Johannes waren Söhne des Zebedäus.
- Jesus nannte sie »Söhne des Donners« (Mk 3,17).
- Johannes war einer der drei vertrautesten Gefährten Jesu.
- Johannes benennt sich selbst als den »Jünger […], den Jesus liebte« (Joh 21,20).
- Johannes wird manchmal als »Apostel der Liebe« bezeichnet.
- Johannes wurde in fortgeschrittenem Alter auf die Insel Patmos verbannt. Dort schrieb er das Buch der Offenbarung.
- Jakobus war der erste Apostel, der den Märtyrertod starb.
- Es ist unbekannt, wie Johannes starb.

Judas

Thema: Für den Glauben kämpfen
Datierung: 68-69 n. Chr.
Autor: Judas
Entstehungsort: Jerusalem

www.dasbibelprojekt.de

»Geliebte, da ich allen Fleiß anwandte, euch über unser gemeinsames Heil zu schreiben, war ich genötigt, euch zu schreiben und zu ermahnen, für den ein für alle Mal den Heiligen überlieferten Glauben zu kämpfen.« (V. 3)

Judas hatte Jesus zwar früher als Messias abgelehnt, doch nach seiner Auferstehung glaubten er und die anderen drei Halbbrüder Jesu an ihn. Weil er mit Jesus verwandt war und sein Wirken und seine Auferstehung erlebt hat, empfindet Judas eine brennende Leidenschaft dafür, anderen von der Rettung zu erzählen, die durch Christus kommt. Doch während er schreibt, wechselt er das Thema zu einer Angelegenheit, die ihm zu der Zeit auf dem Herzen liegt. Judas ist angesichts der Bedrohung durch Irrlehrer in der Gemeinde besorgt. Er will, dass alle wissen, wie Christen auf diese Bedrohung reagieren sollten. Daher drängt er seine Leser, wachsam zu sein und gegen Irrlehrer vorzugehen.

Die Struktur des Buches

Verse 1-4 Der Schreibanlass

Judas beginnt, indem er sich selbst als Knecht Jesu und als Bruder des Jakobus bezeichnet. Der Letztere war der Leiter der Jerusalemer Gemeinde, der Verfasser des Jakobusbriefs und der Halbbruder Jesu. Judas setzt gerade an, einen Brief über das Heil zu schreiben, als ihn düstere Neuigkeiten zwingen, dieses Thema beiseitezulegen. Angesichts derer, die Christus leugnen und Gottes Gnade missbrauchen, um sündhaftes Verhalten zu rechtfertigen, schreibt Judas dieses zurechtweisende und warnende Wort zur rechten Zeit.

Verse 5-16 Die Gefahr von Irrlehrern

Judas beginnt diesen Abschnitt, indem er seine Leser daran erinnert, dass Irrlehrer ins Verderben laufen werden, ebenso wie drei andere Gruppen im Alten Testament in ihr Verderben gelaufen sind: 1) die widerspenstigen Ungläubigen, die in der Wüste starben; 2) gefallene Engel, die vor der Sintflut schwer gesündigt hatten und bis zum Gericht in Ketten liegen; und 3) Männer, die sexuelles Fehlverhalten an den Tag legten und bei der Zerstörung von Sodom und Gomorra vernichtet wurden. Irrlehrer werden von Judas als Menschen beschrieben, die von ihrem Körper gesteuert werden. Sie lehnen Autoritäten ab und verachten die Engel. Judas vergleicht Irrlehrer mit drei geistlich rebellischen Männern in der Bibel - Kain (aus 1. Mose) sowie Korach und Bileam (aus 4. Mose). Judas sagt, dass ihre Boshaftigkeit wie verborgene Klippen sind, wie substanzlose Wolken, entwurzelte Bäume, wilde Wellen und Irrlichter. Sie verdienen es, von Gott gerichtet zu werden.

Verse 17-25 Die Pflicht, für Gottes Wahrheit zu kämpfen
Nachdem Judas das Verhalten von Irrlehrern aufgedeckt hat, erinnert er seine Leser daran, dass auch andere vor diesen Männern gewarnt haben. Er drängt sie, sich vor diesem heftigen Angriff des Unglaubens zu schützen. Sie müssen sich selbst im Wort Gottes festigen, im Geist für Gottes Willen beten und die Wiederkunft Christi erwarten. Während sie für Gottes Wahrheit kämpfen, sollen sie gütig gegenüber denen sein, die es verdienen. Wenn notwendig, sollen sie vorsichtig andere aus dem Feuer des Unglaubens reißen, damit sie selbst nicht geistlich unrein werden. Dann kehrt Judas zum Thema des Heils zurück. Er schließt mit einem der bekanntesten Lobpreise in der Bibel (Jud 24-25). Darin betont er die Macht Christi, seine Nachfolger davor zu bewahren, vom Feind überwältigt zu werden.

Auf den Punkt gebracht

Es ist menschlich, ums Überleben zu kämpfen und das zu verteidigen, was einem am wichtigsten ist - das Zuhause, Familie und Freiheit. Gottes Wahrheiten in der Bibel sind von großem Wert, wenn wir angegriffen werden. Durch die Jahrhunderte hindurch haben sich viele sowohl Gottes Volk als auch seiner Wahrheit entgegengestellt. Diese Feinde Gottes verdrehen die Wahrheit, um die Ahnungslosen zu täuschen und zu zerstören. Aber Gottes Wahrheiten halten noch stand. Und sie werden von denen verkündet, die ihr Leben Jesus Christus anvertraut haben. Zu denen zu gehören, die Gottes Wort weitergeben und verteidigen, stellt eine große Verantwortung und ein großes Privileg dar.

Konkret für dein Leben

Welchen Wert misst du Gottes Wort bei? Seiner Gemeinde? Seinen Gläubigen? Heute wie auch in vergangenen Jahren sind Irrlehrer in unsere Gemeinden, Bibelschulen und christlichen Institutionen eingedrungen und im Internet zu finden. Welchen Preis bist du bereit zu zahlen, um Gottes Wahrheit zu verteidigen? Bist du bereit, dich zu Judas zu stellen und

»für den ein für alle Mal den Heiligen überlieferten Glauben zu kämpfen« (Jud 3)? Wenn ja, dann stehst du zusammen mit Judas und vielen anderen, die den guten Kampf des Glaubens kämpfen, indem sie den Kräften des Bösen widerstehen und um Menschenseelen kämpfen.

- Sitzt du eher unbeteiligt am Spielfeldrand oder wirfst du dich hinein und verteidigst den Glauben?
- Gottes Wort lässt dich nicht im Stich, selbst wenn du im Hinblick auf das Leben verunsichert bist. Notiere ein paar Wahrheiten aus der Bibel, die dir helfen werden, diese Woche standhaft zu bleiben.
- Wie kannst du deinen Freunden helfen, dass sie in ihrem Glauben wachsen?

Wichtige Lektionen aus Judas

- Solange Satan gesund und munter ist, werden Irrlehrer die Gemeinde mit Irrtum bedrohen. Tue, was du tun musst, um die Wahrheit zu kennen.
- Merke dir das gut: Ein Irrlehrer verrät sich durch sein furchtloses, gottloses Verhalten.
- Irrlehrer handeln, als würde Gott ihr gottloses Verhalten nicht bestrafen.
- Echte Diener Gottes werden mit ihren Worten und ihrem Verhalten treu auf Christus hinweisen.
- Unbeteiligt am Spielfeldrand zu sitzen ist für Christen keine Option. Du sollst ernsthaft für den Glauben kämpfen.

Wo was zu finden ist

Judas warnt vor der Tatsache des Glaubensabfalls . . . . . . .Vers 4
Beschreibung des Erzengels Michael . . . . .Vers 9
Die Apostel warnen vor der Tatsache des Glaubensabfalls . Vers 17-18
Segen der Erkenntnis und Nachfolge Gottes . . . . Vers 24
Der Segen des allwissenden Gottes, unseres Retters . . . . Vers 25

Judas' Beschreibung eines Irrlehrers
(eines Menschen, der sich als gläubig ausgibt)

gottlos (V. 4)
unmoralisch (V. 4)
leugnet Christus (V. 4)
lehnt sich gegen Autorität auf (V. 8)
ein Murrender (V. 16)
ein Besserwisser (V. 16)
verspottet die Wahrheit (V. 18)
entzweit (V. 19)
weltlich (V. 19)
hat den Heiligen Geist nicht (V. 19)

Offenbarung

1. Teil 2. Teil

www.dasbibelprojekt.de

Thema: Die Offenbarung Jesu Christi
Datierung: 94-96 n. Chr.
Autor: Johannes
Entstehungsort: Insel Patmos

»Offenbarung Jesu Christi, die Gott ihm gab, um seinen Knechten zu zeigen, was bald geschehen muss; und indem er sie durch seinen Engel sandte, hat er sie seinem Knecht Johannes kundgetan […].« (1,1)

Zu diesem Zeitpunkt ist Johannes der einzige Überlebende der ersten zwölf Jünger. Er ist alt. Weil er das Evangelium predigte, wurde er nach Patmos verbannt, einer kleinen Insel im Ägäischen Meer vor der Küste von Ephesus. Während er sich auf Patmos aufhält, empfängt Johannes eine Reihe von Visionen, die die zukünftige Geschichte der Welt beschreiben. Die Visionen offenbaren Jesus Christus als den göttlichen Hirten, der um den Zustand der Gemeinde besorgt ist. Sie zeigen ihn auch als den gerechten Richter, der die Gottlosen bestrafen wird, und als siegreichen König, der sein Königreich für immer aufrichten wird.

Die Struktur des Buches

Kapitel 1 Die Vision des verherrlichten Christus

Der Apostel Johannes wird angewiesen: »Schreibe nun, was du gesehen hast und was ist und was nach diesem geschehen wird!« (Offb 1,19). Johannes sieht den erhabenen Christus. Er beschreibt ihn auf eine ähnliche Weise wie die Visionen von Gott im Alten Testament (siehe Daniel und Hesekiel). Er sieht Jesus, wie er zwischen seinen Gemeinden mit dem Wunsch umhergeht, dass die Gläubigen rein und frei von Sünde seien. Als Johannes die ehrfurchtgebietende Herrlichkeit des Herrn erblickt, fällt er voller Furcht und Schrecken zu Jesu Füßen nieder.

Kapitel 2-3 Die Sendschreiben an die sieben Gemeinden

In Johannes' Vision spricht Jesus sieben verschiedene Gemeinden auf ihre geistliche Gesundheit an. Die meisten Gemeinden erhalten sowohl Lob für ihre guten Taten als auch Tadel für die Probleme in ihrer Mitte. Christus lobt die, die für die Wahrheit Stellung beziehen und bereit sind, für ihn zu leiden. Er verurteilt die, die ihre Liebe zu ihm verloren haben, Sünde hinnehmen oder weltliche Reichtümer liebgewonnen haben.

Kapitel 4-5 Die Szene im Himmel

Kapitel 4 beginnt mit einer Szene im Himmel - Johannes sieht Gott auf seinem Thron umgeben von 24 Ältesten und Engelwesen, die ihn Tag und Nacht anbeten. Eines der Anbetungslieder verkündet: »Du bist würdig, unser Herr und Gott, die Herrlichkeit und die Ehre und die Macht zu nehmen, denn du hast alle Dinge erschaffen, und deines Willens wegen waren sie und sind sie erschaffen worden« (Offb 4,11). Kapitel 5 setzt die Anbetung des heiligen Lammes Gottes durch Engel, Älteste und lebendige Wesen fort. Darüber hinaus öffnet Christus sieben Siegel. Er ist der Einzige, der dazu würdig ist. Diese stehen für Gottes Strafen und Gerichte über die Erde, die sich anschließend entfalten.

Kapitel 6-20 Gericht wird ausgegossen

Johannes offenbart, was sich in den letzten Tagen bzw. in der siebenjährigen Drangsalszeit ereignen wird. Jesus öffnet des erste von sieben Siegeln auf einer Schriftrolle. Dadurch beginnen die Gerichte. Dann kommen die sieben Posaunengerichte, gefolgt von den sieben Zornschalengerichten. Diese beschreiben eine Reihe von Ereignissen, in denen Gott seinen Zorn über die Erde ausgießt. Doch sogar in dieser Zeit des Gerichts leuchtet Gottes Erbarmen so hell wie eh und je. Er hält weiterhin den Verlorenen seine Hand hin mit der Botschaft des Heils durch Jesus Christus. In dieser Zeit wird der Antichrist - der Widersacher Christi - die Weltherrschaft erlangen und eine fürchterliche Christenverfolgung auslösen. Am Ende wird Christus auf die Erde zurückkehren, den Antichristen vernichten und sein Königreich für immer aufrichten.

Kapitel 21-22 Die Ankunft der Ewigkeit

Ein neuer Himmel und eine neue Erde werden vom Himmel herabkommen, denn die gegenwärtige Erde ist zerstört worden. In diesem neuen Himmel und dieser neuen Erde liegt das neue Jerusalem. Dort wird es keine Sünde mehr geben, keinen Tod und kein Leid. Dann bringt Gott ein ewiges Königreich, das von Heiligkeit, Frieden und Liebe gezeichnet ist. Alle Christen freuen sich mit großer Hoffnung auf dieses künftige Königreich.

Auf den Punkt gebracht

Das Wort Offenbarung (Offb 1,1) bedeutet »Enthüllung oder Aufdecken«. Gott hat sich selbst seit dem ersten Vers der Bibel in 1. Mose der Menschheit offenbart. Anfangend mit seiner ersten Schöpfungstat hat er seinen ewigen Plan für den Menschen entfaltet. Durch die Geschichte hindurch hat er die Menschen hin zu seinem letztendlichen Ziel gelenkt: seine verlorene Schöpfung zu erlösen. Durch die Zeiten hindurch hat der Mensch sich Gott widersetzt, rebelliert und die Konsequenzen erlitten. Doch schon immer gab es eine kleine Gruppe von Menschen, die Gott kennen und ihm folgen wollten. Ihr Weg des gottesfürchtigen Lebens ist nicht leicht gewesen. Für ihre Liebe zu Gott sind sie verfolgt und getötet worden. Aber nun zeigt das Buch der Offenbarung, dass das Ende naht. Gottes Verheißung eines kommenden Königs wird sich bald erfüllen. Jesus, der leidende Gottesknecht, Gottes endgültige Offenbarung, wird in all seiner Herrlichkeit und Macht zurückkehren. Er wird alle besiegen, die ihm trotzen, und seine Erwählten retten. Die Geschichte wird abgeschlossen sein. Die Zeit wird aufhören und die ganze Schöpfung wird wieder in die Ewigkeit übergehen.

Konkret für dein Leben

Dieses Buch ist wirklich die »Offenbarung Jesu Christi« (Offb 1,1). Vom Anfang bis zum Ende dieses herrlichen Buches werden Christi Herrlichkeit, Weisheit und Macht vorgestellt. Die zukünftigen Ereignisse, die in diesem Buch beschrieben werden, sind heute von größerer Bedeutung als zu jeder anderen Zeit in der Geschichte. Wenn du die Tagesnachrichten anschaust, siehst du, wie die Geheimnisse dieses Buches durch moderne politische und wirtschaftliche Strategien und Militäreinsätze offenbart bzw. vorbereitet werden. Die Zeichen stehen so, dass der König im Gericht bald wiederkehrt. Jeden Gläubigen, der Kompromisse mit der Welt eingeht, ruft dieses Buch dazu auf, sich wieder auf Jesus und seinen Willen auszurichten. Jeden, der seine Begeisterung für die Wiederkunft des Herrn verloren hat, sollte dieses Buch aufrütteln und zu einer größeren Hingabe anreizen, während er Ausschau hält und auf den Herrn wartet. Glaubst du an seine Wiederkunft? Bist du darauf vorbereitet? Viele Christen meinen, die Offenbarung sei schwierig zu verstehen. Wenn du jedoch ein wenig Zeit damit verbringst, sie zu studieren, wirst du entdecken, dass sie voller Zusagen ist. Notiere ein paar dieser Zusagen und besprich sie mit deiner Gemeindegruppe oder einem Freund.

- Kompromisse mit der Welt zu schließen oder ihr nachzugeben, wird zu Zerstörung führen. Aber Gott zu kennen, führt zum Leben. Was hast du auf dieser Studienreise erkannt?
- Dein Leben ist von Gott geschaffen. So sorgfältig, wie er die Entwicklung der Welt geplant hat, hat er auch die Entwicklung deiner persönlichen Zukunft geplant. Füge dich Gottes Kontrolle über deine Zukunft, indem du ihm zuerst die Kontrolle über heute gibst.

Wichtige Lektionen aus Offenbarung

- Gott lenkt alle Menschen und Ereignisse – wenn er sagt, dass etwas in der Zukunft geschehen wird, dann wird es geschehen! Das sollte dir Zuversicht im Hinblick auf die Zukunft geben.
- Am Ende werden Gerechtigkeit und Heiligkeit triumphieren. Sünde wird nicht für immer andauern. Das sollte dir Kraft für jeden einzelnen neuen Tag deines Lebens geben.

- Christen werden eines Tages frei von dieser von Sünde erfüllten Welt sein. Sie werden im Himmel Vollkommenheit und Herrlichkeit erleben. Das sollte dir Hoffnung für die Ewigkeit schenken.
- Gott ist zu allen Zeiten anbetungswürdig. Das sollte dich dazu veranlassen, ihn zu loben … jetzt!

Wo was zu finden ist

Die sieben Siegel und Gerichte 5,1-8,1
Die sieben Posaunen und Gerichte 8,2-11,19
Die sieben Zornschalen und Gerichte 15,1-16,21
Die Schlacht von Harmagedon 19,17-19
Satan wird in den Feuersee geworfen 20,10

Jesu Anmerkungen zu den sieben Gemeinden (Kap. 2-3)

Gemeinde Nr. 1:	Die lieblose Gemeinde - Ephesus »[D]u [hast] deine erste Liebe verlassen« (siehe Offb 2,4)
Gemeinde Nr. 2:	Die verfolgte Gemeinde - Smyrna »Ich kenne deine Bedrängnis und deine Armut« (Offb 2,9)
Gemeinde Nr. 3:	Die nachlässige Gemeinde - Pergamon »Du duldest Sünde« (siehe Offb 2,14-15)
Gemeinde Nr. 4:	Die kompromissbereite Gemeinde - Thyatira »Du erlaubst, dass unmoralische Praktiken gelehrt werden« (siehe Offb 2,20)
Gemeinde Nr. 5:	Die leblose Gemeinde - Sardes »[D]u […] bist tot« (Offb 3,1)
Gemeinde Nr. 6:	Die gehorsame Gemeinde - Philadelphia »Du […] hast mein Wort bewahrt und hast meinen Namen nicht verleugnet« (Offb 3,8)
Gemeinde Nr. 7:	Die laue Gemeinde - Laodizea »[D]u [bist] weder kalt noch heiß« (Offb 3,15)

Ein Schlusswort

Jetzt beendest du dieses Buch und deine Reise entlang der Flure der Vergangenheit. Du solltest nun ein besseres Verständnis von Gottes Wirken in der Geschichte haben. Hoffentlich hast du außerdem viele Anwendungen von Gottes Wahrheit gefunden. Ich wünsche dir, dass du eine größere Wertschätzung für die Beziehung entwickelt hast, die Gott dir durch seinen Sohn Jesus Christus anbietet. Treuer Gehorsam gegenüber Gottes Wort ist lebensverändernd. Er führt zu einem vertrauteren Wandel mit Gott.

Bevor du dieses Buch schließt, nimm dir vor, diese letzten Schritte zu gehen:

- Nimm dir vor, dein Herz für die Person Jesus Christus und die Rettung und Vergebung von Sünden zu öffnen, die Gott dir durch ihn anbietet – wenn du das nicht bereits getan hast. »[D]enn auch kein anderer Name unter dem Himmel ist den Menschen gegeben, in dem wir gerettet werden müssen« (Apg 4,12).
- Nimm dir vor, »in der Gnade und Erkenntnis unseres Herrn und Retters Jesus Christus [zu wachsen]« (2Petr 3,18).
- Nimm dir vor, Gottes Botschaft der Liebe und Erlösung an andere weiterzusagen – teile ihnen folgende Wahrheit mit: »Denn so hat Gott die Welt geliebt, dass er seinen eingeborenen Sohn gab, damit jeder, der an ihn glaubt, nicht verloren geht, sondern ewiges Leben hat« (Joh 3,16).

Grundlagen, um deine Bibel zu benutzen

Themen aller Bücher der Bibel

Das Alte Testament

1. Mose	Anfänge
2. Mose	Befreiung
3. Mose	Anweisungen
4. Mose	Unterwegs
5. Mose	Gehorsam
Josua	Eroberung
Richter	Verfall und Befreiung
Rut	Erlösung
1. Samuel	Wandel
2. Samuel	Vereinigung
1. Könige	Zerrüttung
2. Könige	Zerstreuung
1. Chronik	Israels geistliche Geschichte
2. Chronik	Israels geistliches Erbe
Esra	Wiederherstellung
Nehemia	Wiederaufbau
Ester	Bewahrung
Hiob	Segen im Leid
Psalmen	Lob
Sprüche	Praktische Weisheit
Prediger	Alles ist wertlos ohne Gott
Hohelied	Liebe und Ehe
Jesaja	Heil
Jeremia	Gericht
Klagelieder	Klage (ein Trauergesang)
Hesekiel	Die Herrlichkeit des Herrn
Daniel	Gottes Souveränität
Hosea	Untreue
Joel	Der Tag des Herrn
Amos	Strafe
Obadja	Gerechtes Gericht
Jona	Gottes Gnade für alle Menschen
Micha	Göttliches Gericht
Nahum	Trost
Habakuk	Einem souveränen Gott vertrauen
Zefanja	Der »große Tag des HERRN«
Haggai	Wiederaufbau des Tempels
Sacharja	Gottes Rettung
Maleachi	Ungehorsam wird angemahnt

Das Neue Testament

Matthäus	Das Reich Gottes
Markus	Der leidende Gottesknecht
Lukas	Der vollkommene Mensch
Johannes	Der Sohn Gottes
Apostelgeschichte	Die Verbreitung des Evangeliums
Römer	Die Gerechtigkeit Gottes
1. Korinther	Christlicher Lebenswandel
2. Korinther	Paulus verteidigt sein Apostelamt
Galater	Freiheit in Christus
Epheser	Segnungen in Christus
Philipper	Das freudvolle Leben
Kolosser	Die Bedeutung Christi
1. Thessalonicher	Sorge um die Gemeinde
2. Thessalonicher	Hoffnungsvoll leben
1. Timotheus	Anweisungen für einen jungen Nachfolger
2. Timotheus	Ein Auftrag zum treuen geistlichen Dienst
Titus	Ein Verhaltensleitfaden
Philemon	Vergebung
Hebräer	Die Überlegenheit Christi
Jakobus	Echter Glaube
1. Petrus	Wie man auf Leid reagiert
2. Petrus	Warnung vor Irrlehrern
1. Johannes	Gemeinschaft mit Gott
2. Johannes	Christliches Urteilsvermögen
3. Johannes	Christliche Gastfreundschaft
Judas	Für den Glauben kämpfen
Offenbarung	Die Offenbarung Jesu Christi

Ein schneller Führer zum Bibelstudium

Eines der besten Ziele eines Kindes Gottes ist es, Gott besser kennen und verstehen zu lernen. Der direkte Weg dazu ist es, sich sorgfältig mit dem Buch zu beschäftigen, das er geschrieben hat: der Bibel. Sie teilt uns mit, wer er ist und welchen Plan er für die Menschheit hat. Es gibt verschiedene Wege, die Bibel zu studieren. Aber die effektivste und leichteste Methode, Gottes Wort zu lesen und zu verstehen, sind drei einfache Schritte:

Schritt 1:
Beobachtung - was sagt dieser Abschnitt?

Schritt 2:
Auslegung - was bedeutet dieser Abschnitt?

Schritt 3:
Anwendung - wie soll ich das in meinem Leben umsetzen?

Schritt 1 Beobachtung

Beobachtung ist der erste und wichtigste Schritt in diesem Prozess. Wenn du den Bibeltext liest, achte sorgfältig darauf, was und wie etwas gesagt wird. Achte auf:

- **Ausdrücke, nicht auf Wörter.** Wörter können viele Bedeutungen haben. Aber Ausdrücke sind Wörter, die auf eine bestimmte Art in einem bestimmten Kontext verwendet werden.

  Zum Beispiel kann sich das Wort Stamm u. a. auf einen Baum (Baumstamm), auf ein Volk (Indianerstamm), auf Kaufverhalten (Kundenstamm) oder den Bestandteil eines Wortes (Wortstamm) beziehen. Der Zusammenhang, in dem das Wort im Satz verwendet wird, macht seine Bedeutung erst eindeutig klar.

- **Struktur.** Wenn du in deine Bibel schaust, erkennst du, dass der Text in Abschnitte eingeteilt ist, sogenannte Absätze - die erste Zeile ist in der Regel eingerückt. Ein Absatz enthält einen abgeschlossenen Gedanken. Indem du Absatz für Absatz zu verstehen suchst, kannst du den Inhalt eines Kapitels gut herausfinden.

- **Hervorhebung.** Der Umfang - die Zahl der Kapitel oder Verse -, der auf ein bestimmtes Thema verwendet wird, zeigt uns dessen Wichtigkeit (achte z. B. auf die Gewichtung in Römer 9-11 oder Psalm 119).

  Wiederholung. Das ist ein anderer Weg, wie ein Autor die Wichtigkeit eines Themas zeigt. Man lese nur einmal 1. Korinther 13, wo der Autor in nur 13 Versen das Wort Liebe 9-mal verwendet. Sofort weiß man, dass Liebe das Hauptthema ist.

- **Beziehung zwischen Gedanken.** Achte ganz besonders auf bestimmte Beziehungen, die im Text auftauchen:

  Wirkung und Ursache: »Recht so, du guter und treuer Knecht! Über weniges warst du treu, über vieles werde ich dich setzen« (Matthäus 25,21).

  Wenn … dann/so: »Denn wenn ich ihm etwas Rühmendes über euch gesagt habe, so bin ich nicht zuschanden geworden; sondern wie wir alles in Wahrheit zu euch geredet haben, so ist auch unser Rühmen vor Titus Wahrheit geworden« (2. Korinther 7,14).

  Frage und Antwort: »Wer ist dieser König der Herrlichkeit? Der HERR, stark und mächtig!« (Psalm 24,8).

- **Vergleich und Gegensatz.** »Ihr habt gehört, dass zu den Alten gesagt ist ... Ich aber sage euch ...« (Matthäus 5,21).

- **Literarische Form.** Die Bibel ist Literatur. Die drei wichtigsten Literaturgattungen, die wir in der Bibel finden, sind: Rede (in den Briefen), Prosa (Erzählungen im Alten Testament) und Poesie (in den Psalmen). Wenn du die Heilige Schrift liest und studierst, macht es für die Auslegung einen großen Unterschied, zu welcher Literaturart ein Text gehört.

- **Atmosphäre.** Der Autor hatte einen ganz besonderen Grund, warum er einen Abschnitt, ein Kapitel, ein Buch geschrieben hat. Achte besonders auf die Stimmung, den Ton oder die Dringlichkeit des Textes.

Die W-Fragen

- **Wer** sind die Personen in diesem Abschnitt?
- **Was** geschieht?
- **Wo** findet das Ereignis statt?
- **Wann** (Tageszeit, Jahreszeit, Zeitpunkt in der Geschichte) findet es statt?

Schritt 2 Auslegung

Auslegung heißt, die Bedeutung eines Abschnitts herauszufinden, den Hauptgedanken des Autors. Wenn du die Fragen in der Beobachtungsphase beantwortest, hilft das schon für den Prozess der Auslegung. Fünf Schlüssel (die fünf Ks) helfen dir, den Hauptgedanken des Autors zu bestimmen.

- **Kontext.** Du kannst 75 % der Fragen über einen Abschnitt beantworten, wenn du den Text sorgfältig liest. Dazu gehört, sich den nahen Kontext (die Verse unmittelbar davor und danach) und den weiten Kontext (den Abschnitt bzw. das Kapitel davor und danach) anzusehen.

- **Kreuzreferenz.** Lass die Schrift die Schrift auslegen. Das heißt: Ziehe andere Abschnitte der Bibel hinzu, um den Abschnitt zu beleuchten, den du liest. Aber Achtung: Dasselbe Wort oder dieselbe Phrase bedeuten in zwei verschiedenen Abschnitten nicht unbedingt dasselbe.

- **Kultur.** Die Bibel wurde vor langer Zeit geschrieben. Wenn wir sie auslegen, müssen wir sie vor dem kulturellen Hintergrund ihres Schreibers verstehen.

- **Konklusion.** Wenn du alle Verständnisfragen mit Hilfe von Kontext, Kreuzreferenz und Kultur beantwortet hast, kannst du eine vorläufige Aussage über die Bedeutung des Abschnitts treffen. Denke daran: Wenn dein Text aus mehr als einem Abschnitt besteht, stellt der Autor vielleicht mehr als nur einen Gedanken oder eine Idee vor.

- **Konsultation.** Lies Kommentare. Das sind Bücher von Bibellehrern, die dir helfen, die Heilige Schrift auszulegen.

Schritt 3 Anwendung

Anwendung ist das Ziel, warum wir die Bibel studieren. Wir möchten, dass unser Leben verändert wird. Wir wollen Gott gehorsam sein und Christus ähnlicher werden. Wenn wir einen Abschnitt beobachtet und nach bestem Können ausgelegt haben, müssen wir seine Wahrheit auf unser Leben anwenden. Du kannst die folgenden Fragen jedem Abschnitt stellen, den du studierst:

Wie betrifft die offenbarte Wahrheit …

- meine Beziehung zu Gott?
- meine Beziehung zu anderen?
- mich?
- meine Reaktion auf den Feind, Satan?

Der Schritt der Anwendung ist nicht einfach abgeschlossen, wenn man diese Fragen beantwortet hat. Du musst im Leben umsetzen, was Gott dich durch das Studium gelehrt hat. Auch wenn du nicht immer bewusst alles anwenden kannst, was du gelernt hast, so doch zumindest etwas. Und wenn du daran arbeitest, eine Wahrheit in deinem Leben umzusetzen, segnet Gott dein Bemühen und macht dich dem Bild seines Sohnes ähnlicher.

Bücher fürs Bibelstudium

Nachschlagewerke

- Elberfelder Handkonkordanz, SCM R.Brockhaus, Witten.
- Elberfelder Themenkonkordanz, SCM R.Brockhaus, Witten.
- Rienecker, Fritz; Maier, Gerhard. Lexikon zur Bibel. SCM Brockhaus, Witten.
- Arend Remmers, Die Bibel im Überblick. CSV Hückeswagen.
- Beitzel, Barry J., Großer Atlas zur Bibel, SCM R. Brockhaus, Witten.

Bücher über das Bibelstudium

- Jim George, Teeanger lesen Bibel, rigatio, Burbach.
- Peter Güthler, Die Bibel lesen und studieren, rigatio, Burbach.
- Howard Hendricks, Bibellesen mit Gewinn, CV Dillenburg.
- William MacDonald, Fragen Forschen Finden, CLV Bielefeld.

Kommentare

- William MacDonald, Kommentar zum AT, CLV Bielefeld.
- William MacDonald, Kommentar zum NT, CLV Bielefeld.
- Warren Wiersbe, Kurzkommentar zum AT, CV Dillenburg.
- Warren Wiersbe, Kurzkommentar zum NT, CV Dillenburg.
- Ger de Koning, Eine Erklärung speziell für dich. Auslegungsreihe zum NT. Daniel Verlag, Retzow.

Read it! NT

Read it! NT
Read it!